DR. ZOE CHANCE

Wie man Einfluss gewinnt

GOLDMANN

Buch

Viele Menschen hätten gern ein gewinnendes Auftreten und großes Verhandlungsgeschick, wollen dabei aber weder zum Marktschreier oder New-Economy-Lauch werden, noch andere zu ihren Gunsten manipulieren. Speziell Frauen können sich oft nicht gegen die Dominanz der Männer durchsetzen und schöpfen ihr Potential nicht vollends aus.
»Wir können den Funken unserer Kindheit wieder entfachen, der uns träumen, fragen, fordern, verhandeln und beharren ließ, ohne dass wir anschließend an uns selbst zweifelten. Wir können sehen, wie sich Gesichter erhellen, wenn wir eine großartige Idee teilen oder etwas scheinbar Verrücktes vorschlagen, das zugleich erfolgversprechend sein könnte. Wir können Abmachungen treffen, von denen wir nicht zu träumen gewagt hätten. Wir können das gute Gefühl und die Freiheit genießen, die mit Erfolg einhergehen. Und wir können erleichtert aufatmen, wenn unsere Chefin, unsere Mitarbeiter, unser Kind, unser Vater oder unsere Mutter, unsere Partnerin oder unser Freund, die sich zuvor widersetzten, plötzlich lächelnd zustimmen: OKAY, SO MACHEN WIR'S!«

Autorin

Dr. Zoe Chance lehrt und forscht an der Yale University zu Verhaltensökonomie und publiziert regelmäßig in verschiedenen Medien wie *The New York Times*, BBC und *The Economist*. Bevor sie sich der Harvard University habilitierte, hat Zoe Chance beim Spielzeugkonzern Mattel und an politischen Kampagnen gearbeitet; heute richten sich Konzerne wie Google nach ihren Empfehlungen. Sie hält regelmäßig Ted-XTalks und ist gefragte Keynote Speakerin.

DR. ZOE CHANCE

WIE MAN EINFLUSS GEWINNT

Menschen überzeugen, authentisch bleiben und Gutes bewirken

Aus dem Englischen
von Thorsten Schmidt

GOLDMANN

Die deutsche Erstveröffentlichung erschien 2022 unter dem Titel »Der gute Einfluss« im Mosaik Verlag, München.

MIX
Papier | Fördert gute Waldnutzung
FSC® C014496

Penguin Random House Verlagsgruppe FSC® N001967

1. Auflage
Vollständige Taschenbuchausgabe Juni 2024

Originalverlag: Penguin Random House, New York.
Titel der englischen Originalausgabe: »Influence Is Your Superpower«
This translation published by arrangement with Random House, LLC.
Umschlag: UNO Werbeagentur, München
Redaktion: Martha Wilhelm
Satz: Uhl + Massopust, Aalen
Druck und Bindung: GGP Media GmbH, Pößneck
Printed in Germany
KF · IH

ISBN 978-3-442-18001-1

www.goldmann-verlag.de

Für Karen Chance,
die mir die Kunst beibrachte,
Gutes zu bewirken

Inhalt

KAPITEL EINS

Jemand werden, zu dem andere Ja sagen wollen

Vor langer Zeit, an einem verheißungsvollen Tag, wurden Sie geboren – als Influencer*in, »jemand, der andere beeinflusst«. Tatsächlich war dieser Einfluss für Sie das einzige Mittel, um zu überleben. Sie kamen nicht mit scharfen Zähnen oder Krallen zur Welt, mit denen Sie sich hätten verteidigen können. Sie konnten nicht davonlaufen oder sich tarnen. Sie machten noch keinen besonders intelligenten Eindruck, aber Sie hatten die angeborene Fähigkeit, Ihre Wünsche auszudrücken, mit anderen Menschen Kontakt aufzunehmen und diese dazu zu bringen, sich um Sie zu kümmern. Was diese jahrelang, Tag und (schlaflose) Nacht taten.

Als Sie sprechen lernten, konnten Sie sich präziser ausdrücken; Sie benutzten Ihre Worte, um noch gezielter auf andere einzuwirken. Sie sagten, was Sie wollten und was Sie partout nicht wollten. NEIN! Sie lernten schnell, dass viele Dinge im Leben verhandelbar sind, und Sie fingen an, darum zu feilschen, später zu Bett gehen, länger fernsehen und mehr von Ihren Lieblingsleckereien essen zu dürfen. Sie waren wie jemand auf einem marokkanischen Basar. Andere zu beeinflussen ging Ihnen in Fleisch und Blut über. Zwar nahm auch Ihre Körperkraft zu, aber Ihre größte Stärke blieb die Fähigkeit, andere dazu zu bringen, Ihre großartigen Ideen umzusetzen.

Die Fähigkeit, andere zu beeinflussen, ist eine unserer Stärken, die in unserer DNA verankert sind und von Generation zu Generation weitergegeben werden. Sie ermöglicht uns Menschen Gruppenbildung und Kooperation. Dank ihr hat sich unsere Spezies über die gesamte Erde ausgebreitet. Sie wird auch in einer zunehmend digitalen Welt unsere Stärke bleiben, solange Menschen das Sagen haben. Ihr verdanken Sie die Erfolge, die Sie bereits erreicht haben, und auf diesem Weg werden Sie auch das verwirklichen, was Sie sich noch vorgenommen haben. Dieser Einfluss auf andere ist die Liebe, die Sie in diesem Leben teilen, und das Vermächtnis, das Sie einmal hinterlassen werden.

Aber so einfach ist es auch wieder nicht, oder? Obgleich Sie wissen, dass all dies zutrifft, ist die Beeinflussung anderer schwieriger geworden, je älter Sie wurden. Während sich Ihre Einflusssphäre in Ihrer Kindheit ausdehnte, brachte man Ihnen zugleich bei, folgsam und brav zu sein, Normen, Regeln, Eltern und Lehrpersonen zu gehorchen. Man ermahnte Sie, nicht »herrisch« oder fordernd aufzutreten. Man lehrte Sie, hart zu arbeiten, um sich Respekt zu verdienen, zu warten, bis Sie an der Reihe sind, kein Aufsehen zu erregen, nicht zu viel Raum einzunehmen. Es ist in Ordnung, sich für andere Menschen einzusetzen, aber es für Sie selbst zu tun ist überheblich. Der Einfluss, den Sie früher einmal hatten, fühlt sich jetzt nicht mehr so natürlich an, und Sie haben begonnen, eine ambivalente Einstellung dazu zu entwickeln.

Wenn man Menschen fragt, ob sie gern einflussreicher wären, sagen sie Ja – weil Einfluss Macht ist. Wer Einfluss hat, kann Veränderungen anstoßen, Ressourcen steuern und Herzen und Köpfe erreichen. Einfluss wirkt wie die Gravitation: Er zieht uns zueinander und lässt uns Beziehungen miteinander eingehen. Er ist der Weg zum Glück, zu einem sinnerfüllten, dauerhaften und ansteckenden Wohlbefinden.

Aber wenn man Menschen fragt, was sie von Beeinflussungsstrategien und -taktiken halten, beschreiben sie diese als »manipulativ«, »hinterlistig« und »Druck ausübend«.[1] Das ganze Konzept der Beeinflussung ist durch unmoralische, habgierige Leute in Verruf gebracht worden, die uns mit schäbigen, hinterlistigen Tricks Gebrauchtwagen aufs Auge drücken, Produkte ihrer Sponsorinnen und Sponsoren in den sozialen Medien promoten und uns dazu bringen, jetzt sofort etwas zu kaufen, obwohl wir noch genügend Vorräte haben. Sogar einige meiner meistgeschätzten Influence-Gurus wie Robert Cialdini und Chris Voss ermuntern uns, »Beeinflussungswaffen« einzusetzen, »um unsere Gegner zu schlagen«.[2] Marketingprofis (ich bin eine davon) bezeichnen Kundinnen und Kunden als »Ziele«, wie es auch Verführungskünstler*innen oder Trickbetrüger*innen tun würden. Forscher*innen (ich bin ebenfalls eine davon) haben Studienteilnehmende »Versuchspersonen« und ihre Experimente »Manipulationen« genannt. Im Rahmen von transaktionaler Beeinflussung werden Menschen als Objekte behandelt.

Diese Taktiken mögen in Vertrieb und Marketing die Regel sein, in den meisten Alltagssituationen funktionieren sie jedoch schlichtweg nicht. Sie funktionieren nicht bei Ihren Vorgesetzten, Ihren Kolleginnen und Kollegen, Ihren Mitarbeitenden, in Ihrem Freundeskreis oder Ihrer Familie. Wenn Sie eine Beziehung aufbauen und aufrechterhalten wollen, können Sie nicht die gleichen Tricks anwenden, wie wenn Sie Autos verkaufen wollen. Selbst geschäftlicher Erfolg hängt letztlich von langfristigen Beziehungen in Form von Empfehlungen, Mundpropaganda, Kundentreue und Mitarbeiterbindung ab. Sie wollen, dass Menschen heute und in der Zukunft gern Ja sagen.

Wenn Sie jemand werden, zu dem andere Ja sagen wollen, werden Sie dafür reichlich entlohnt. Geld mag für Sie nicht an erster Stelle stehen, aber es hilft Ihnen, andere Dinge umzusetzen, und es kann ein Maßstab für den Einfluss sein, den Sie besitzen. Es ist kein Zufall, dass Stellen, bei denen die Fähigkeit, andere zu beeinflussen, eine große Rolle spielt, gut bezahlt sind. Spitzenverkäufer*innen verdienen mehr als ihre CEOs; Lobbyistinnen und Lobbyisten verdienen mehr als die Politiker*innen, die sie beeinflussen. Mehr Einfluss zu besitzen macht sich auch noch in anderer Weise bezahlt – Ärztinnen und Ärzte, die besser kommunizieren, werden deutlich seltener wegen Kunstfehlern verklagt, unabhängig davon, wie erfolgreich ihre Behandlungen waren,[3] und Führungskräfte, die ein Kommunikationstraining durchlaufen haben, werden von ihren Mitarbeitenden besser bewertet.[4]

Menschen, die von transaktionaler Beeinflussung, bei der es immer Gewinner*innen und Verlierer*innen gibt, auf persönliche, gegenseitige Beeinflussung umstellen, können, wie Sie in diesem Buch entdecken werden, immaterielle Früchte ernten: Sie können zu einem besseren Freund, einer vertrauenswürdigeren Beraterin, einem engagierteren Partner und einem besseren Elternteil werden. Wir können den Funken unserer Kindheit, der uns träumen, fragen, fordern, verhandeln und beharren ließ, ohne dass wir anschließend an uns selbst zweifelten, wieder entfachen. Wir können sehen, wie sich Gesichter erhellen, wenn wir eine großartige Idee teilen oder etwas scheinbar Verrücktes vorschlagen, das aber erfolgversprechend sein könnte. Wir können Deals eingehen, von denen wir nicht zu träumen gewagt hätten. Wir können das Wohlbehagen und die Freiheit genießen, die mit Erfolg einhergehen. Und wir können erleichtert aufatmen, wenn unsere Chefin, unser Mitarbeiter, unser Kind, unser Vater oder unsere Mutter, unsere Partnerin oder unser Freund, die sich uns bislang widersetzten, plötzlich lächeln und sagen: »Okay, wir machen es.«

Vielleicht haben Sie das Gefühl, schon jetzt einen starken Einfluss zum Beispiel auf Ihre Kundinnen und Kunden auszuüben. Aber selbst diejenigen von uns, denen es in einigen Bereichen leichtfällt, Menschen zu beeinflussen, fühlen sich in anderen oftmals hilflos. Ich habe mit Vorständen gearbeitet, die sich davor scheuten, ihre Teenagertöchter zu bitten, ihre Zimmer aufzuräumen, Wall-Street-Traderinnen, denen es unangenehm war, die Aufmerksamkeit einer beschäftigten Barkeeperin auf sich zu ziehen, aufstrebenden Politikerinnen, denen es derart peinlich war, »für Wahlkampfspenden zum Hörer zu greifen«, dass sie eine andere berufliche Laufbahn einschlagen mussten, und bekannten Aktivisten, die bereit waren, für die Rechte anderer ins Gefängnis zu gehen, denen sich aber die Kehle zuschnürte, wenn sie versuchten, sich für ihre eigenen Belange einzusetzen.

Ich habe festgestellt, dass freundliche Menschen andere nur äußerst widerwillig zu beeinflussen versuchen, weil sie niemanden manipulieren wollen. Und intelligente Menschen neigen eher dazu, die Art, wie Beeinflussung funktioniert, zu missverstehen. Wenn Sie also eine freundliche, intelligente Person sind, tragen Sie eine doppelte Bürde, die Sie daran hindert, so einflussreich zu sein, wie Sie es sein könnten. Aber in dem Maße, wie Sie Ihre Perspektive verändern und einige neue Tools anwenden, werden Sie feststellen, dass manche dieser Hindernisse verschwinden werden.

Die folgenden zehn Fehlwahrnehmungen wollen wir etwas näher betrachten.

1. **Aufdringlich = einflussreich**
   Tatsächlich ist das Gegenteil der Fall. Um andere zu beeinflussen, muss man selbst *beeinflussbar* sein. Und wenn man Menschen das Gefühl gibt, dass sie problemlos Nein sagen können, sind sie eher bereit, Ja zu sagen.
2. **Wenn sie die Fakten verstehen, treffen Menschen die richtige Entscheidung.**
   Weil unser Verstand nicht so funktioniert, wie wir glauben, besitzen Tatsachen viel weniger Überzeugungskraft, als wir meinen. Wir werden uns mit der Frage befassen, wie Entscheidungen tatsächlich getroffen werden. Und Sie werden erfahren, mit welchen Methoden Sie andere Menschen erfolgreicher dazu bringen können, gute Entscheidungen zu treffen.
3. **Menschen handeln im Einklang mit ihren Werten und ihren bewussten Entscheidungen.**
   Wir alle *wollen* im Einklang mit unseren Werten und unseren bewussten Entscheidungen handeln, aber zwischen unseren Absichten und unserem Verhalten klafft eine riesige Lücke. Jemanden umzustimmen bedeutet nicht unbedingt, sein oder ihr Verhalten zu beeinflussen (was das eigentliche Ziel ist).
4. **Wer einflussreich ist, kann »Ungläubige« überzeugen und »Widerständler« gefügig machen.**
   Nein, der Erfolg Ihrer großartigen Idee hängt von begeisterten Verbündeten ab. Ihre Bemühungen, sie zu finden, zu stärken und zu motivieren, werden sehr viel mehr bewirken als Ihre Bemühungen, den Widerstand von Leuten zu überwinden.
5. **Eine Verhandlung ist ein Kampf.**
   Vielleicht gehen Sie davon aus, dass bei Verhandlungen gegensätzliche Standpunkte unversöhnlich aufeinanderprallen,

aber die meisten Leute wollen nur nicht als Einfaltspinsel dastehen. Je erfahrener die verhandelnde Person ist, umso eher zeigt sie sich kooperativ – und umso erfolgreicher ist sie.

6. **Wer um mehr bittet, macht sich unbeliebt.**
Was Menschen von Ihnen halten, hängt mehr davon ab, *wie* Sie um etwas bitten, als davon, um *wie viel* Sie bitten. Und wenn beide Parteien (Sie eingeschlossen) zufrieden damit sind, wie sich die Dinge entwickeln, ziehen sie die Sache viel eher durch.

7. **Die einflussreichsten Menschen können jede*n dazu bringen, alles Mögliche zu tun.**
So funktioniert es nicht – das ist gut, sowohl für diese Menschen als auch für Sie.

8. **Sie können den Charakter eines Menschen gut einschätzen, und Sie erkennen jemanden mit betrügerischen Absichten aus einem Kilometer Entfernung.**
Leider sind wir alle sehr schlecht darin, Lügen zu erkennen. Aber ich werde Ihnen einige Warnsignale vorstellen, nach denen Sie Ausschau halten sollten. Auf diese Weise können Sie sich und andere vor Menschen schützen, die Sie beeinflussen wollen, um Ihnen zu schaden.

9. **Menschen wie Ihnen hört man nicht zu.**
Vielleicht sagt Ihnen eine innere Stimme, dass Sie extrovertierter oder älter oder jünger oder attraktiver oder besser gebildet oder erfahrener sein – vielleicht sogar eine andere Hautfarbe haben oder ein Muttersprachler sein – müssten, um die Aufmerksamkeit anderer auf sich zu ziehen. In diesem Buch werden Sie lernen, so zu sprechen, dass andere Menschen Ihnen zuhören – und so zuzuhören, dass diese ihrerseits (gern) sprechen.

10. **Sie verdienen es nicht, Macht oder Geld oder eine geliebte**

Person an Ihrer Seite zu haben – oder was Sie sich auch immer insgeheim wünschen.

Ich werde nicht versuchen, Sie davon zu überzeugen, dass Sie es verdienen, einflussreich zu sein; ich weiß nicht einmal, was das bedeuten würde. Ich weiß allerdings, dass nicht diejenigen einflussreich sind, die es verdienen, sondern diejenigen, die die Kunst der Beeinflussung verstehen und praktizieren. Und das werden bald Sie sein.

Etwas nicht gut zu können, was Ihnen wichtig ist – und gezwungen sein, es sich mühsam anzueignen und zu praktizieren –, hört sich vielleicht nicht gerade nach einem Geschenk an. Aber wenn sich Ihre Fähigkeiten verbessern, wissen Sie genau, wie Sie das bewerkstelligt haben, und Sie können den ganzen Vorgang wiederholen und ihn sogar anderen beibringen. Das weiß ich aus persönlicher Erfahrung.

Ich bin nicht mit meinem unwiderstehlichen Charme durch Kindheit und Jugend gesegelt. Ich wuchs in einer armen Boheme-Familie auf; ich teilte mir das Schlafzimmer in unserer Wohnung mit meiner Schwester, während unsere Mutter auf dem Sofa schlief. Mutter ist eine Künstlerin und die fantasievollste, witzigste Person, die ich kenne. Kein Geld für Eis? Wir suchten entlang des Radwegs nach Kleingeld, das das Universum für uns zurückgelassen hatte. Als Mutter ein Ferienlager leitete, verband sie uns die Augen und setzte uns tief im Wald aus, wo wir nur mithilfe eines Kompasses und einer topografischen Karte den Weg zurück finden sollten. Wenn meine Schwester oder ich einmal die Schule schwänzte, um neue Kraft zu tanken, machte Mutter blau und arbeitete mit uns an Kunstprojekten: ein Wahrsageautomat aus Lebensmitteln oder ein lebensgroßer Dinosaurier aus Maschendraht und Pappmaschee. Mutter nahm uns mit in Bars, wo ihre Freundinnen und Freunde in Punkbands spielten, und zu Partys, wo sie mit Ouija-Brettern Spaß hatten.

Zu Hause ging es abenteuerlich zu, aber in der Schule fühlte ich mich einsam. Man fiel mir immer ins Wort, wenn ich sprach. Immer. Ich konnte mir das nur damit erklären, dass das Timbre meiner Stimme die gleiche Frequenz haben musste wie die Umgebungsgeräusche der Erdatmosphäre. Es fiel mir nicht leicht, mich mit jemandem anzufreunden.

Am Theater habe ich erstmals die magische Kraft der Beeinflussung erlebt. Nachdem ich erkannt hatte, dass Menschen einem zuhören müssen, wenn man auf der Bühne steht, sprach ich für eine Inszenierung von *Aladdin* vor, bei der allen eine Sprechrolle versprochen wurde. Ich wurde als Schuster Nr. 3 besetzt und musste einen Schnurrbart und einen Fez tragen. Meine Textzeile lautete: »Schuhe zu verkaufen!« Obwohl ich in dieser Rolle nicht gerade glänzte, machte ich unbeirrt weiter. Viele Jahre später endete meine Schauspielkarriere genauso peinlich, wie sie begonnen hatte: mit einer Hauptrolle in einem drittklassigen Karatefilm, der so langweilig war, dass meine Eltern einschliefen, als sie ihn sich ansahen. Aber die jahrelange Schauspielausbildung und -praxis hatten mich etwas darüber gelehrt, wie man eine Verbindung zu anderen aufbaut und Charisma entwickelt.

Ich habe mir diese schauspielerischen Fähigkeiten im Vertrieb zunutze gemacht. Auch das waren keine künstlerisch anspruchsvollen Auftritte. Ich klopfte bei Leuten an die Tür, oder ich rief sie an und störte sie beim Abendessen, um ihnen Abonnements von *Golf Digest* zu verkaufen. Aber ich lernte, wie man um etwas bittet und wie man überlebt, wenn Menschen Nein sagen. Ich begann mich für die Gründe von Widerständen zu interessieren, statt mich dagegen aufzulehnen. Nach dem College erwarb ich an der University of Southern California einen Master of Business Administration (MBA) und begann, im Marketing zu arbeiten, zuerst für medizinische Geräte, dann für Spielzeug. Ich lernte, wie man Verträge aushandelt und Marktforschung betreibt. Ich lernte, wie man Kinder beeinflusst – was, wie Sie wissen, wenn Sie selbst Kinder haben, in etwa dem schwarzen Gürtel in Karate gleichkommt. Ich war für ein Segment der Marke Barbie verantwortlich, das für 200 Millionen Dollar Umsatz stand, reiste mit Spesenkonten durch die Welt und hatte eine Menge Spaß. Aber ich war auch frustriert.

Es war meine Aufgabe, Kundinnen und Kunden zu beeinflussen, aber ich verbrachte die Hälfte meiner Zeit damit, Mitarbeitende von mir dazu zu bringen, kluge Entscheidungen zu treffen. Ich arbeitete monatelang an einer Spielzeugserie, nahm umfangreiche Analysen vor, um gute Argumente für ihre Markteinführung vorbringen zu können. Aber dann sagte uns die zuständige Führungskraft, wir sollten noch einmal von vorn anfangen, weil sie ein schlechtes Bauchgefühl habe. Wie konnte das Topmanagement in Großunternehmen solche spontanen Entscheidungen treffen? Und wie konnten sich diese Menschen so locker über meine Bemühungen, diese Entscheidungen zu beeinflussen, hinwegsetzen? Wirklich, wie war das möglich?

Ich tat das, was Nerds tun, wenn sie etwas verstehen wollen – ich begann ein Promotionsstudium am MIT, das ich an der Harvard-Universität fortsetzte. Ich arbeitete mit einigen der kreativsten Verhaltenswissenschaftler*innen auf diesem Gebiet zusammen, um zu verstehen, wie Menschen *wirklich* Entscheidungen treffen und was ihr Verhalten *wirklich* beeinflusst. Im Rahmen meiner Forschungstätigkeit beschäftigte ich mich auch mit der Frage, wie man Menschen durch »Stupser« dazu bringen kann, sich gesünder zu ernähren, Kreditkartenschulden zu begleichen, anderen Hilfe anzubieten und für karitative Zwecke zu spenden. Auch eine dunklere Seite der menschlichen Psyche habe ich erforscht und mich dabei mit der Frage beschäftigt, warum Menschen einander – und sich selbst – anlügen. Google hat ein von mir erarbeitetes verhaltensökonomisches Rahmenmodell als Grundlage für seine Ernährungsleitlinien verwendet, die Zehntausenden von Mitarbeitenden weltweit halfen, sich gesünder zu ernähren. Die Verhaltensökonomik hat mich deshalb angesprochen, weil mir die ihr zugrunde liegende Moralphilosophie zusagt: Auch wenn man versucht, das Verhalten von Menschen durch Entscheidungsanstöße zu beeinflussen, respektiert man doch ihre Wahlfreiheit.

Ich wurde in den Lehrkörper der Yale School of Management berufen, und in dem MBA-Kurs, den ich unterrichtete (und noch immer unterrichte), trug ich all das zusammen, was ich über die Theorie und Praxis der Beeinflussung wusste: Verhaltensökonomik, Charisma, Verhandlungsführung, Umgang mit Widerständen, Umgang mit Zurückweisung etc. Der Andrang der Studierenden war so groß, dass viele vom ersten Tag an stehen mussten, und »Mastering Influence and Persuasion« (sinngemäß dt.: »Wie wir andere erfolgreich beeinflussen und überzeugen«) wurde schon bald zur populärsten Lehrveranstaltung der Business School, die von Studierenden sämtlicher Studiengänge besucht wurde. Ich habe den Kurs im Lauf der letzten zehn Jahre ständig weiterentwickelt, dabei neue Ideen ausprobiert, jüngste wissenschaftliche Erkenntnisse einbezogen, Journale ausgewertet, in denen meine Studierenden ihre Gedanken über ihre Erfolge und Misserfolge notierten, und mich von Diskussionen mit Führungskräften, die meine Workshops weltweit besuchen, inspirieren lassen. Aus dieser Lehrveranstaltung ging die Idee zu diesem Buch hervor.

Meine Studierenden haben mich über die Jahre hinweg gelehrt, dass die intensive Beschäftigung mit diesem Stoff Menschen die Chance gibt, ihr Leben zu verändern – umfassend oder auch nur ein wenig. Egal, ob Sie bessere Deals für sich selbst und andere aushandeln und dabei unerwartete Vergünstigungen und Chancen für alle Beteiligten herausholen, oder ob Sie sinnvolle Veränderungen in Ihrer Familie, Ihrer Gemeinschaft oder sogar weltweit erreichen – Einfluss ist Ihre Superkraft.

Ich werde gar nicht erst den Versuch unternehmen, Ihnen Theorie und Praxis der Beeinflussung umfassend darzulegen (was unmöglich wäre). Vielmehr will ich mich auf das konzentrieren, was schnelle Erfolge verspricht – überraschende Einsichten, kleine Veränderungen und leicht umsetzbare Verhaltensweisen mit großem Effekt. Wenn Sie diese Tipps praktisch anwenden, werden Sie sich vielleicht zunächst etwas unwohl fühlen, so, wie wenn Sie eine zweite oder dritte Sprache erlernen würden. Am Anfang bedarf es viel bewusster Anstrengung, und es läuft nicht glatt. Aber über kurz oder lang wird die neue Sprache zu einer Gewohnheit, die fest in Ihrem Unbewussten verankert ist. In dem Maße, wie Sie immer besser in der Lage sind, andere zu beeinflussen, werden Sie Ihre eigenen Strategien entwickeln und sie schließlich einsetzen, ohne zu überlegen. Um an diesen Punkt zu gelangen, benötigen Sie solide Grundkenntnisse in der Psychologie der Beeinflussung. Daher werde ich Ihnen einige wichtige Forschungsergebnisse aus der Sozialpsychologie, der Verhaltensökonomik, der Rechtswissenschaft, der öffentlichen Gesundheitspflege, dem Marketing und den Neurowissenschaften vorstellen, die erklären, wie wir tatsächlich Entscheidungen treffen und welche unsichtbaren Kräfte unser Verhalten in Wirklichkeit steuern.

Ich werde Ihnen Tools mit etwas albernen Namen wie »die magische Frage« und »der freundliche Brontosaurus« zur Verfügung stellen, die bereits den Anstoß zu Veränderungen am Arbeitsplatz gegeben, Frauen vor Sexhandel bewahrt und den Lauf der Geschichte verändert haben. Ich werde Ihnen zeigen, wie man auf der Bühne »strahlt«, ein Stellenangebot oder eine Gehaltserhöhung auf angenehme Weise aushandelt und Lügen und Manipulationen, die einen beeinflussen sollen, erkennt, bevor es zu spät ist. Ich werde Ihnen beibringen, wie man am besten mit den bockigen Zweijährigen in uns umgeht und Ihnen einige unglaubliche Wirtschaftsführer*innen, Aktivisten und Studierende vorstellen – ach, und auch Haie, Fallschirmspringende, Trickbetrüger*innen, Jennifer Lawrence, Dschingis Khan, einen Gedankenleser in einem Gorilla-Kostüm und den Mann, der die Welt rettete. Nebenbei werden Sie Zeitschleifen, Donuts in der Form von olympischen Ringen, unsichtbarer Tinte und einer Revolution begegnen.

In jedem der ganzzahligen Kapitel werden wir tief in Strategien, Wissenschaft und Geschichten zu einem wichtigen Aspekt der Beeinflussung wie Charisma, Widerstand und Verhandlungsführung eintauchen. Die Kapitel mit den Dezimalzahlen dagegen gehen einer einzelnen Idee auf den Grund. Die Kapitel können in beliebiger Reihenfolge gelesen werden, lassen Sie sich also von Ihrer Neugierde leiten. Sie müssen sich nicht alles zu Gemüte führen. Es genügt, wenn Sie die eine kleine Sache finden, die Ihr Leben verändern könnte.

In diesem Buch werden Sie viel über die Psychologie der Beeinflussung lernen, aber das, was wir Menschen wirklich erstreben, ist Klugheit und positive Wirkung auf andere. Menschen, die viel wissen, gewinnen Ratespiele. Kluge Menschen hören unvoreingenommen und mit gesunder Skepsis zu und fragen: »Wie kann ich diese Idee verbessern?«, und: »Wer sonst sollte dies wissen?« Ich möchte Sie einladen, sich mit dieser Einstellung auf dieses Buch einzulassen.

Bei dieser Herangehensweise an das Thema des »guten Einflusses« geht es darum, dass Sie sich die Kraft der Überzeugung, mit der Sie geboren wurden, erschließen und sie stärken, um Ihre Lebensqualität und diejenige aller Personen, die Ihnen wichtig sind, zu verbessern. Es ist keine höhere Mathematik, aber es ist eine Wissenschaft. Und es ist auch eine Liebesgeschichte.

KAPITEL EINEINHALB

Die Suche nach *Temul*

Wir versuchen, andere zu beeinflussen, weil wir ein bestimmtes Ziel erreichen wollen. Die erste Frage lautet daher: Wissen Sie, was Sie wollen?

Das mongolische Wort *temul* bezeichnet die schöpferische Leidenschaft und wurde poetisch umschrieben als »der Blick in den Augen eines Pferdes, das dorthin galoppiert, wohin es will, ganz gleich, was der Reiter will«.[1] *Temul* ist auch die Wurzel des Namens Temüdschin. Sie kennen Temüdschin als Dschingis Khan.

In der Schule lernte ich über Temüdschin nur, dass er ein blutrünstiger Warlord gewesen sei. Nicht, dass sein Mongolisches Reich die erste große Zivilisation war, die religiöse Toleranz praktizierte, die allgemeine Alphabetisierung förderte oder das erste internationale Postsystem einführte. Nicht einmal, dass es das zweitgrößte Imperium in der Geschichte der Menschheit war, nur übertroffen von dem Britischen Empire. Das Empire brauchte Jahrhunderte, um Gebiete zu erobern und zu kolonisieren. Dagegen gelang es Temüdschin, der als heimatloses Kind zur Welt kam, in nur einem Menschenalter, zum Herrscher über unermessliche Weiten zu werden, die die Regionen einschlossen, die wir heute Iran, Pakistan, Afghanistan, Kirgisistan, Turkmenistan, Usbekistan, Aserbaidschan, Armenien, Georgien, Nordchina und Südrussland nennen. Ich bin froh, dass ich Temüdschin nie begegnet bin, aber bei allem, was man sonst noch über ihn sagen kann, ist unbestreitbar, dass er jede Menge *temul* besaß. Und *temul* ist eine schöpferische Kraft.

Auch Kinder haben eine Menge *temul.* Als meine Tochter Ripley sieben Jahre alt wurde, fragte ich sie, was sie sich wünsche, und sie zögerte keinen Moment.

»Ein Alles-Gewehr, aus dem alles, was ich mir wünsche, herausgeschossen kommt.«

Ich lächelte. »Okay, was würdest du denn daraus schießen?«

»Zuerst wünsche ich mir die Kraft, alles zu heilen. Dann das ewige Leben und die Fähigkeit, auch andere Menschen ewig leben zu lassen. Und auch einen Geldbeutel, bei dem du, wenn du ihn aufmachst, nur sagen musst: ›Ich will 20 Dollar‹, und schon sind sie da. So viel Geld, wie du willst. Wenn du den Geldbeutel verlierst, kommt er automatisch in deine Hosentasche zurück.« (Sie hatte keinen Geldbeutel, aber ich rannte oft auf der Suche nach meinem herum.) »Dann will ich auch noch einen Teleporter, der mich überall hinbringt, wohin ich will, sogar in das Buch *Harry Potter.*«

Ripley bekam das »Alles-Gewehr« nicht, aber wie Temüdschin wusste sie genau, was sie wollte, und versuchte zielstrebig, es zu bekommen. So hat sie etwa die Kinder in ihrer ersten Klasse dazu animiert, Gedichte zu schreiben und sie bei einer Benefizveranstaltung zu verkaufen, um die World Wildlife Foundation mit einer Geldspende zu unterstützen. Dafür bekamen sie ihrerseits einen ausgestopften Hellroten Ara zum Hätscheln und Liebhaben.

Ich weiß nicht, woran Ihr Herz hängt, aber wenn Sie so etwas haben, dann kann dieses Buch der Raketentreibstoff sein, der für die Beschleunigung sorgt, wenn Sie in diese Richtung starten.

Hin und wieder wissen wir nicht, in welche Richtung wir gehen sollen. Vielleicht stehen wir an einem Scheideweg. Oder vielleicht haben Sie schon erreicht, was Sie früher einmal leidenschaftlich angestrebt haben. Vielleicht beschäftigt Sie das, was Sie nicht wollen, oder aber Sie haben zu viele Optionen. Das ist in Ordnung. Dann sind Sie hier noch immer richtig.

Und wenn Sie wissen, was Sie wollen, lautet die Frage: Können Sie *sicher* sein?

Als ich als Doktorandin begann, Verhaltensexperimente durchzuführen, hatte mich eine Erkenntnis schon recht früh tief erschüttert: dass die meisten meiner Hypothesen falsch waren.[2] Und nicht nur meine, sondern auch diejenigen meiner Mitstudierenden, des akademischen Betreuungspersonals und aller anderen. Für unsere kreativsten Ideen betrug die Misserfolgsquote wahrscheinlich 90 Prozent. Noch heute erlebe ich, dass leidenschaftliche Menschen bekommen, was sie wollen, und erst dann feststellen, dass es nicht das ist, wonach sich ihr Herz *wirklich* gesehnt hat.

Man kann nicht sicher wissen, was man will, wenn man es noch nicht erlebt hat.

Um dies zu verstehen – und um wirklich sicher zu sein –, sollten Sie experimentieren und praktische Erfahrungen sammeln. Testen Sie Ihre Hypothesen. Testen Sie die Hypothesen anderer. Suchen Sie Menschen, die sich so fühlen, wie Sie sich fühlen wollen, und ahmen Sie nach, was sie tun. Oder etwas völlig anderes. Ich lade Sie ein, dieses Buch als eine Gelegenheit zu betrachten, durch Experimentieren herauszufinden, was Sie wirklich wollen.

Einer Ihrer Versuche wird Sie, mit *temul*-entflammtem Herzen, davongaloppieren lassen.

KAPITEL ZWEI

Einfluss funktioniert nicht so, wie Sie denken

In Orlando, Florida, kann man in Gatorland, der selbsternannten »Alligator-Hauptstadt der Welt«, einen Babyalligator in der Hand halten, sich Alligator-Ringkämpfe ansehen oder an einer Seilrutsche über das Sumpfgebiet gleiten, in dem Alligatoren auf der Lauer liegen und wo *Indiana Jones und der Tempel des Todes* gedreht worden ist. Wem dies nicht abenteuerlich genug ist, den führt ein Alligatorexperte wie Peter Gamble in einen abgetrennten Bereich, wo man Alligatoren ohne schützende Barriere füttern kann. Während er mich an Warnschildern vorbeiführte, erklärte er mir eindringlich: »Diese Alligatoren sind zwar abgerichtet, aber sie sind nicht zahm.«

Ich sah, dass sie sogar füreinander eine Gefahr darstellten. Predator fehlte ein Teil seines Kiefers; ein Stück von Blondies Schwanz war weg. Als Peter mir den Eimer mit rohem Fleisch reichte, war ich nervös und aufgeregt in Erwartung des Schlagabtauschs der Titanen.

Der erste blutige Bissen, den ich ihnen hinwarf, landete ein paar Zoll außerhalb der »Bisszone« Buddys, des optimalen Bereichs zwischen Nase und Schwanz eines Alligators. Er rührte sich nicht. Keiner von ihnen tat das. Mein zweiter Wurf war besser. Das Fleisch landete direkt vor Buddys Maul, und er schnappte derart blitzschnell danach, dass ich kaum sah, was geschah. Und die anderen Alligatoren? Sie zuckten nicht einmal. Ich warf ihnen weitere Fleischstücke hin. Aber wenn ich mein Ziel auch nur leicht verfehlte, blieb das Fleisch unangetastet liegen, bis ein Vogel herabstieß, um es sich zu schnappen.

Die Evolution hat Alligatoren auf maximale Effizienz getrimmt. Ihre Körper wiegen bis zu einer halben Tonne, benötigen jedoch für ihre Steuerung nur ein Gehirn von Walnussgröße. Alligatoren brauchen zudem so wenig Nahrung, dass sie bis zu drei Jahren ohne die geringste Nahrungsaufnahme überleben können. Sie vergeuden keine physische oder mentale Energie. Sie ignorieren alles außer unmittelbaren Bedrohungen oder einfachen Gelegenheiten. Und sie reagieren auf diese Risiken und Chancen nach instinktiven Regeln, die ihrer Art geholfen haben, die letzten 37 Millionen Jahre zu überleben. Die einzigen Fragen, die ihre winzigen Gehirne beantworten müssen, sind einfach: Wird es mir schaden? Wird es mir helfen? Wird es leicht sein? Den Rest übernimmt der Autopilot. Diese primitiven kognitiven Prozesse haben viele Gemeinsamkeiten mit unseren eigenen Denkabläufen. Auch wenn wir viel Erfahrung mit irrationalem Verhalten haben (Aufschieberitis, Impulskäufen, unerklärlichen Leidenschaften und ungesunden Obsessionen, um nur ein paar zu nennen), halten wir uns doch gern für rationale Wesen, die bewusste Entscheidungen treffen, nicht für instinktgesteuerte Tiere, die nach dem Weg des geringsten Widerstandes suchen. In diesem Kapitel werden wir uns genauer ansehen, wie wir Entscheidungen im Alltagsleben wirklich treffen. Die Beeinflussung anderer funktioniert nicht so, wie wir uns das vorstellen, weil Menschen nicht so denken, wie wir uns das vorstellen. Sobald Sie verstanden haben, dass die meisten Verhaltensweisen nur in sehr geringem Ausmaß das Produkt bewussten »Nachdenkens« sind, können Sie einfache, aber sehr effektive Korrekturen an der Art und Weise, wie Sie andere Menschen zu beeinflussen versuchen, vornehmen.

Warum wir tun, was wir tun

Die Verhaltensökonomik kann uns helfen, menschliche Entscheidungsprozesse besser zu verstehen. Den meisten Menschen in der Wirtschaftswelt fällt es schwer, die Verhaltensökonomik zu definieren, und selbst Forschende sind sich nicht immer einig, was darunter zu verstehen ist. Auch auf die Gefahr einer allzu starken Vereinfachung hin biete ich daher eine Erklärung an, die vielleicht hilfreich ist.

Die Psychologie befasst sich hauptsächlich mit mentalen Prozessen und interessiert sich nur beiläufig für die Verhaltensweisen, die daraus hervorgehen. Die Wirtschaftswissenschaften andererseits interessieren sich für soziale Verhaltensweisen (Handel, Arbeit, Konsum, Kooperation, Heirat, Gewalt etc.), weitgehend ohne die ihnen zugrunde liegenden mentalen Prozesse zu berücksichtigen – das rationale Selbstinteresse soll fast alles erklären. Die Verhaltensökonomik ist das uneheliche Kind von Psychologie und Wirtschaftswissenschaft. Sie erforscht die mentalen Prozesse, die sozialen Verhaltensweisen zugrunde liegen. Sie sagt nicht, das rationale Selbstinteresse spiele keine Rolle, sondern nur, dass es keine so große Rolle spiele, wie wir glauben. Sie sind Ihren Selbstverpflichtungen nicht treu geblieben, obwohl Sie sie in der Überzeugung beschlossen haben, dass sie in Ihrem besten Interesse seien. Sie helfen Fremden, obwohl Sie wissen, dass sie sich dafür nicht revanchieren werden. Ihre Präferenzen hängen von allen möglichen Dingen ab, etwa Ihrer Stimmung, Ihren Alternativen und sogar vom Wetter. Verhaltensökonomen erforschen all dies.

Eine der bedeutendsten Errungenschaften der Verhaltensökonomik ist die mittlerweile berühmte Zwei-Prozess-Theorie der Kognition, deren zwei Prozesse – nicht besonders einfallsreich – *System 1* und *System 2* genannt werden. Ich konzentriere mich bei der Erklärung dieser Theorie auf das, was für Sie daran relevant ist als jemand, der andere positiv beeinflussen will. Selbst wenn Sie mit dem allgemeinen Konzept vertraut sein sollten, erhalten Sie hier also ein paar neue Anregungen.

Die meisten Entscheidungen treffen wir gewohnheitsmäßig und relativ mühelos. Dies ist System 1. Gleich einem Alligator liegt System 1 zumeist unterhalb unserer bewussten Wahrnehmung auf der Lauer und hält in der Umwelt nach Bedrohungen und Gelegenheiten Ausschau. Angetrieben von Instinkten und Gewohnheiten ist es immer bereit, sofort zu handeln. Annähern, vermeiden, kämpfen, beißen, (Brut) umsorgen und (mit Artgenossen) interagieren – beziehungsweise, in aller Regel (wie etwa bei Fleisch außerhalb der Bisszone), ignorieren. Es funktioniert unbewusst und automatisch.

System 2 dagegen ist bewusst und rational, wie ein Richter, der jeweils immer nur einen Fall verhandelt, Argumenten lauscht und die Beweismittel sorgfältig abwägt. Wir erleben uns selbst als rational, weil System 2 der Mechanismus ist, dessen wir uns am meisten bewusst sind, sobald er in Aktion tritt. Da System 2 Konzentration verlangt, vermeiden wir es möglichst, darauf zurückzugreifen, um unsere begrenzten kognitiven Ressourcen zu schonen. Es ist ein Experte, der für die schwierigsten und wichtigsten Fälle in Reserve gehalten wird. Wie der Philosoph A. N. Whitehead im Jahr 1911 schrieb: »[Bewusste] Denkoperationen sind wie Reiterangriffe in einer Schlacht – sie sind zahlenmäßig streng begrenzt, sie erfordern frische Pferde, und sie dürfen nur in entscheidenden Momenten durchgeführt werden.«[1]

In seinem Buch *Schnelles Denken, langsames Denken* nennt der Nobelpreisträger Daniel Kahneman System 1 »schnell« und System 2 »langsam«.[2] Aber System 1/System 2 ist nicht die einzige Zwei-Prozess-Theorie. Sie haben bestimmt schon von anderen gehört, die zum Beispiel zwischen Denken und Fühlen, Vernunft und Intuition sowie linker und rechter Gehirnhälfte unterscheiden. Sie alle hängen miteinander zusammen. Tatsächlich werden diese Prozesse deshalb mit den Oberbegriffen »System 1« und »System 2« bezeichnet, weil diese Theorie all die anderen Zwei-Prozess-Theorien umfassen und ihre Gemeinsamkeiten betonen will. Da die Begriffe »System 1« und »System 2« ein wenig unanschaulich sind, werde ich sie fortan den *Alligator* und den *Richter* nennen und den Ausdruck »Alligatorgehirn« als Synonym für »Alligator« verwenden. Diese Zwei-Prozess-Theorie ist deshalb für unsere Diskussion des guten Einflusses hilfreich, weil sie sich auf die Frage konzentriert, wie diese beiden Prozesse funktionieren und miteinander wechselwirken.

Der Alligator ist verantwortlich für jeden kognitiven Prozess, der schnell abläuft und kaum Aufmerksamkeit erfordert. Dazu gehören Emotionen, vorschnelle Urteile, Mustererkennung und jedes Verhalten, das durch Übung leicht oder zu einer Gewohnheit geworden ist, wie etwas Lesen. Wenn Sie Knoblauch fein hacken, von der Arbeit nach Hause fahren, bei einem Geräusch zusammenschrecken, einen Freund anlächeln, einen Druckfehler bemerken, fünf mit drei multiplizieren, nach Ihrem Telefon greifen, wenn es klingelt, spontan jemanden umarmen oder Ihr Lieblingslied mitsingen, sind Sie im Alligatormodus.

Der Richter ist für jeden kognitiven Prozess, der Konzentration und Anstrengung erfordert, zuständig. Dazu gehören Planen, Rechnen, das Entwerfen von Strategien, Interpretieren, das Vermeiden von Fehlern, das Befolgen komplexer Anweisungen und alle Aktivitäten, mit denen Sie noch nicht durch Übung vertraut sind. Wenn Sie ein Meeting leiten, über Politik diskutieren, Versicherungspläne vergleichen, Ihr Auto bei Regen durch den Berufsverkehr steuern oder ausrechnen, wie viele Fliesen Sie für den Badezimmerboden benötigen, sind Sie im Richtermodus. Im Richtermodus können Sie nicht multitasken.

Wenn es nicht der Mühe wert oder nicht möglich ist, gründlich nachzudenken, werden Entscheidungen den Gefühlen, Gewohnheiten, Präferenzen, Bauchgefühlen und mentalen Faustregeln des Alligators überlassen. Wenn Sie eine folgenreiche Entscheidung treffen und die ganze Tragweite ermessen müssen, verknüpfen Sie das Feedback des Alligators mit dem des Richters, konsultieren Ihr Bauchgefühl und wägen sorgfältig Ihre Optionen ab.

Einige Verhaltensweisen fallen für manche Menschen in die Alligatorkategorie und für andere in die Richterkategorie. Eine erfahrene Skiläuferin kann einen tückischen, extrem schwierigen Steilhang hinuntersausen und dabei Felsen und Bäumen ohne große bewusste Anstrengung ausweichen, den Sonnenschein und den Rausch der Geschwindigkeit in einem Flowzustand genießen: Alligator. Ein Anfänger muss sich auf einem Kinderhang voll konzentrieren, um seine Ski in Schneepflugstellung und seinen Körper in der Richtung zu halten, in die er fahren will: Richter.

Um zu verstehen, wie all dies funktioniert, können Sie den Alligator und den Richter selbst erleben. Dazu brauchen Sie nur ein paar Minuten und die Stoppuhr Ihres Mobiltelefons.

Ziel ist es, die Zeit zu messen, während Sie die Wörter in dem Kästchen unten mit lauter Stimme lesen. Sprechen Sie sie so schnell wie möglich, aber trotzdem richtig aus. Konzentrieren Sie sich darauf, die Wörter laut auszusprechen, und ignorieren Sie die Schrifttype. Stoppuhr bereit?

Fangen Sie an.

GRAU	SCHWARZ	WEISS	WEISS	SCHWARZ
GRAU	SCHWARZ	GRAU	SCHWARZ	WEISS
SCHWARZ	GRAU	SCHWARZ	SCHWARZ	GRAU
WEISS	WEISS	GRAU	WEISS	GRAU
GRAU	SCHWARZ	WEISS	WEISS	SCHWARZ

Gut gemacht. Notieren Sie sich, wie viel Zeit Sie gebraucht haben. Stoppen Sie die Zeit erneut, aber nennen Sie jetzt die *Farbe* der Schrifttype für jedes gedruckte Wort, nicht das Wort selbst. Die Farbe, nicht das Wort selbst. Benutzen Sie wieder Ihre Stoppuhr, und tun Sie es so schnell wie möglich, aber sorgfältig.

Prima.

Was ist Ihnen diesmal aufgefallen? Dauerte es bei der zweiten Aufgabe länger? Spürten Sie ein inneres Ringen, das Sie verlangsamte? Die meisten Menschen brauchen für das Benennen der Farben ungefähr doppelt so lang wie für das Lesen der Wörter, auch wenn die Aufgabe selbst nicht komplizierter ist. Vielleicht denken Sie, dass es länger dauerte, weil es nach dem Lesen der Wörter schwierig war, mental umzuschalten und sich auf die Farben zu konzentrieren. Damit liegen Sie nicht falsch, aber das ist nicht die ganze Erklärung.

Weil Sie so viel Übung im Lesen haben, wurde diese Funktion an den Alligator übertragen. Da Sie Ihr Leben lang lesen, ist dieses Verhalten für Sie zu einer Gewohnheit geworden, die automatisch abläuft, ähnlich wie Skifahren für einen Skiläufer, der an den Olympischen Spielen teilnimmt.

Das Benennen von Farben ist ebenfalls eine einfache Aufgabe, die Sie jedoch nicht täglich praktiziert haben – insbesondere in einem Fall wie diesem, wo das Wort selbst eine andere Farbe bezeichnet –, sodass die Aufgabe die Konzentration des Richters erfordert. Allerdings hört der Alligator niemals auf, seine Meinung beizusteuern. Das entspricht nicht seiner Natur. Zudem ist er so schnell, dass er immer als Erster reagiert. Um die Farbe unabhängig von dem, was das Wort sagt, richtig zu identifizieren, muss der Richter sich über die Antwort des Alligators hinwegsetzen, was Anstrengung und Zeit kostet. Der Kognitionswissenschaftler John Ridley Stroop untersuchte dieses Phänomen der widerstreitenden kognitiven Systeme in den 1930er-Jahren, als ihm auffiel, dass Menschen das Wort »rot« schneller lesen, als sie die Farbe benennen konnten.[3]

Die Aufgabe, die Sie gerade ausgeführt haben, wurde nach ihm benannt. Ist Ihnen aufgefallen, dass Sie gegen Ende des zweiten Durchgangs schneller wurden? Wenn Sie den Stroop-Test regelmäßig wiederholen würden, würden Sie bald zu einer Expertin oder einem Experten im Benennen von Farben werden, und Sie hätten nicht länger das Gefühl, mental »hinterherzuhinken«.[4] Der Alligator hätte die Aufgabe übernommen.

Was Sie gerade beim Stroop-Test erlebt haben, ist, dass der Alligator (System 1) als Erstes reagiert. *Immer.* Der Richter (System 2) ist derjenige, der im Nachhinein Zweifel anmeldet, aber nur *manchmal*, wenn die Aufgabe hinlänglich wichtig und anspruchsvoll ist – und Sie in diesem Moment die notwendige mentale Bandbreite haben. Der Alligator kann ohne Input des Richters Entscheidungen treffen, aber der Richter nicht ohne Input des Alligators. Diese Asymmetrie ist einer der Schlüssel für erfolgreiche Beeinflussung.

Die Mutter aller Missverständnisse

Aus der Tatsache, dass ein Großteil der Alligatoraktivitäten unterhalb der Bewusstseinsschwelle abläuft, haben die meisten von uns gefolgert, dass unsere Vernunft Regie führen würde. Einer der bedeutendsten Unterschiede zwischen uns und allen anderen Arten auf der Erde ist unsere Fähigkeit zu logischem Denken. Aber wir überschätzen dessen Einfluss. Wenn wir Verhalten – eigenes oder das einer anderen Person – verändern wollten, müssten wir uns selbst oder die betreffende Person lediglich mit guten Gründen davon überzeugen, so glauben wir. Sobald wir die Vernunft auf unserer Seite hätten, würde das entsprechende Verhalten automatisch folgen. Dies erscheint einleuchtend, ist in Wirklichkeit aber ein totaler Fehlschluss. Völlig nachvollziehbar und absolut falsch.

Einige Forschende schätzen, dass der Alligator *allein* für bis zu 95 Prozent unserer Entscheidungen und Verhaltensweisen verantwortlich ist. Der Betrag lässt sich nicht genau beziffern, aber wir wissen, dass der Alligator die treibende Kraft hinter den allermeisten unserer Entscheidungen und Verhaltensweisen ist. Wenn man die Anzahl der Entscheidungen betrachtet, die wir *die ganze Zeit über* treffen – all unsere körperlichen Bewegungen, die Lebensmittelauswahl, all die Versuchungen, denen wir widerstehen (oder nicht), alle Wörter, die wir sagen –, wäre es unmöglich, über jede Entscheidung bewusst nachzudenken. Aber es ist nicht leicht zu akzeptieren, dass der Alligator die Art und Weise, wie wir auf die Umwelt und auf andere Menschen reagieren, derart maßgeblich prägt.

So schreiben John Bargh und Tanya Chartrand, die im Bereich der Sozialpsychologie forschen: »In Anbetracht des verständlichen Wunsches, an Willensfreiheit und Selbstbestimmung zu glauben, ist die Erkenntnis, dass der größte Teil unseres Alltagslebens von automatischen, nichtbewussten mentalen Prozessen gesteuert wird, nur schwer zu ertragen – aber es erscheint unmöglich … dass bewusste Kontrolle der Aufgabe gewachsen sein könnte. Wie Sherlock Holmes gern zu Dr. Watson sagte: Wenn man das Unmögliche eliminiert, muss das, was übrig bleibt – wie unwahrscheinlich es auch ist –, die Wahrheit sein.«[5]

Wenn ich Menschen sage, dass der Alligator die vorherrschende Kraft in uns sei, widersprechen einige entschieden: »Okay, vielleicht ist der Durchschnittsmensch vom Alligator beeinflusst, aber sind nicht einige von uns Richter?«, oder: »Aber ich bin ein Zahlenmensch, im Ernst.« Vielleicht wünschen Sie sich, dass andere Sie mit logischen Argumenten und Daten zu überzeugen suchen, und Sie selbst benutzen vielleicht Tabellen oder Taschenrechner, wenn Sie eine wichtige Entscheidung treffen. Das tue ich auch. Aber das bedeutet nicht, dass wir nicht vom Alligator beeinflusst werden; es bedeutet lediglich, dass wir nicht allzu sehr von ihm beeinflusst werden *wollen*. Das hat nichts mit Intelligenz zu tun. Das Urteilsvermögen von ärztlichem Personal, Anwältinnen sowie Professorinnen ist genauso verzerrt wie das aller anderen – und sogar das von echten Personen am Gericht.

In einer Studie zu Bewährungsentscheidungen israelischer Gerichte fiel den Forschenden Shai Danziger, Jonathan Levav und Liora Avnaim-Pesso ein äußerst merkwürdiges Muster auf.[6] Wenn es sich um eine*n Strafgefangene*n handelte, die*der zu Beginn der ersten der drei täglichen Sitzungen dem Gericht vorgeführt wurde, kam diese Person mit einer Wahrscheinlichkeit von 65 Prozent auf Bewährung frei. Aber am Ende dieser Sitzung fiel die Chance freizukommen auf fast null. Nach einer Pause schoss sie dann wieder auf 65 Prozent in die Höhe. Die Richter*innen hatten keinen Einfluss auf die Reihenfolge der Fälle; diese hing davon ab, wann der Anwalt der betroffenen Person eintraf. Die Schwere des Verbrechens, die bereits in Haft verbrachte Zeit, frühere Haftstrafen – auch keiner dieser Faktoren erklärte das Muster. Und auch nicht die Nationalität oder das Geschlecht des Gefangenen.

Die Forschenden kamen zu dem Schluss, dass die Richter*innen in dem Maße, wie sie ermüdeten, der leichteren Standardoption zuneigten. Zu Beginn einer Sitzung, wenn sie sich frisch fühlten, konnten sich die Richter*innen auf die Details jedes Falls konzentrieren, ihm ihre volle, bewusste Aufmerksamkeit widmen und die Beweise sorgfältig würdigen, wie sie es tun sollten. Doch mit der Zeit forderten Entscheidungsmüdigkeit und Hunger ihren Tribut, und der Alligator, der sich auf Faustregeln und Bauchgefühl stützt, griff ein, um in die Bresche zu springen.

Unsere gefühlsmäßige Reaktion auf Strafgefangene? Sie sind gefährlich. Aus diesem Grund wurden sie eingesperrt. Sobald der Alligator das Kommando übernahm, bestimmte die gefühlsmäßige Reaktion die Auswahl der Standardoption. Bewährung verweigert. Bewährung verweigert. Bewährung verweigert. Wenn Sie jemals einen hohen Stoß von Aufsätzen benotet oder einen großen Stapel von Lebensläufen durchgesehen haben, wissen Sie, wie ermüdend das wird und wie schwer es ist, am Schluss genauso gerecht zu sein wie am Anfang.

Die Mutter aller Missverständnisse ist, dass wir uns für rationale Wesen halten, während in Wirklichkeit der Alligator das Sagen hat. Er taucht immer als Erstes auf, und er übernimmt auch das Kommando, sobald der Richter ermüdet. Der Alligator ist viel einflussreicher, als wir denken.

Die »dünnen Scheiben« des Alligators

Unsere spontanen emotionalen Reaktionen – unser Bauchgefühl – üben einen starken Einfluss auf unsere Urteile aus, und dies gilt insbesondere für unsere Urteile über andere Menschen. Die verstorbene Sozialpsychologin Nalini Ambady und ihr Kollege Robert Rosenthal waren die Wegbereiter der umfangreichen Forschungsarbeiten zu diesem Effekt. Sie verwendeten den Begriff »dünne Scheiben« (»thin slices«) zur Bezeichnung der erstaunlich kurzen Wahrnehmungsintervalle, auf deren Grundlage wir persönliche Eindrücke bilden – manchmal in Sekundenbruchteilen.

Bemerkenswert an diesen Forschungsarbeiten über »dünne Scheiben« ist erstens, wie genau diese schnellen Alligatoreindrücke soziale Urteile und die daraus folgenden bedeutsamen Konsequenzen vorhersagen können. Als Studierende gebeten wurden, die Kompetenz einer Professorin oder eines Professors auf der Grundlage eines tonlosen, sechs Sekunden langen Videoclips aus ihrer oder seiner Vorlesung zu beurteilen, sagten diese Ergebnisse sehr gut vorher, wie diese bei den Bewertungen durch Studierende am Jahresende abschnitten.[7] Studierende konnten in einer Stichprobe regionaler Verkaufsleiter*innen anhand von nur drei 20 Sekunden langen Aufnahmen ihrer Stimmen diejenigen identifizieren, die die höchsten Bewertungen erhalten hatten.[8] Als Ambady Versuchsteilnehmenden bis zur Unverständlichkeit verstümmelte, zehn Sekunden lange Audiodateien von chirurgischem Fachpersonal vorspielte, das sich mit zu behandelnden Personen unterhielt, konnten sie allein anhand des Klangs der Stimmen der Chirurginnen und Chirurgen vorhersagen, welche wegen Kunstfehlern verklagt worden waren.[9] Ganz gleich, ob die »dünnen Scheiben« sich auf die Körpersprache, den Tonfall oder die Mimik bezogen – sie alle lieferten wertvolle Informationen von einer bemerkenswerten Vorhersagegenauigkeit.[10]

Der Neurowissenschaftler Alexander Todorov schnitt die Scheiben, also die Wahrnehmungsintervalle, noch dünner. Er zeigte Studienteilnehmenden nur eine Sekunde lang Paare ihnen unvertrauter Gesichter und bat sie dann, die kompetentere Person in dem Paar auszuwählen. Die Teilnehmenden wussten nicht, dass es sich um die Gesichter von Personen handelte, die bei den US-Kongresswahlen angetreten waren, und ihr schnelles Urteil sagte mit einer erstaunlichen Genauigkeit von 70 Prozent vorher, welche der Kandidierenden sich bei den Wahlen durchsetzten.[11] Amtsinhaberschaft und politische Partei? Spielten keine Rolle.

Diese Studienergebnisse haben weitreichende Folgen für unser Thema des Einflusses auf andere. Zum einen unterstreichen und begründen sie bis zu einem gewissen Grad die überaus wichtige Rolle des Alligators, was unsere Wahrnehmungen und Urteile über andere betrifft. Alligatoren treffen spontane Urteile, und sobald sie dies getan haben, halten sie daran fest.[12] Mehrere Studien deuten darauf hin, dass mehr Zeit zum Nachdenken die Genauigkeit sozialer »Dünne Scheiben«-Vorhersagen nicht verbessert, und bei einigen Studien kam sogar heraus, dass die Genauigkeit der Vorhersagen von Teilnehmenden abnahm, wenn man ihnen mehr Zeit gab.[13]

Wir treffen folgenreiche Entscheidungen, wie etwa bei politischen Wahlen oder ob wir jemanden verklagen sollen, weitgehend aus einem Bauchgefühl heraus, auch wenn wir uns selbst eine andere Geschichte erzählen. Wenn wir das Verhalten anderer Menschen verstehen, vorhersagen oder beeinflussen wollen, sollten wir daher mit den spontanen, schnellen Urteilen des Alligators beginnen. Immer.

Selektive Aufmerksamkeit und verzerrtes Denken

Der Alligator und der Richter sind theoretische Konstrukte, keine anatomischen Strukturen, aber wenn Sie ein Wissenschaftsfreak sind, interessiert es Sie vielleicht, dass sie lose mit jenen Hirnregionen in Verbindung stehen, von denen Sie es erwarten würden. Der Alligator ist vor allem mit primitiven Hirnregionen wie dem Kleinhirn, das Bewegungen koordiniert, und dem limbischen System, wo Emotionen verarbeitet werden, assoziiert. Der Richter ist stärker mit dem Neocortex verbunden, der für das logische Denken zuständig ist. Noch interessanter ist, dass die Neuroanatomie bestätigt, dass die Alligatorregionen die Richterregionen stärker beeinflussen als umgekehrt. Es gibt sehr viel mehr Nervenfasern, die Signale vom limbischen System an den Neocortex senden, als Nervenfasern, die in die entgegengesetzte Richtung verlaufen.[14] Der Alligator ist also auch auf anatomischer Ebene das Schwergewicht.

Auch wenn Sie vielleicht noch nicht über diese Frage nachgedacht haben, wissen Sie aus Erfahrung, dass Sie Ihre instinktiven Reaktionen nicht durch bewusste Anstrengungen beeinflussen können. Der Alligator nimmt keine Wünsche entgegen. Man kann sich selbst nicht durch *vernünftiges Zureden* dazu bringen, sich zu verlieben, Eiscreme zu verabscheuen oder Pastinaken zu mögen (die wirklich widerlich sind). Es ist möglich, sich über spontane Reaktionen hinwegzusetzen, aber es ist nicht leicht. Als der Ekelforscher Paul Rozin Erwachsene bat, ein Stück Schokolade in Form eines Hundehaufens zu essen, konnten 40 Prozent dies nicht. (Kleinkinder dagegen hatten keinen Konflikt mit ihrem Alligator und aßen vergnügt häufchenförmige Lebensmittel.)[15]

Ein wichtiger Aspekt dieses unausgewogenen Wechselspiels ist die Tatsache, dass der Alligator als ein Filter wirkt, der entscheidet, was die bewusste Aufmerksamkeit des Richters bekommt. Dies bedeutet, dass der Alligator nicht nur das Kommando übernimmt, wenn der Richter ermüdet, vielmehr entscheidet der Alligator, welche Fälle und welches Beweismaterial dem Richter überhaupt vorgelegt werden. Selbst in Situationen, in denen der Alligator nicht das alleinige Sagen hat und der Einflussstrom vom Alligator zum Richter fließt, hat das Beweismaterial bereits zwei Alligatorfilter durchlaufen: *Aufmerksamkeit* und *Motivation*.

Selektive Aufmerksamkeit

Die detaillierte Verarbeitung visueller Reize ist kostspielig. Stephen Macknik und Susana Martinez-Conde, die auf dem Gebiet der Neurowissenschaften forschen, schreiben: »Ihre Augen können feine Details nur in einem Kreis von der Größe eines Schlüssellochs genau im Zentrum Ihres Blicks, der etwa ein Zehntel eines Prozents Ihrer Retina abdeckt, erkennen; der größte Teil des umliegenden Gesichtsfeldes ist von schockierend schlechter Qualität.«[16] Wie kommt es dann, dass wir einen so großen Teil unserer Umgebung scharf wahrnehmen? Der Alligator stellt Vermutungen an und füllt die Lücken mit Bildern hoher Wahrscheinlichkeit. Auch bei allen anderen Dingen verlässt sich der Alligator auf Vermutungen und stützt sich bei alltäglichen, unauffälligen Reaktionen auf Ahnungen, Instinkte und Gewohnheiten. Um Ressourcen zu schonen, sind die Urteile des Richters dem Unerwarteten vorbehalten: unerwarteten Bedrohungen (eine Polizeisirene hinter uns), unerwarteten Gelegenheiten (eine attraktive Fremde) und auch dem unerwartet Vertrauten (Subaru Outbacks tauchen jetzt, nachdem Sie einen gekauft haben, überall auf).

Der Alligator filtert Informationen, indem er die Art und Weise beeinflusst, wie wir danach suchen. Dies geschieht vor allem durch den *Bestätigungsfehler*. Wir suchen unbewusst nach Informationen, die das bestätigen, was wir glauben oder was wir glauben wollen oder was wir erwarten. Internetsuchanfragen spiegeln die Weise wider, wie wir Informationen beschaffen. Wenn ich die Frage eingebe: »Helfen homöopathische Mittel bei Kopfschmerzen?«, sieht die erste Seite mit ihren Ergebnissen vielversprechend aus. Zehn Artikel, darunter einer vom Gesundheitsunternehmen Kaiser Permanente und ein weiterer aus *The Times of India*, bestätigen meine implizite Hypothese, wonach homöopathische Arzneien tatsächlich gegen Kopfschmerzen helfen können. Super. Aber wenn ich eingebe: »Beruht Homöopathie nur auf einem Placeboeffekt?«, erscheinen auf der ersten Seite als Treffer zehn Artikel, darunter einer von den National Institutes of Health und ein weiterer aus der *Hindustan Times*, die bestätigen, dass meine entgegengesetzte Hypothese ebenfalls richtig ist: Homöopathie beruht auf dem Placeboeffekt.

Während wir tendenziell nach Informationen suchen, die bestätigen, dass wir recht haben, neigen wir dazu, Informationen zu meiden, die unsere Meinung widerlegen oder uns belasten könnten. Sie sehen das Etikett mit den Nährwertangaben auf diesen Muffins, aber Sie schauen weg, bevor Sie die Kalorienzahl lesen könnten. Oder Sie wissen irgendwo in Ihrem Hinterkopf, dass Sie sich auf die Erbkrankheiten testen lassen sollten, die in Ihrer Familie vorkommen, aber Sie schieben es immer wieder auf.

In einer Reihe faszinierender Studien über absichtliches Ignorieren boten die Entscheidungsforscherinnen Kristine Ehrich und Julie Irwin zwei Gruppen von Teilnehmenden die gleichen Produkte an, gaben ihnen aber unterschiedliche Informationen über diese Produkte. Der einen Hälfte der Teilnehmenden wurde gesagt, wie die Artikel bei ethischen Kriterien wie Kinderarbeit und nachhaltiger Einkaufspolitik abschnitten, während die andere Hälfte die Möglichkeit erhielt, die ethischen Informationen zu erfragen: Sie konnten sich entscheiden, ob sie diese wollten oder nicht. Die Autorinnen fanden heraus, dass Teilnehmende, die Informationen zu einem ethischen Kriterium erhielten, das ihnen wichtig war, diese bei ihren Kaufentscheidungen berücksichtigten – wie man es erwarten würde. Allerdings *verringerte* das Interesse an ethischen Fragen die Wahrscheinlichkeit, dass sie nach Informationen suchten, die sie dann aus moralischen Gründen berücksichtigen müssten.[17] Erahnen Sie, welche Teilnehmenden mit der *geringsten* Wahrscheinlichkeit nach ethischen Informationen suchten? Diejenigen, die ein Produkt wirklich mochten, wie etwa jenen schönen Schreibtisch aus Holz, das womöglich in einem Regenwald geschlagen worden war. Solange Menschen nichts von einem Verstoß gegen ethische Standards wissen, können sie nicht –

nicht einmal von sich selbst – dafür zur Verantwortung gezogen werden. Unser Richter pickt sich die Informationen heraus, die uns helfen, das zu tun, was wir tun wollen, und das zu glauben, was wir glauben wollen. Und diese Wünsche kommen vom Alligator.

Manchmal wird aus dieser selektiven Informationsauswahl unverhohlene Selbsttäuschung. Meine Kolleginnen, Kollegen und ich haben herausgefunden, dass Menschen, wenn man ihnen einen Grund und eine Gelegenheit gibt, sich selbst etwas vorzumachen, dies tun, solange sie es können.[18] Unsere Studien wichen in den Details voneinander ab, aber das grundlegende Design sieht folgendermaßen aus: Man bringt eine Gruppe von Versuchspersonen ins Labor und gibt ihnen einen IQ-Test oder ein Quiz, den beziehungsweise das sie selbst bewerten. Die Hälfte der Teilnehmenden hat Zugang zu einem Lösungsschlüssel, während sie den Test machen. Die Tatsache, dass diese Personen gut abschneiden, ist keine Überraschung; viele von ihnen schummeln. Überraschend ist das, was als Nächstes kommt.

Jetzt zeigen Sie allen einen zweiten, genauso schweren Test und bitten sie, ihr Testergebnis (in Punkten) vorherzusagen. Schummler*innen wissen, dass sie diesmal keinen Lösungsschlüssel bekommen, und alle können erkennen, dass die Aufgaben genauso schwer sind wie zuvor. Die Schummler*innen sollten erkennen, dass sie diesmal nicht so gut abschneiden werden, aber sie wollen nicht glauben, dass es der Lösungsschlüssel war, der ihnen half, beim ersten Test gut abzuschneiden. Dank ihrer hohen Punktzahl fühlen sie sich schlau, und diese Selbsttäuschung ist so stark, dass sie bereit sind, auf ihr gutes Abschneiden Geld zu wetten. Wenn sie Geld verlieren, nachdem sie beim zweiten Test schlechter abschneiden als erwartet (was sie natürlich tun), würden Sie denken, dass dieser Realitätscheck sie auf den Boden der Tatsachen zurückholt. Aber das tut er nicht. Wir stellten fest, dass diese Personen drei Realitätschecks hintereinander – aufeinanderfolgende Tests, bei denen sie nicht schummeln konnten – benötigten, um ihre Selbsttäuschung zu beenden. Und wenn wir sie ein weiteres Mal schummeln ließen? Dann verfielen sie wieder in ihre wahnhafte Selbstverkennung. Selbsttäuschung ist eine Falle, in die man leicht tappt, aber aus der man nur schwer wieder herauskommt.

Verzerrtes Denken

Ich habe gerade erläutert, dass die Teilmenge an Informationen, die unsere bewusste Aufmerksamkeit erreicht, verzerrt ist. Es zeigt sich, dass die Informationsverarbeitung durch den Richter ebenfalls verzerrt ist, weil *Urteilsbildung selbst ein Prozess der Beeinflussung ist.* Man verhandelt gewissermaßen einen Fall in sich selbst.

Nehmen wir die folgende Sorgerechtsentscheidung aus einer Studie des Public-Policy-Forschers Eldar Shafir. Wenn Sie dies als Experiment selbst ausprobieren wollen, sollten Sie es mit einer Freundin oder einem Freund tun. Jede*r von Ihnen übernimmt die Rolle eines Richters. Eine*r entscheidet, welchem Elternteil das alleinige Sorgerecht für das Kind *zugesprochen* werden sollte; die oder der andere entscheidet, welchem Elternteil das alleinige Sorgerecht für das Kind *verweigert* werden sollte. Die nachstehenden Merkmale sind alles, was Sie über die Eltern wissen. Treffen Sie Ihre Entscheidungen, bevor Sie darüber diskutieren.

Elternteil A	Elternteil B
Durchschnittliches Einkommen	Überdurchschnittliches Einkommen
Durchschnittliche Gesundheit	Kleinere gesundheitliche Probleme
Durchschnittliche Arbeitsstunden	Zahlreiche Dienstreisen
Normale Beziehung zum Kind	Sehr enge Beziehung zum Kind
Relativ stabiles Sozialleben	Extrem aktives Sozialleben

Die meisten Menschen sprechen Elternteil B das Sorgerecht zu. Und die meisten Menschen verweigern das Sorgerecht … ebenfalls Elternteil B.[19] Warum? Weil der Alligator uns dazu ermuntert, auf Nummer sicher zu gehen, indem wir Dinge auswählen, die besonders gut sind, beziehungsweise Dinge ablehnen, die besonders schlecht sind. Wenn die Informationen danach verarbeitet werden, welchen Elternteil man *auswählen* sollte, suchen Sie nach dem besten Merkmal, und Ihre Aufmerksamkeit richtet sich unwillkürlich auf die Beziehung, die Elternteil B zu dem Kind unterhält. Wenn die Informationen dagegen danach verarbeitet werden, welcher Elternteil *abgelehnt* werden sollte, suchen Sie nach dem schlechtesten Merkmal, und Ihre Aufmerksamkeit richtet sich auf die Dienstreisen von Elternteil B.

Diese Auswahl-versus-Ablehnung-Verzerrung spielt im Prozess der Personaleinstellung eine wichtige Rolle. Bei der Durchsicht von Lebensläufen streben Sie unbewusst nach Ablehnung, weil eine eingehendere Prüfung mehr Zeit und Mühe bedeutet. Wenn Sie dagegen Vorstellungsgespräche führen, hoffen Sie unbewusst darauf, jemanden auswählen zu können, weil Ihre Aufgabe mit dem Aufspüren der richtigen Bewerberin oder des richtigen Bewerbers erledigt ist. Ihre Alligatorpräferenzen beeinflussen folglich die Art und Weise, wie Ihr Richter die Informationen verarbeitet. Kognitive Verzerrungen wie diese ähneln sozialen Vorurteilen wie Rassismus, Sexismus oder Homophobie, weil Sie sie nicht einfach willentlich abschalten können, selbst wenn Sie wissen, dass sie falsch sind. Sie können Leitplanken für Ihr Verhalten aufstellen, um zu verhindern, dass solche Verzerrungen Sie zu falschen Handlungen verleiten … aber nur, wenn Sie wissen, dass dies geschieht. Und die meisten von uns tun das nicht.

Zu Denkverzerrungen kann es kommen, wenn der Richter beginnt, das Bauchgefühl des Alligators rational zu begründen – und darin ist er sehr gut. Die erschöpfte, hungrige Richterin in der Bewährungsanhörung sieht sich wahrscheinlich nicht einfach nur das Gesicht des Gefangenen an und sagt: »Sperrt ihn ein. Ich habe bei diesem Kerl ein ungutes Gefühl.« Die Richterin hört sich die Beweise an und sucht dann nach *Gründen*, die ihre Intuition stützen, dass dieser Häftling nach wie vor eine Gefahr für die Gesellschaft darstellt. Um was für ein Delikt handelt es sich? Ist er schon früher mit Tätlichkeiten in Erscheinung getreten? Will der Gefangene keine Verantwortung für seine Tat übernehmen? Die Gründe, aus denen der Gefangene ursprünglich eingesperrt wurde, können abermals herangezogen werden. Der Alligator übt eine Anziehungskraft auf den Richter aus, der zu widerstehen eine Menge Energie kostet.

Ich lade Sie ein, diese Anziehungskraft des Alligators auf den Richter anhand einer Frage zum Artenschutz gleich einmal selbst zu erleben. Zu entscheiden, wie wichtig Artenschutz ist, was getan werden sollte und was womöglich Sie persönlich tun sollten, ist weitgehend ein Richterprozess. Aber wie alle Richterprozesse wird auch dieser vom Alligator beeinflusst – von

Ihren Erfahrungen, Ihren Präferenzen und Ihren Reaktionen auf die dargebotenen Informationen. Sowohl der Alligator als auch der Richter sind verantwortlich für das, was Sie *denken* (bewusst oder nicht), und das, was Sie *tun,* aber für das, was Sie *fühlen,* ist nur der Alligator verantwortlich.

Betrachten Sie dieses Bild eines Königstigers. Jedes Pixel in dem Bild steht für einen lebenden Königstiger.[20] Es sind insgesamt rund 2500.

Die meisten Betrachter*innen sind der Ansicht, dass es diesem Bild gelingt, ihnen einen *Eindruck* von dieser Zahl und der Tragödie, die damit verbunden ist, zu vermitteln. (Das Gefühl wäre noch stärker, wenn Sie das Foto in Farbe sehen würden.)

Diese emotionale Reaktion wird außerdem dadurch beeinflusst, dass Ihr Alligatorsystem mit dieser Tierart vertraut ist, denn der Tiger ist eines der charismatischen Großtiere, mit denen Sie groß geworden sind. Seinen Namen haben Sie zusammen mit denen des Elefanten, der Giraffe und des Zebras gelernt. Was für ein trauriges Bild. Es muss etwas getan werden!

Stellen Sie sich jetzt vor, dass es zwei Artenschutzprogramme gibt und dass Sie entscheiden müssen, welches finanziert werden soll. Es gibt das Schutzprogramm für den Königstiger und ein weiteres für den Indochinesischen Tiger. Unten sehen Sie ein Bild des Indochinesischen Tigers, wieder mit einem Pixel für jedes der rund 600 heute noch lebenden Tiere.

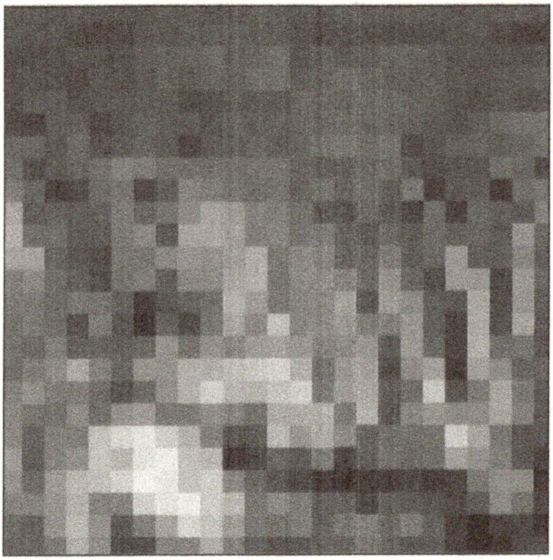

Diesmal informiert Sie der Richter, dass das Bild einen Tiger zeigt, weil Sie meiner Aussage Glauben schenken müssen. Sie sehen die Pixel, aber Sie *fühlen* die Anwesenheit des Tigers beziehungsweise die Tragödie seines Verlustes nicht in der gleichen Weise wie beim Königstiger. Während Sie darüber nachdenken, welches Programm Sie finanzieren sollten, neigen Sie *gefühlsmäßig* (Alligator) stärker dazu, das Königstiger-Programm zu finanzieren, also suchen Sie nach Gründen (Richter), um diese Präferenz zu rechtfertigen. Königstiger sind bekannter als Indochinesische Tiger, sodass sie wahrscheinlich schon immer in größerer Zahl vorkamen. Königstiger sind symbolträchtig, sodass ihre Erhaltung helfen wird, Gelder für andere Schutzprogramme zu beschaffen. Und wenn nur noch 600 Indochinesische Tiger übrig sind, dann sind sie vermutlich sowieso dem Untergang geweiht. Das ist traurig, aber wir sollten uns auf Arten konzentrieren, die wir noch retten können.

Der Richter hätte überzeugende Argumente zugunsten des Schutzes Indochinesischer Tiger vorbringen können, die mehr Hilfe brauchen und wahrscheinlich weniger bekommen – aber der Alligator wollte das nicht. Wenn der Richter die vorliegenden »Beweismittel« würdigt und sich bemüht, auf rationale Weise zu einer Schlussfolgerung zu gelangen, kann er die Wahrnehmungen, Urteile, Präferenzen und Emotionen des Alligators nicht ignorieren. Der Alligator beeinflusst, auf welche Tatsachen sich der Richter konzentriert, welche Alternativen in Betracht gezogen werden und welche Entscheidungen klug oder fair erscheinen. Dies bedeutet, dass der Alligator die Oberhand hat. Und zwar gewaltig. Es bedeutet auch, dass es schwer sein kann, Vernunft von Rationalisierung zu unterscheiden.

Angenommen, Sie müssten sich zwischen Schokoladenkuchen und Obstsalat entscheiden. Wenn die Wahl scheinbar kinderleicht ist, kümmert sich der Alligator darum. Aber wenn Sie unsicher sind, schaltet sich der Richter ein. Die Anwälte tragen ihre Argumente vor.

Euer Ehren, Ihre Hose sitzt zu eng, und Sie haben zum Frühstück einen Donut gegessen.

Einspruch, Euer Ehren. Sie sind heute Morgen anschließend laufen gegangen, und soviel ich weiß, ist dieser Kuchen selbst gebacken.

Einspruch gegen den Einspruch. Ihr neuer Chef kommt gleich. Zeigen Sie ein bisschen Selbstbeherrschung. Etc., etc. Bis der Richter mit dem Hammer auf den Tisch klopft und seine Entscheidung verkündet.

Vernunft und Logik sind Arten von Argumenten. *Dies bedeutet, dass sie Versuche der Beeinflussung sind.* Wie in dem Fall *Schokoladenkuchen gegen Obstsalat* kann die Vernunft herangezogen werden, um ein Argument und das entsprechende Gegenargument zu stützen. Sie lassen den Richter Argumente beider Seiten vorbringen, aber nur eine Teilmenge aller möglichen Fakten, die durch die Voreingenommenheiten des Alligators verzerrt sind, wird in Betracht gezogen. Präferenzen, Vorurteile, Stereotype und Faustregeln sorgen dafür, dass der Prozess der Bewertung dieser Faktoren verzerrt ist. Jedes Mal. Bestenfalls ist es so, dass der Richter *sich bemüht*, nicht voreingenommen zu sein.

Ungeachtet seiner guten Absichten ist der Richter ein echter Lügenbaron. Er ist so sehr darauf programmiert, »vernünftige« Erklärungen für unbewusstes Alligatorverhalten zu liefern, dass er, wenn er keine Erklärung weiß, sich einfach eine zurechtlegt. Falls sich dies für Sie befremdlich anhört, werden Sie die merkwürdigen Ergebnisse einiger experimenteller Eingriffe am Gehirn vielleicht überzeugen.

In einigen seltenen Fällen von schwerer Epilepsie wird das Corpus callosum (Hirnbalken) – das wichtigste Nervenkabel, das die rechte mit der linken Hirnhälfte verbindet – chirurgisch durchtrennt, damit sich die Krampfanfälle nicht von einer Hälfte auf die andere ausbreiten. Nach der Durchtrennung dieser Verbindung wird ein Wort, ein Gegenstand oder ein Bild, das einer Hemisphäre präsentiert wird (indem es nur dem gegenüberliegenden Auge gezeigt wird), nicht mehr bewusst von der anderen wahrgenommen. Es zeigt sich jedoch, dass dieses totale Fehlen von Informationen die Fähigkeit des Richters, mit einer scheinbar vernünftigen Erklärung aufzuwarten, nicht beeinträchtigt. Auftritt des Lügenbarons.

Im Zuge seiner Studien an solchen Personen bat sie der Neurowissenschaftler Michael Gazzaniga, Handlungen zu erklären, die von der rechten Gehirnhälfte gesteuert und ausgeführt worden waren. Aber Sprache ist eine bewusste Tätigkeit des Richters, die sich auf die linke Gehirnhälfte stützt. Also hätte es unmöglich sein müssen, diese Handlungen zu erklären. Doch Gazzaniga schreibt: »Die linke Gehirnhälfte dachte sich eine Antwort aus, die zu der Situation passte.« In einem Beispiel präsentierte er der rechten Gehirnhälfte eines Patienten kurz das Wort »Lächeln« und das Wort »Gesicht« der linken Gehirnhälfte. Dann bat er den Patienten, das zu zeichnen, was er gesehen hatte.

»Seine rechte Hand zeichnete ein lächelndes Gesicht«, erinnerte sich Gazzaniga. »›Warum haben Sie das getan?‹, fragte ich. Er sagte: ›Wollen Sie vielleicht ein trauriges Gesicht? Wer will schon ein trauriges Gesicht in seiner Nähe?‹«[21] Wir benutzen den »Interpretator«, so Gazzaniga, wenn wir nach Erklärungen für Ereignisse suchen, die überwältigende Flut eingehender Informationen einer Selektion unterziehen und Erzählungen konstruieren, um uns einen Reim auf die Welt zu machen. Mit anderen Worten: Unsere Gehirne sind darauf ausgelegt, sich Erklärungen für das, was wir tun, einfallen zu lassen, auch wenn wir nicht den blassesten Schimmer haben, warum wir es tun.

Die meisten von uns haben während des größten Teils ihres Lebens bei dem Versuch, Menschen zu beeinflussen, das Pferd gewissermaßen von hinten aufgezäumt. Wir glaubten, um das Verhalten von anderen zu beeinflussen, müssten wir einen Sinneswandel bei ihnen herbeiführen. Dies stimmt nur manchmal, ja sogar eher selten. Solche Appelle auf der Grundlage logischer, vernünftiger Argumente sind viel weniger überzeugend, als wir denken. Wir haben auch den Fehler gemacht, die bewusste Aufmerksamkeit von Menschen als selbstverständlich anzusehen, während sie in Wirklichkeit nur sehr begrenzt verfügbar ist.

Die wissenschaftliche Literatur über das Verhältnis zwischen dem Alligator und dem Richter liefert schlagende Argumente für eine Verlagerung unseres Fokus: Wir sollten in erster Linie den Alligator zu beeinflussen versuchen. Dies trägt der Art und Weise Rechnung, wie Menschen tatsächlich Entscheidungen treffen. Nachdem wir die Aufmerksamkeit von jemandem auf uns gezogen haben und es ihm leicht machen, Ja zu sagen, müssen wir uns vielleicht noch immer ein vernünftiges Argument einfallen lassen. Aber Sie wissen bereits, wie Sie dabei vorgehen müssen, und es gibt zahlreiche Bücher, die Ihnen dabei helfen, diese Fähigkeit zu verbessern.

Unser Ziel in diesem Buch ist es zu lernen, wie man andere Menschen beeinflusst, indem man ihren Alligator anspricht, denn das ist bislang immer zu kurz gekommen.

KAPITEL ZWEIEINHALB

Der Weg des geringsten Widerstands

In den 1980er-Jahren fanden Forschende heraus, dass ein regelmäßiger Verzehr von Obst und Gemüse das Risiko für Krebs und Herzkrankheiten, die beiden führenden Todesursachen, reduzieren kann. Die Weltgesundheitsorganisation empfahl, täglich mindestens 400 Gramm – also etwa fünf Portionen – Obst und Gemüse zu essen. Um diese Empfehlung stärker ins öffentliche Bewusstsein zu rücken, hob das National Cancer Institute der USA zusammen mit der Produce for Better Health Foundation die »5 A Day Campaign« aus der Taufe. Sie wurde im Jahr 1991 landesweit eingeführt; Millionen von Dollar wurden für TV-Spots, Zeitungsartikel und Poster ausgegeben. Im Jahr 1995 zeigten Studien, dass der Prozentsatz der US-Bürger, die die Empfehlung kannten, fünf Portionen Obst und Gemüse pro Tag zu verzehren, sich von 8 Prozent auf 32 Prozent vervierfacht hatte. Die »5 A Day Campaign« galt als ein riesiger Erfolg und wurde von 32 anderen Ländern weltweit übernommen.

Aber laufende Studien erbrachten ernüchternde Ergebnisse: Obwohl jetzt viel mehr Menschen die Empfehlung kannten, änderten sie ihr Verhalten nicht.[1] Genauer gesagt: Sie taten es, aber nicht in der Weise, wie es die Gesundheitsbehörden erhofft hatten. Denn zwischen 1990 und 2000 ging der Konsum von Obst und Gemüse in den Vereinigten Staaten tatsächlich um 14 Prozent *zurück*. In Großbritannien waren die Ergebnisse ähnlich enttäuschend.[2]

Es stellte sich heraus, dass »5 A Day« nur eine von zahlreichen Kommunikationskampagnen im Bereich der öffentlichen Gesundheitspflege war, die zwar ihre Botschaft erfolgreich rüberbrachten, aber wirkungslos verpufften. Wie Po Bronson und Ashley Merryman im Jahr 2009 in *NurtureShock* schrieben: »Die US-Bundesregierung gibt jährlich über eine Milliarde Dollar für Ernährungserziehungsprogramme in unseren Schulen aus. Eine vor Kurzem von der McMaster University vorgenommene Evaluierung von 57 derartigen Programmen hat gezeigt, dass 53 völlig wirkungslos waren – und die Erfolge der vier guten Programme waren so dürftig, dass es kaum der Rede wert ist.«[3]

Wie ist das zu erklären? Eine Botschaft wie »Fünf am Tag« ist zweifellos eingängig und unkompliziert. Sie ist in dieser Hinsicht »Alligator-freundlich«. Und den eigenen Erfolgsmaßstäben der Kampagne zufolge hat sie viele Menschen erreicht und sensibilisiert. Damals wurde sie als ein Triumph gefeiert, weil sie das *Bewusstsein* der Menschen zu verändern schien, was unglaublich schwer und äußerst selten ist. Aber sie nahmen das falsche Ziel ins Visier, wenn sie *Verhaltens*änderungen erreichen wollten. Alligatoren sind schnell, aber sie sind auch faul, und das ist das Geheimnis ihrer Effizienz. Wenn Sie es für den Alligator nicht hinlänglich mühelos machen, landet Ihre großartige Idee außerhalb der Bisszone. Unter diesem Gesichtspunkt ist klar, dass die »Fünf am Tag«-Kampagne von Anfang an zum Scheitern verurteilt war. Sie ging davon aus, dass sich Menschen in Momenten, in denen sie vielleicht hungrig, zerstreut oder in Eile wären, an die Botschaft erinnern würden.

Die Verantwortlichen erwarteten, dass Menschen in Situationen, in denen Hunger die Entschlossenheit ihres inneren Richters schwächen würde, konsequent Verlockungen widerstehen würden. Sie nahmen an, sie könnten tief verwurzelte Gewohnheiten einfach dadurch aufbrechen, dass die Menschen einsahen, dass sie es tun sollten. Mehr Obst und Gemüse zu essen erfordert Arbeit. Es geht nicht nur darum, sie im Lebensmittelladen auszuwählen, sondern auch darum, sich die Zeit zu nehmen und die Mühe zu machen, sie zuzubereiten. Hinzu kommt: Wenn man Menschen sagt, was gut für sie ist, kann sie dies dazu veranlassen, sich unerbetenen Ratschlägen widersetzen zu wollen (wir werden in Kapitel 6 darauf zurückkommen).

Das Grundprinzip der Verhaltensbeeinflussung lautet: *Menschen gehen in der Regel den Weg des geringsten Widerstands.* Mühelosigkeit ist das, was Verhalten am besten vorhersagt. Besser als Motivation, Absichten, Preis, Qualität oder Zufriedenheit. Es gibt eine wenig bekannte Marketing-Kennzahl, den sogenannten Customer Effort Score, der letztlich auf eine einfache Frage hinausläuft: Wie leicht war es? Die Antwort, die Kundinnen und Kunden auf diese Frage geben, erklärt ein Drittel ihrer Bereitschaft, ein Produkt erneut zu kaufen, mehr Umsatz mit dem Unternehmen zu machen oder anderen davon vorzuschwärmen.[4] Auch wenn sich ein Drittel nicht nach viel anhören mag, ist es tatsächlich enorm; der Customer Effort Score sagt die Kundentreue um zwölf Prozent besser vorher, als dies die Kundenzufriedenheit tut.

Mühelosigkeit macht Menschen zufrieden, und Anstrengung kann sie wirklich verärgern. In einer Studie über 75.000 Kundendienstanrufe fanden Forschende heraus, dass 81 Prozent der Personen, die angaben, eine anstrengende Erfahrung gemacht zu haben, sagten, sie würden sich im Freundeskreis darüber beklagen oder negative Rezensionen veröffentlichen, während nur ein Prozent derjenigen, die von einer angenehmen Erfahrung berichteten, sagten, sie würden dies ebenfalls verbreiten.

Sobald Sie sich dieser Idee öffnen, werden Sie überall Belege dafür finden, auch in Ihrem eigenen Verhalten. Sie kaufen wahrscheinlich öfter bei Amazon ein, als Sie eine Einzelhandelsfiliale aufsuchen, weil Sie dort mühelos finden, was Sie wollen, es problemlos schnell bekommen und es leicht zurückgeben können, wenn es nicht Ihren Wünschen entspricht. Vermutlich nutzen Sie eine Fahrgemeinschafts-App, statt ein Taxi zu rufen, weil es leichter ist, nicht nach der Telefonnummer zu suchen. Oder die Adresse herauszubekommen. Oder Ihre Handtasche nach Ihrer Geldbörse zu durchsuchen.

Etwa zehn Prozent der am Kauf interessierten Menschen beschließen, auf ein eigenes Auto zu verzichten, weil es viel leichter ist, sich einer Fahrgemeinschaft anzuschließen, als ein Auto zu besitzen.[5] Kein Ärger mit Versicherungen, Wartung oder dem Finden eines Parkplatzes in einer verkehrsreichen Stadt. Wenn Sie dieser Tage nach einem Partner oder einer Partnerin suchen, dann benutzen Sie wahrscheinlich eine Wisch-Dating-App, weil sie leicht zu bedienen ist. Traditionelle Partnerbörsen zwingen Sie dazu, schwierige Abwägungen vorzunehmen. Welchen Stellenwert sollten Sie dem Rauchen im Vergleich zum Alter oder zum Sinn für Humor oder zur räumlichen Entfernung einräumen? Das ist schwer zu beantworten. Es ist viel leichter, den Alligator spontan nach links oder rechts wischen zu lassen. Wenn Sie wollen, dass Leute mehr Geschäfte mit Ihnen tätigen, sollten Sie dies so leicht wie möglich machen. Die Any-Ware-Werbekampagne der Schnellrestaurantkette Domino's im Jahr 2015 machte es so leicht wie möglich, eine Pizza zu bestellen. Da die Verantwortlichen die Adresse, Kreditkartennummer und Lieblingspizza ihrer Kunden kannten, sagten sie: »Sie müssen keine Bestellung aufgeben – simsen oder twittern Sie uns einfach ein Emoticon einer Pizza. Und schon wird Ihnen Ihre Lieblingspizza nach Hause geliefert.« Diese Kampagne erhöhte den Umsatz von Domino's in diesem Jahr um über zehn Prozent, und im Jahr 2018 hatte es Pizza Hut als weltweit größten Pizzahersteller überholt.

Wenn man Menschen beeinflussen will, damit sie etwas tun, kann man damit beginnen, dass man ihnen hilft, sich daran zu erinnern. Der Richter ist immer schon mit irgendetwas beschäftigt, sodass wir uns nicht darauf verlassen sollten, dass sich irgendjemand an irgendetwas erinnert. Nicht einmal wir selbst. Ich habe kürzlich meinen Kater, Dave, auf einen Flug mitgenommen und vergaß, ihn aus der Transportbox herauszuholen, als ich diese auf das Förderband vor der Sicherheitskontrolle stellte. Er war bereits durch den Röntgenscanner gefahren und brachte das Kontrollpersonal zum Ausflippen, bevor mir aufging, dass er noch immer in der Box war. Ich habe Dave zum Fressen gern, aber das spielte in diesem Augenblick keine Rolle. Selbstverständlich hatte ich *vorgehabt*, ihn aus der Box herauszunehmen, aber auch meine Absichten spielten keine Rolle. Ich hatte sogar meine Schuhe ausgezogen und meinen Laptop in ein Plastikkörbchen gelegt – weil der Sicherheitskontrolleur mich darauf aufmerksam gemacht hatte. Dave war unversehrt, aber ich hatte ein kleines Chaos verursacht und hörte, wie die Passagierin hinter mir sagte: »Oh, mein Gott, ich kann nicht glauben, dass sie das getan hat.«

Aber wenn man einige der Eigenarten des Alligators versteht, dann fällt es einem leicht, dies zu glauben.

Einer der billigsten und wirksamsten »Stupser« ist die einfache Terminerinnerung. SMS-Erinnerungen führen dazu, dass mehr Menschen ihre Arzttermine tatsächlich wahrnehmen,[6] sie beschleunigen Kreditrückzahlungen,[7] verbessern die Medikamenteneinnahmetreue,[8] steigern Impfquoten[9] und helfen Studierenden, Hausarbeiten fristgerecht abzugeben.[10] Sie verringern auch die Fälle des Nichterscheinens vor Gericht; dies geschieht recht häufig und hat Strafzahlungen und Haftbefehle zur Folge. Bei einer großen Feldstudie in New York City schickten Forschende Erinnerungs-SMS an Personen, denen geringfügige Delikte zur Last gelegt wurden, und ermahnten sie, vor Gericht zu erscheinen. Diese einfachen »Stupser« erhöhten die Quote des Erscheinens von 30 auf 38 Prozent. Bei denjenigen, die erschienen, wurden zwei Drittel der Verfahren eingestellt; dies führte allein bei diesem Experiment zu 7.800 weniger Haftbefehlen.[11] Manchmal kann eine Änderung des Designs das Erinnern erleichtern. Wie etwa das Ding!-Geräusch, das uns ermahnt, den Sicherheitsgurt anzulegen, und das zahllose Menschenleben gerettet hat. Oder die Placebowoche in einer Monatspackung Antibabypillen, die die tägliche Gewohnheit verstärkt und zahllose ungewollte Geburten verhindert. Und messbare Erleichterungen mit sich bringt.

So wie Mühelosigkeit eine Vielzahl von Dingen erklärt, die wir tun, so erklärt *Anstrengung* eine Vielzahl von Dingen, die wir *nicht* tun. Wenn man beschäftigt und müde ist, kann man da wirklich von sich erwarten, noch Sport zu treiben, das Vorhandenseins eines Kekses einfach auszublenden oder das Telefon wegzulegen und das Licht auszumachen? Wir können nicht erwarten, dass sich der Richter über den Alligator hinwegsetzt, wenn wir erschöpft sind – müde, beschäftigt, gestresst, hungrig. In solchen Situationen ist niemand – nicht einmal der Richter, wie wir gesehen haben – vollkommen Herr seiner selbst.

Unser Verständnis des Alligators sagt uns auch, dass unsere

Erfolgschancen viel höher wären, wenn wir es uns leichter machen würden, die Sache durchzuziehen, beziehungsweise schwerer, es nicht zu tun. Sie nehmen sich selbst das Versprechen ab, mit einer Freundin Sport zu treiben, denn Sie wollen sie unter keinen Umständen enttäuschen. Sie bewahren die Kekse in einem undurchsichtigen Behälter auf. Sie sind dann zwar immer noch da, aber sie springen Ihnen nicht mehr ins Auge, wenn Sie den Schrank aufmachen. Von Zeit zu Zeit blockiere ich soziale Medien auf meinem Telefon. Manchmal vergesse ich das und versuche Twitter trotzdem zu öffnen, und obwohl ich weiß, dass das Entsperren nur eine Minute dauern würde, *fühlt* es sich mühevoll an. Das Blockieren funktioniert also.

Diese Gefühle sind wichtig. Der Customer Effort Score misst nicht die tatsächliche Anstrengung; er misst die *wahrgenommene* Anstrengung, die mindestens genauso wichtig ist. Als Forschende Menschen helfen wollten, ihre Absichten, häufiger Sport zu treiben, in die Tat umzusetzen, statteten sie das Fitnessstudio mit Cliffhanger-Hörbüchern auf Geräten aus, die Mitglieder des Fitnessstudios nicht mit nach Hause nehmen konnten.[12] Um herauszufinden, wie es mit der Geschichte weiterging, mussten sie wieder ins Fitnessstudio gehen. Es war nicht weniger anstrengend, sich dorthin zu begeben und zu trainieren, aber es *fühlte* sich leichter an, wenn der Alligator sie nach vorn schubste, statt sie zurückzuhalten.

Wenn Sie jemanden dazu bringen wollen, etwas zu tun, was sich wirklich groß anfühlt, kann es helfen, klein anzufangen. Ich lernte dies bei einem Fallschirmsprung. Als ich meine Kreditkarte für einen Tandemsprung einlas, flehte mein Alligatorgehirn den Richter an:

Ich werde sterben!

Du wirst nicht sterben. Du bist freiwillig hier. Du bezahlst eine Menge Geld.

Du schickst mich in den Tod!

Unsinn, das ist ein Geschäft. Tote Kunden würden das Aus für das Geschäft bedeuten.

MÖRDERRRR!

Sobald ich den weichen Baumwoll-Jumpsuit über meine Kleidung gezogen und mir das Sicherheitsvideo angesehen hatte, kam mein Lehrer und Sprungpartner zu mir, um sich vorzustellen und mich zum Flugzeug zu führen. Alex war ein stämmiger Army-Veteran mit grauem Haar und einem beruhigenden, breiten Lächeln. Er besaß die ruhige Selbstsicherheit von jemandem, der lange Zeit meditiert oder Gott gefunden hat.

Alex hatte die letzten 50 Jahre nichts anderes getan, als aus einer Höhe von gut 3000 Metern aus Flugzeugen zu springen und dem Erdboden entgegenzurasen. Wieder und wieder und wieder. Als ein regelmäßig an Wettkämpfen teilnehmender Fallschirmspringer hatte sich Alex auf extrem genaue Präzisionslandungen spezialisiert. Er hatte Medaillen gewonnen. Ich fühlte mich etwas ruhiger, da ich wusste, dass ich in guten Händen war.

Aber als wir über die Wiese zu dem kleinen Flugzeug gingen, fragte ich mich, ob ich springen oder mit dem Piloten zurückfliegen würde. Würde ich vor mir selbst als Heldin oder als Feigling dastehen? Ich hatte Angst vor dem freien Fall, aber ich wusste, dass es kein Zurück gab, wenn man diesen einen Moment der Unerschrockenheit gemeistert hatte. Während das Flugzeug langsam auf Sprunghöhe stieg, beantwortete ich Alex' Fragen. Ja, ich hatte eine Tochter. (Würde ich sie jemals wiedersehen?) Wüsste ich, dass es beim Fallschirmspringen darauf ankomme, sich in eine Banane zu verwandeln? »Sie müssen sich nur einprägen, Folgendes zu tun.« Er krümmte seine Hand bananenförmig. »Hüften nach vorn, Arme zurück, Kopf hoch. Banane.« Banane, Banane, Banane. Ich könnte eine Banane machen. Aber könnte ich auch springen?

Alex stellte eine weitere Frage. Ja, antwortete ich, jetzt würde ich mich voll und ganz auf seine Anweisungen konzentrieren. Er sagte mir, ich solle mich hierhin setzen, daran ziehen, dies festhalten, mit dem Hintern rüberrutschen, meine Arme hochheben, während er uns zusammenschnallte, atmen, meinen rechten Fuß dahin und meinen linken Fuß dorthin setzen und mich mit der rechten Hand am Türrahmen festhalten. Dann fielen wir irgendwie durch die Luft. Ich lachte. Ich war eine Banane. Einer von uns zog den Fallschirm, und wir bremsten ab. Ich brach in Tränen aus. »Alles in Ordnung?«, schrie mir Alex ins Ohr. Ich nickte.

Die Erde, die sich unter uns wölbte, war das Schönste, was ich je gesehen hatte. Schritt für Schritt hatte mich Alex zur endgültigen Entscheidung geführt. Aber das Springen aus dem Flugzeug hatte sich nicht nach einer bedeutenden Entscheidung angefühlt oder überhaupt nach einer Entscheidung. Es geschah einfach. Und jeder kleine Schritt brachte mich näher an diesen endgültigen heran. Mein Alligatorgehirn war mit jedem kleinen Schritt einverstanden. Vielleicht wäre ich nicht in der Lage, aus einem Flugzeug zu springen, aber ich konnte zur Seite rutschen. Ich konnte meine Hüften vorschieben. Ich konnte eine Banane sein. In kleine Momente wie diese zerlegt, fühlte es sich überhaupt nicht schwer an.

Wenn Ihre großartige Idee bedeutet, dass Sie von jemandem einen Sprung ins Ungewisse verlangen, können Sie sich wie Alex verhalten und diese Person sanft dorthin führen, einen kleinen Schritt nach dem anderen.

Vielleicht haben Sie eine großartige Idee für eine App. Wäre jemand mit Erfahrung auf diesem Gebiet willens, sich mit Ihnen zu treffen? Könnten Sie diese Person um Rat fragen? Wäre diese Person bereit, jemand anderen vorzuschlagen, an den Sie sich ebenfalls wenden könnten? Wäre es in Ordnung, wenn Sie mit dieser Person erneut in Kontakt treten würden? Jetzt, wo Sie ihren Rat befolgt haben, würde sie da gern hören, wie es lief? Würde sie sich gern stärker einbringen?

Jeder neue Weg, den Sie einschlagen, beginnt mit einem kleinen Schritt. Wie können Sie den ersten Schritt für jede*n – Sie eingeschlossen – so mühelos wie möglich gestalten? Und wie können Sie das Gleiche für den nächsten Schritt und den nächsten und den übernächsten erreichen?

KAPITEL DREI

Das Nein, das die Welt rettete

Das Wort, das die Welt rettete, war »nein«. Beziehungsweise, genauer gesagt, *njet.*[1]

In Moskaus geheimer Kommandozentrale Serpuchow-15 heulten Sirenen, und auf Bildschirmen blinkte die Meldung »Raketenstart«. Es war nach Mitternacht am 26. September 1983, und das Oko-Frühwarnsystem hatte fünf amerikanische Interkontinentalraketen vom Typ Minuteman erfasst, die, mit Atomsprengköpfen beladen, auf die Sowjetunion zurasten. Der diensthabende Offizier Stanislaw Petrow wusste, was er zu tun hatte: sofort zum Telefon greifen und das Oberkommando über den Raketenangriff in Kenntnis setzen. Den Verantwortlichen blieben nur Minuten, um zu entscheiden, wie sie reagieren sollten, bevor diese Raketen ihre Ziele trafen, und die sowjetische Militärdoktrin schrieb einen umfassenden nuklearen Vergeltungsschlag vor. Der Beginn eines dritten Weltkriegs.

Petrows Alligatorgehirn sagte ihm jedoch, dass etwas nicht stimme, und er brauchte Zeit zum Nachdenken. Er war ein IT-Spezialist, der schon mit dem Oko-System gearbeitet hatte, als es noch entwickelt wurde, und es war erst vor Kurzem in Betrieb genommen worden. Könnte dies ein falscher Alarm sein? Das System meldete, dass der Alarm eine hohe Verlässlichkeit habe, aber die Auswerter von Satellitendaten erhielten keine visuelle Bestätigung für den Abschuss. Wolkenverhangener Himmel? Vielleicht. Petrow fragte sich, warum er nicht mehr anfliegende Raketen sah. Man hatte ihm viele Male gesagt, ein Erstschlag der Vereinigten Staaten würde darauf abzielen, die Sowjetunion auszuradieren, bevor sie einen Vergeltungsschlag ausführen könnte. Hunderte oder Tausende von Raketen, nicht nur fünf.

Dies war der Höhepunkt des Kalten Kriegs, und die Stimmung war aufgeheizt. Erst ein paar Wochen zuvor hatte die sowjetische Luftwaffe den Flug 007 von Korean Air Lines fälschlicherweise als Spionageflugzeug identifiziert. Bei dem anschließenden Abschuss der Maschine kamen alle Passagiere ums Leben. Es war ein tragischer Fehler. In diesem Fall hätte ein Fehler unvorstellbare Konsequenzen gehabt. Stanislaw Petrow konnte nicht sicher sein, ob dies ein Angriff oder ein Fehlalarm war. Er dachte an seine Befehle, er dachte daran, was mit Sicherheit geschehen würde, wenn er sie befolgte, und er sagte *njet* zur Benachrichtigung seiner Vorgesetzten.

Als 23 Minuten später keine Raketen einschlugen, fiel ihm ein Stein vom Herzen. Petrow sagte später, er sei sich sicher, dass, wenn einer seiner Kollegen bei dieser Schicht das Kommando gehabt hätte, er den Alarm – und einen Holocaust – ausgelöst hätte. Schätzungsweise 200 Millionen Menschen – 40 Prozent der Bevölkerung der USA und der Sowjetunion – wären in unmittelbarer Folge der Angriffe ums Leben gekommen. Und zwei Milliarden Menschen wären verhungert, wenn die globale Landwirtschaft durch einen nuklearen Winter ausgelöscht worden wäre.

Die »Nein«-Challenge

Auch wenn nicht das Überleben der Menschheit auf dem Spiel steht, kann ein »Nein« die Rettung sein. Die Abneigung dagegen, Nein zu sagen, führt dazu, dass wir uns zu mehr verpflichten, als wir stemmen können. Die mangelnde Bereitschaft, ein Nein zu hören, führt dazu, dass wir übervorsichtig sind und uns davor scheuen nachzufragen – wir brennen innerlich aus, während wir uns ständig kleinmachen. Und erst dann, wenn wir einmal versuchen, Nein zu sagen, erkennen die meisten von uns, wie schwer es ihnen fällt.

Wir beginnen also mit Nein.

Im Herbst 2018 war ich recht gut darin geworden, Nein zu Dingen zu sagen, die ich nicht tun wollte; allerdings erweiterte sich mein beruflicher Horizont ständig, was neue Herausforderungen mit sich brachte. Ich fand es toll, in der Weltgeschichte herumzufliegen und Vorträge zu halten, aber dieses ständige Unterwegssein überforderte und stresste mich. Meine Coachin Mandy brachte es auf den Punkt: »Du willst zu allem und jedem Ja sagen. Deine Begeisterung ist hinreißend, aber sie laugt dich aus.« Also beschloss ich, für den ganzen nächsten Monat, den ich NOvember nannte, »Nein« zu meiner Standardantwort zu machen.

Nein zu Vortragseinladungen! Nein zum Kaffeeklatsch! Nein zu einem neuen Schnitt beim Friseur! Nein zu unhöflichen Menschen! Nein zu netten Menschen! Nein zu einem Fremden, der um Rat fragt! Nein zu einem Familienmitglied, das um Geld bittet! Nein zu einem Schreibworkshop! Nein zu einem furchteinflößenden älteren Kollegen! Das härteste Nein betraf die Adoption einer Katze namens Bandit, die ein Bein verloren hatte. Zu einigen Dingen sagte ich im NOvember selbstverständlich Ja, aber erst nachdem ich die Alternative ernsthaft erwogen hatte. Und in dem Maße, wie der Monat voranschritt, wich meine Anspannung, und ich hatte das Gefühl, wieder mehr Kontrolle über meine Entscheidungen, meine Zeit und mein Leben zu haben. Als NOvember sich dann dem Ende zuneigte, fühlte ich mich (mental) so gestärkt, dass ich beschloss, mich weiterhin im Nein-Sagen zu üben, um mir so der Kraft des Ja bewusster zu werden.

Dieses einmonatige Abenteuer war eine Verlängerung einer 24-stündigen »Nein«-Challenge, die ich MBA-Studierenden am ersten Unterrichtstag aufgebe. Die meisten Menschen, insbesondere aber nette Menschen, haben soziale Höflichkeitsnormen verinnerlicht, die uns in eine unauflösliche Zwickmühle bringen. Wir versuchen, Ja zu sagen, wenn jemand eine Bitte an uns richtet oder eine Einladung ausspricht, weil es unhöflich wäre, dies nicht zu tun. Aber wenn wir selbst etwas brauchen, erscheint es uns ungehörig, andere Menschen mit einer Bitte um Hilfe zu belästigen. Irgendwie hat man uns beigebracht, großzügig und zugleich selbstgenügsam zu sein, ohne dabei zu berücksichtigen, wie sehr dies an unseren Kräften zehrt.

Ich bitte Sie, sich selbst der »Nein«-Challenge zu stellen, um auf diese Weise mehr Freiraum in Ihrem Leben zu schaffen. Sie müssen es nicht einen ganzen Monat lang tun. Sagen Sie einfach in den nächsten 24 Stunden Nein zu allen Bitten und Einladungen – Nein dazu, länger zu arbeiten, Nein dazu, nach dem Seminar noch ein Bier trinken zu gehen, wenn Sie müde sind, Nein dazu, dem Kuratorium der gemeinnützigen Organisation beizutreten, die Sie unterstützen, Nein dazu, einem Freund beim Umzug zu helfen, nur weil Sie zufällig einen Kleinlaster besitzen, Nein zu der Emotionsarbeit, die Ihnen ständig abverlangt wird, Nein zu dem Freund, der Sie bittet, bei seiner Hochzeit ein Lied zu singen. Nein zu Ihrem Partner, der ein aufwendiges Gericht kocht und Sie gebeten hat, noch schnell frisches Basilikum zu besorgen. Ja, ich fordere Sie auf, Nein zu jeder Person und zu jeder einzelnen ihrer Bitten zu sagen und dann sorgfältig darauf zu achten, was passiert. Wie fühlen Sie sich? Wie reagieren andere? Wozu wollen Sie *wirklich* Ja sagen? Und keine Sorge, wenn Sie sicher sind, dass es die falsche Entscheidung war, können Sie noch immer Ihre Meinung ändern. Aber Sie müssen mit Nein beginnen, um sowohl Ihre Komfortzone zu erweitern als auch Ihre Durchsetzungskraft zu stärken.*

Nehmen Sie diese Challenge nicht als Vorwand, um Nein zu heimlichen Vergnügungen zu sagen. Dies ist keine Bußzeit. Aber üben Sie sich darin, auch zu Menschen, die Ihnen nahestehen, auch zu Dingen, die Sie gern tun würden, auch zu Kleinigkeiten Nein zu sagen. Bei der »Nein«-Challenge geht es darum, dass Sie nett zu sich selbst sind und sich die Erlaubnis geben, mehr Raum in der Welt einzunehmen. Es ist ein Experiment, das Ihnen erlauben wird zu erkennen, wie oft die gefühlsmäßige Reaktion Ihres Alligators auf Nachgiebigkeit beruht. Nachgiebigkeit ist normalerweise in diesem Moment das, was uns am leichtesten fällt.

Wenn Sie sich darin üben, Nein zu sagen, sollten Sie nicht versuchen, sich umfassender zu rechtfertigen, als Sie es müssen. »Nein« ist ein vollständiger Satz, und »Nein danke« ist ein höflicher vollständiger Satz. Seien Sie herzlich, klar und entschieden. Wenn Sie unsicher beim Neinsagen wirken, bohrt das Gegenüber vielleicht nach, was es noch schwerer machen kann,

---

* Nur um eine Sache klarzustellen: Ich will nicht, dass Sie Ihr Leben ruinieren. Sagen Sie nicht Nein, wenn Ihnen heute Ihr Traumjob angeboten wird. Sagen Sie nicht Nein, wenn Sie gehofft haben, Ihre Partnerperson zu heiraten, und heute der Tag ist, an dem diese Ihnen einen Antrag macht.

Nein zu sagen. Sie können die Challenge erklären, wenn Sie dies müssen, und, wie schon gesagt, Sie können auch Ihre Meinung ändern. Aber Sie müssen mit Nein beginnen. Die meisten Menschen, die sich dieser Challenge stellen, wundern sich über die Ergebnisse. Es wird nicht so schlimm werden, wie Sie denken. Die Menschen werden Sie nicht hassen. Vielleicht finden Sie diese Herausforderung anregend und praktisch. Vielleicht stärkt sie Ihr Selbstvertrauen. Und vielleicht sind Sie der Meinung, es lohne sich, sie in Ihrem Alltagsleben zu wiederholen.

Obgleich die »Nein«-Challenge einfach ist, heißt das nicht, dass sie leicht wäre. Und manchmal muss man mit mehr als »Nein danke« antworten. Hier stelle ich Ihnen einige Szenarien vor und beschreibe, wie Sie entschieden und zugleich empathisch damit umgehen können.

- Eine freundliche fremde Person bittet Sie um Rat oder lädt Sie auf einen Kaffee ein.
  Da Sie beschäftigt sind, könnten Sie sagen: »Danke, ich wünschte, ich hätte Zeit, Einladungen wie diese anzunehmen, aber mein Terminplan lässt dies nicht zu.«
- Eine Bekannte lädt Sie zu einer Veranstaltung ein, und Sie würden hingehen, wenn Sie könnten.
  »Danke, dass du mich gefragt hast, und ich würde ein andermal liebend gern etwas mit dir unternehmen.«
- Ein Freund bittet Sie, ihm Geld zu leihen beziehungsweise es in seine Firma zu investieren.
  »Tut mir leid, aber Geld und Freundschaft halte ich getrennt.« (Es ist leichter, Nein zu sagen und zu hören, wenn es Ausdruck eines Grundsatzes ist, auch wenn dies erfordert, dass man den Grundsatz konsequent anwendet.)

- Eine Verkaufskraft will Ihnen etwas verkaufen, was Sie nicht wollen.
  »Danke, aber ich bin nicht interessiert.« Wenn die Person nicht lockerlässt, können Sie wechseln zu: »Die Antwort ist Nein, und das wird sich nicht ändern.« (Jetzt ist Freundlichkeit keine Pflicht mehr.)
- Jemand bringt sein romantisches Interesse an Ihnen zum Ausdruck. Sie empfinden nicht das Gleiche.
  »Meine Intuition sagt Nein.« Wenn die Person fragt, warum, könnten Sie sagen: »Es ist ein Bauchgefühl, und ich höre immer darauf.«

Bei der Arbeit Nein zu sagen kann mit besonderen Herausforderungen verbunden sein, insbesondere gegenüber direkten Untergebenen oder Vorgesetzten. Aber Sie können immer Nein sagen, während Sie eine Alternative anbieten.

- Eine Mitarbeiterin bittet um eine Gehaltserhöhung oder eine Beförderung, für die sie Ihres Erachtens noch nicht bereit ist.
  »Ich sehe das im Moment noch nicht, aber wir sollten uns zusammensetzen, um zu besprechen, wie Sie dorthin kommen.«
- Ihr Chef weist Ihnen eine Aufgabe zu, obwohl Sie bereits in Arbeit ersticken.
  »Ich würde es gern übernehmen, aber ich bin bereits bei einigen anderen Projekten im Rückstand. Sollten wir bei meinen Aufgaben vielleicht neue Prioritäten setzen?«

Oder Sie können auf unbeschwerte Weise freimütig sein, wenn Sie in einem Fall wie dem folgenden um Gnade bitten.

- Ihre Chefin bittet Sie, die Führung bei einem sehr großen, langweiligen Projekt zu übernehmen, weil Sie hervorragend organisieren können.
  »Danke für das Kompliment, aber das wäre mein absoluter Albtraum. Meine Seele würde verkümmern. Gibt es eine Alternative?«

Vielleicht kommen Sie in Versuchung, Notlügen zu erzählen, um nicht länger Ja sagen zu müssen, aber in der Regel fahren Sie besser, wenn Sie einfach weniger sagen. Sie schulden niemandem eine Erklärung. Elwyn Brooks White, kurz E. B. White genannt, war ein Starjournalist beim *New Yorker*, der später preisgekrönte Kinderbücher wie *Charlotte's Web* und *Stuart Little* schrieb. Er lehnte die meisten Einladungen ab, weil er an einer sozialen Phobie litt, aber seine psychische Gesundheit ging niemanden etwas an. Er war bekannt dafür, sich durch das Fenster hinauszuschleichen und die Feuerleiter hinunterzuklettern, um Besuch aus dem Weg zu gehen. Und er war bekannt dafür, Briefe wie diesen zu schreiben:

> *Sehr geehrter Herr Adams,*
> *danke für Ihren Brief, in dem Sie mich bitten, dem Committee of the Arts and Sciences for Eisenhower beizutreten. Ich muss dies ablehnen, aus vertraulichen Gründen.*
> *Mit freundlichen Grüßen*
> *E. B. White*[2]

Grenzen

Adam Grants Bestseller *Geben und Nehmen* basiert auf der Prämisse, dass es drei Typen von Menschen gibt – Geber*innen, Nehmer*innen und Tauscher*innen –, und auf Forschungsergebnissen, wonach Geber*innen im Allgemeinen beruflich am erfolgreichsten sind.[3] Es mag Sie überraschen und ermutigen zu erfahren, dass Freigebigkeit mit höherem Einkommen, besseren Noten, höherer Produktivität und häufigeren Beförderungen verbunden ist. Ich war es jedenfalls. Aber daraus zu folgern, Sie müssten großzügiger werden, wäre falsch, denn dabei würden Sie einen Kernpunkt übersehen: Grants Forschungen zeigen nämlich auch, dass die *am wenigsten* erfolgreichen Menschen *ebenfalls* mit hoher Wahrscheinlichkeit Geber*innen sind. Sie leiden häufiger an Burnout, geraten im Arbeitsleben öfter in Rückstand, werden eher Opfer eines Gewaltverbrechens und strengen eher Prozesse an.

Ein entscheidender Unterschied zwischen Gebenden an der Spitze der Erfolgsleiter und Gebenden an deren Fuß betrifft die Art und Weise, wie sie sich abgrenzen. Grant schreibt: »Statt zu versuchen, ständig allen Menschen bei allen Bitten zu helfen, beschränken erfolgreiche Geber*innen ihre Großzügigkeit auf Geber*innen und Tauscher*innen, sie halten sich bestimmte Zeiten frei, um ihre Arbeit zu erledigen, und sie helfen auf eine Weise, die ihnen Energie verleiht, und leisten einen einzigartigen Beitrag.«[4] Geber*innen, die nicht lernen, Nein zu sagen, werden durch übermäßiges Geben ausgesaugt und zu leichten Opfern von Menschen, die rücksichtslos sich ihnen bietende Gelegenheiten ergreifen. Sie tun das, was man von ihnen erwartet, und um der Harmonie der Gruppe willen behalten sie ihre Bedenken für sich. Wenn sie ausgebrannt sind, vermindern sie ihre Belastung nicht etwa dadurch, dass sie Nein sagen, vielmehr nehmen sie zusätzliche Bürden auf sich, indem sie zum Beispiel Meditation und das Führen eines Dankbarkeitstagebuchs auf ihre Erledigungsliste setzen.

Wenn wir von Eltern, Lehrenden, Professoren sowie Vorgesetzten dafür belohnt werden, dass wir »gut« sind, beginnen wir förmlich nach dem Dopaminschub des Beifalls, einem Dankeschön, einer perfekten Bewertung zu lechzen. Aber wenn es zur Gewohnheit wird, dass wir anderen gefallen wollen, kann dies zu chronischem Mangel führen. Nicht genug Zeit, nicht genug Schlaf, nicht genug Geld, nicht genug Bandbreite, um klar denken zu können. Stress und Erschöpfung können den IQ vorübergehend verringern, uns empfänglicher für unangenehme Erinnerungen machen und unsere Fähigkeit, gute Entscheidungen zu treffen, beeinträchtigen.[5] Diese Effekte reichen über uns hinaus; Studien zeigen, dass jene Manager*innen, die sich am stärksten überlastet fühlten, Teams mit der schlechtesten Leistung und der geringsten Ertragskraft leiteten.[6]

Wenn meine Studierenden über ihre Abneigung, Nein zu sagen, nachdenken, treiben sie in erster Linie die Gefühle anderer Menschen um. Aber es gibt noch weitere Gründe, weshalb wir Ja sagen, wenn wir es nicht tun sollten. Ein wichtiger ist die Angst, etwas zu versäumen. Wenn sich uns eine exklusive oder zeitlich befristete Gelegenheit bietet, überkommt uns vielleicht eine besonders starke Angst, etwas zu versäumen. Ich habe auf diese Weise viel Zeit und viel Geld vergeudet, und es ist mir peinlich zuzugeben, dass ich dies wohl auch weiterhin tun werde. Auch Gegenseitigkeit spielt regelmäßig eine Rolle. Wenn wir Ja sagen, schuldet uns die andere Person einen Gefallen. Das ist ein nachvollziehbarer Grund, aber es ist ziemlich berechnend. Und schließlich helfen viele von uns einfach gern. Wenn es das

Leben gut mit uns gemeint hat, wollen wir etwas zurückgeben. Oder wenn uns das Leben übel mitgespielt hat, wollen wir vielleicht andere Menschen davor schützen, genauso zu leiden wie wir. Liebevolle Hilfsbereitschaft ist bewundernswert, aber wenn wir darauf warten, dass uns andere darum bitten, verteilen wir unsere Großzügigkeit auf eine ungerechte Weise.

Die »Nein«-Challenge wird Ihnen helfen herauszufinden, von welchen selbstauferlegten Belastungen Sie sich befreien sollten. Sie wird Ihnen auch helfen, sich Klarheit über Ihre Opportunitätskosten zu verschaffen. Wozu müssen Sie Nein sagen, wenn Sie hierzu Ja sagen? Wozu können Sie Ja sagen, wenn Sie hierzu Nein sagen?

Wenn Sie Ihre Großzügigkeit nicht begrenzen, zehrt Ihre Hilfsbereitschaft an Ihren Kräften und vermindert Ihre Fähigkeit, andere zu beeinflussen. Wenn Sie Nein sagen, setzen Sie Grenzen, die extrem wichtig sind. Werden Sie nicht zu jemandem, hinter dessen fröhlicher Fassade sich Erschöpfung verbirgt und der deshalb dazu neigt, auf andere loszugehen. Ignorieren Sie Ihren inneren Kompass nicht, nur um jemand anderem zu gefallen.

Durch Ablehnung zu Resilienz

Je selbstverständlicher es für uns wird, Nein zu sagen, desto selbstverständlicher wird es für uns, Nein zu hören. Aus unserer Insider-Perspektive können wir erkennen, dass Ablehnung in den meisten Fällen, wenn überhaupt, dann nur wenig mit der Person, die die Bitte an uns richtet, und viel mit uns zu tun hat. Auf einer elementaren Ebene hilft uns Nein-Sagen dabei, besser auf unsere Bedürfnisse zu achten, aber wenn wir zu anderen

Nein sagen, ist damit auch – als verborgener Vorteil – die stillschweigende Erlaubnis verbunden, dass andere auch zu uns Nein sagen dürfen. Jetzt betreten wir einen Gemeinschaftsraum, in dem wir alle Erwachsene sind, die auf eine direkte, offene Weise miteinander kommunizieren. Einer meiner Studierenden formulierte es folgendermaßen: »Ich habe herausgefunden, dass Menschen, wenn sie dich um etwas bitten, keinen Druck auf dich ausüben wollen. Sie fragen einfach. Sie verstehen, dass es möglich ist, dass du es nicht tun kannst, und das ist für sie in Ordnung. Wenn ich um etwas gebeten habe, hatte ich immer das Gefühl, es ginge um Leben oder Tod, aber jetzt weiß ich, dass das gar nicht so ist.«

Trotz der Vorteile, die mit dem Nein-Sagen verbunden sind, können wir andere dadurch auch verletzen, und das wollen wir nicht. Wir alle tragen schreckliche Erinnerungen an Erfahrungen der Zurückweisung mit uns herum. Dies hängt damit zusammen, dass Zurückweisung schmerzlich ist – und zwar nicht nur im übertragenen Sinne. Einer Theorie von Naomi Eisenberger zufolge verarbeiten wir Ablehnung als körperlichen Schmerz. Um dies zu überprüfen, führte sie ein etwas gemeines Experiment durch, um zu sehen, was im Gehirn von Menschen vor sich geht, wenn sie ausgeschlossen werden.[7] Die Teilnehmenden ihrer Studie lagen in einer langen Röhre eines funktionellen Magnetresonanztomografen (MRT), während sie mit zwei weiteren Teilnehmenden ein einfaches Video-Fangspiel spielten. (Zumindest glaubten sie dies; in Wirklichkeit waren diese beiden Mitglieder von Eisenbergers Forschungsteam.)

Sobald das freundliche Dreier-Fangspiel im Gang war, hörten die anderen beiden Teilnehmenden plötzlich auf, der Versuchsperson den Ball zuzuwerfen, während sie sich diesen weiterhin gegenseitig zukommen ließen. Die Versuchsperson bemühte sich erfolglos, wieder ins Spiel einbezogen zu werden. Sie fragte sich, was da vor sich ging. *Warum werde ich ausgeschlossen?* Derweil zeigte der funktionelle MRT, dass bei diesem Gefühl dieselben Hirnregionen aktiv waren wie bei körperlichem Schmerz, der anteriore cinguläre Kortex und der rechte ventrale präfrontale Kortex. Für das Gehirn fühlte sich das Ausgeschlossenwerden aus dem Spiel also wie ein Schlag ins Gesicht an. Zurückweisung ist eine der leichtesten und sichersten Methoden, um eine neurobiologische Stressreaktion zu erzeugen: ein jäher Anstieg des Cortisolspiegels, der Pulsfrequenz und des Blutdrucks.

Unser Körper reagiert auf Zurückweisung wie auf eine physische Gefahr, weil Zurückweisung unsere fernen Vorfahren in Lebensgefahr brachte. Für den frühen Homo sapiens war die Verstoßung aus der Sippe ein sicheres Todesurteil, sodass Zurückweisung um jeden Preis vermieden werden musste. Zu lernen, sich mit anderen zu vertragen, war eine Überlebensstrategie, die durch das mächtigste Werkzeug des Gehirns, das zudem unauslöschliche Erinnerungen produziert, verstärkt wird: Schmerz. Diese starke Frühwarnung vor einer drohenden Katastrophe ermöglichte uns, unser Verhalten zu korrigieren, bevor die Dinge aus dem Ruder liefen.

Aber so, wie wir durch Beanspruchung unserer Muskeln Kraft aufbauen, können wir uns selbst abhärten, indem wir uns Zurückweisung stellen. Als ich aufs College ging, jobbte ich während des Sommers in einer der unangenehmsten Branchen überhaupt: als Haustürverkäuferin. Ich arbeitete für eine kleine Firma namens The Students Group und verkaufte Gutscheine für Trockenreinigung in den Vororten von Denver, Colorado. Die Firma wurde von einem Geschäftsmann mittleren Alters namens Jack geleitet, der uns in seinem Lieferwagen herumfuhr und uns mit einem High Five absetzte, um uns Stunden später an einem zuvor vereinbarten Treffpunkt wieder aufzulesen. Unser Ziel war es, vor Sonnenuntergang an möglichst viele Türen zu klopfen.

In der Nacht vor meinem ersten Arbeitstag konnte ich nicht schlafen. An diesem Punkt in meinem Leben hielt ich mich nicht länger für schüchtern, aber die Vorstellung, an fremder Leute Türen zu klopfen und sie um Geld zu bitten, war für mich noch immer wirklich beängstigend. Jack sagte, ich solle pro Stunde zehn Verkaufsgespräche führen. »Verkauf so viele, wie du kannst!« Mein persönliches Verkaufsziel war bescheidener: Stirb nicht vor Scham und Verlegenheit.

Sobald er mich im Lieferwagen abgesetzt hatte und weggefahren war, trottete ich zur ersten Tür und klopfte. Eine sympathisch aussehende Frau mit Pferdeschwanz öffnete mir. »Hi«, sagte ich und begann mit der Verkaufsmasche, die uns Jack beigebracht hatte. »Mein Name ist Zoe, und ich bin von der Students Group. Wir sind eine Gruppe von Studierenden, die Geld sammeln, um ihre Studiengebühren zu bezahlen.« Sie hörte höflich zu, als ich ihr von den Gutscheinheften erzählte, dann sagte sie: »Nein danke«, weil sie so gut wie nie Sachen in die Reinigung brachte. Jack hatte uns instruiert, in solchen Situationen um eine Spende für unseren Studienfonds zu bitten. Und das tat ich. Sie lehnte höflich ab und sagte, sie müsse wieder zurück zu ihrem Abendessen. Sie machte die Tür zu.

Ich stand einen Augenblick lang auf ihrer Veranda und atmete tief ein. Ich hatte gerade eine wildfremde Person um Geld gebeten, das Wort »nein« gehört und dann mit angesehen, wie sie mir die Tür vor der Nase zumachte. Es war vorbei. Als ich zum nächsten Haus trottete, spürte ich, wie mir ein Stein vom Herzen fiel. *Ich war nicht gestorben. Erfolg!* Und das Gespräch war freundlich und respektvoll gewesen – sogar angenehm. Ich hatte mich einer meiner größten Ängste gestellt und konnte jetzt darüber lachen. Ich war jetzt ein offizielles Mitglied des Klubs der »zurückgewiesenen Verkäufer*innen«, aber ich fühlte mich nicht etwa wie eine Verliererin, sondern gestärkt. Ich machte an diesem Abend sogar noch eine Handvoll Verkäufe und ging mit einer Tasche voll Geld nach Hause.

Die Tatsache, dass ich die Haustürgeschäfte unbeschadet überstand, half mir, eine der wichtigsten Lektionen zu lernen, die Studierende heute aus meinen Lehrveranstaltungen mitnehmen: Ein Nein ist nicht schlimm. Und in dem Maße, wie Sie sich von Ihrer Furcht, ein Nein zu hören, befreien, gewinnen Sie die Freiheit, um Dinge zu bitten. Je mehr ich diese Lektion verinnerlichte, umso mehr vergrößerte sich meine Komfortzone, in die ich ständig neue Situationen einbezog. Ich klopfte für politische Aktionen an Türen. Ich warb telefonisch Spenden für Wohltätigkeitsorganisationen ein. Ich ging sogar auf gut aussehende Menschen zu und bat sie um ein Date. Bei all diesen Aktivitäten ist eine negative Reaktion die Norm. Aber mich daran zu gewöhnen, in Situationen, in denen wenig auf dem Spiel stand, ein Nein zu hören, machte mich weniger befangen, wenn ich Bitten vorbrachte, bei denen es um mehr ging. Kleine Zurückweisungen können einen gegen die lähmende Angst vor Zurückweisung an sich immunisieren.

Nachdem Jia Jiang einen MBA an der Duke University erworben hatte, wollte er ein Unternehmen gründen. Aber seine Angst, Nein zu hören, bremste ihn – wie so viele von uns. Um sich seiner Angst frontal zu stellen, begann er einen Videoblog, den er *100 Tage Zurückweisungstherapie* nannte. Seine reizenden, verblüffenden und absurden Videos dokumentieren, was geschah, als er Tag für Tag mit ziemlich schrägen Bitten an wildfremde Personen herantrat: über die Gegensprechanlage einer Costco-Filiale mit einem Mitarbeiter zu sprechen, ein Mannequin bei Abercrombie & Fitch zu werden oder bei der Tierschutzorganisation Humane Society für eine gewisse Zeit einen Hund in Obhut zu nehmen. Die von ihm dokumentierten Zurückweisungen gefallen mir immer noch so gut, dass ich meine Studierenden auffordere, sie nachzumachen. Jias Zurückweisungs- und Frustrationstoleranz zeigt, dass man selbst die unangenehmsten Situationen mit verspielter Unbeschwertheit bewältigen kann.

Die Zurückweisungs-Challenge, die mir am besten gefallen hat, fand in einer Krispy-Kreme-Filiale in Austin, Texas, statt. Jia betrat den Laden und bestellte Donuts, die so aussehen sollten wie die olympischen Ringe.[8] Er rechnete fest mit einem Nein. Aber die blonde Frau hinter der Kasse rückte ihre Brille zurecht. »Wie schnell brauchen Sie sie?«

»Ähm, in 15 Minuten.« (Er wollte sich wirklich eine Abfuhr holen.)

Aber statt ihm zu erklären, warum dies nicht möglich sei, begann die Krispy-Kreme-Mitarbeiterin – ihr Name war Jackie – auszuklamüsern, wie sie dies hinbekommen könnte. »Was sind gleich noch mal die olympischen Farben?« 15 Minuten später servierte Jackie Jia eine einzigartige Donut-Kreation, ein von Hand zugeschnittenes Bündel von Kringeln, die grob den olympischen Ringen glichen. Und als Jia nach seinem Geldbeutel griff, sagte sie zu ihm: »Das geht auf mich.«

Auch wenn ich es schon oft gesehen habe, bin ich noch immer überrascht, welche Mühe sich Fremde geben, um zu helfen, nur weil sie darum gebeten werden. Als Jia seine etwas verrückte Bitte vortrug, dachte er vor allem an die Logistik: die Schwierigkeit, seine Bitte zu erfüllen, und die Tatsache, dass er sich nicht an die üblichen Abläufe hielt. Jackie hätte Nein sagen können – niemand hat einen Anspruch auf Donuts, die so aussehen wie die olympischen Ringe, wenn das Unternehmen sie nicht im Angebot hat –, aber ihr gefiel die Herausforderung. Warum nicht?

Sie können Jias Challenges ausprobieren, wenn Sie möchten, oder sich Ihre eigenen ausdenken. Manchmal – öfter, als Sie es erwarten würden – holen Sie sich keine Abfuhr, auch wenn Sie alles daransetzen, eine zu bekommen. Aber wenn Sie regelmäßig einen Korb kassieren, werden Sie immer besser damit umgehen können. Wir besitzen eine Art »Stress-Immunsystem«, sodass wir, wenn wir wiederholt Ängsten ausgesetzt sind, ohne ernsthafte Schäden zu erleiden, gegen Stress immun werden können.[9] Wenn Forschende Mäuse in eine große, leere Kiste setzen, die ein offenes Feld nachahmt, wo ein Raubvogel auf sie herabstoßen könnte, verlieren diese zunächst die Kontrolle über ihren Darm, und während sie sich vor Angst nicht vom Fleck rühren, schießt ihr Stresshormonlevel in die Höhe. Wenn sie in der Lage sind, sich zu bewegen, schleichen sie lediglich an den Wänden entlang. Aber wenn sie jeden Tag in diese Kiste gesetzt werden, gewöhnen sie sich bald an den Stress. Sie erstarren nicht länger und hören auf, unkontrolliert zu defäkieren, und wenn ein neues Spielzeug in der Mitte der Kiste platziert wird, nähern sie sich und erkunden es. Ihr Körper setzt nach wie vor Stresshormone frei, aber sie können den Stress jetzt bewältigen.

Genauso ist es mit dem Fallschirmspringen. Vor einem Sprung haben Anfänger*innen große Angst, und ihr Stresshormonspiegel zeigt das. (Ich bin sicher, dass meine Werte nach oben geschossen sind, bevor Alex meine Aufmerksamkeit auf die kleinen Schritte lenkte.) Doch schon beim dritten Sprung ist der Stresshormonspiegel von Fallschirmspringenden nicht höher, als er es in einem Stau wäre. Bei Studien an sogenannten abgehärteten Personen, die zum Beispiel Spitzensport trieben, zeigte sich, dass ihre Körper sich an Stressfaktoren anpassen, indem sie einen kräftigen Schuss Stresshormone freisetzen, die stark und schnell wirken, aber dann genauso zügig abgebaut werden. Dies erklärt, warum Menschen in aufreibenden Jobs wie dem Aktienhandel Tag für Tag zur Arbeit gehen können. Nervenzehrende Ereignisse wie Kurseinbrüche werden Teil des Arbeitsalltags.

Wenn wir »Nein« als eine soziale Zurückweisung betrachten, ist es schmerzlich, es zu hören, und schwer, es auszusprechen. Wir wollen praktisch nie ein »Nein zu dir als Person und für immer« aussprechen, und wir wollen es bestimmt niemals hören. Viele kompetente Beeinflusser*innen haben gelernt, ein Nein im Sinne von »Nein zu dieser (konkreten) Bitte, in diesem Moment« zu verstehen, es sei denn, man sagt ihnen etwas anderes. Die erfolgreichsten Verkäufer*innen fragen sechs- oder siebenmal nach, nachdem sie ein Nein gehört haben.[10] Vielleicht lesen Sie dies und denken: »Ich will nicht so aufdringlich sein!«, aber diese Menschen wären nicht so erfolgreich, wenn sie aufdringlich wären. Und was ist mit den aufdringlichen Verkaufspersonen, denen Sie begegnet sind? Sie sind nicht besonders erfolgreich. Niemand würde sechs- oder siebenmal mit ihnen sprechen wollen.

Die besten Verkäufer*innen verstehen sich hervorragend darauf, Beziehungen zu Menschen aufzubauen, mit der Folge, dass ihre Kundschaft immer wieder mit ihnen Geschäfte machen will. Wenn Sie Nein sagen, bitten sie Sie um die Erlaubnis, in Zukunft bei Ihnen rückzufragen. Wenn Sie das ablehnen, werden sie Sie nicht mehr behelligen. Es sind Menschen, die Sie mit Respekt behandeln, Menschen, mit denen Sie gern kommunizieren, auch wenn es diesmal nicht für Sie infrage kommt, Ja zu sagen. Sie fallen Ihnen deshalb nicht ein, wenn Sie an die archetypischen Verkäufer*innen denken, weil der Austausch mit einem hervorragenden Verkaufsprofi sich nicht wie eine geschäftliche Besprechung anfühlt. Er fühlt sich nach einem freundlichen Gespräch an. Und das ist er.

Die Person, die den Kontakt mit Jia Jiang herstellte, war ein Student namens Davis Nguyen. Er war ein ruhiger, netter Mensch, der das Thema Einfluss sehr ernst nahm, weil er wusste, wie es war, gar keinen zu haben. Er hatte zugesehen, wie seine Mutter in einem Land, dessen Sprache sie nicht sprach, um Essen gebettelt hatte, und er war entschlossen, es zu etwas zu bringen und eines Tages seine Familie zu unterstützen. Statt sich durch witzige, aber etwas alberne Bitten darin zu üben, mit Ablehnung zurechtzukommen, beschloss er, sich an Zurückweisungen zu gewöhnen, indem er seinen großen Träumen nachjagte.

Davis erlegte sich selbst die Challenge auf, jeden Tag ein anderes seiner Vorbilder zu kontaktieren, ihr oder ihm mitzuteilen, was ihm an ihrer oder seiner Arbeit gefiel, und zu fragen: »Kann ich helfen?« Er erwartete, dass sie antworten würden: »Sie nerven, bitte schreiben Sie mir keine E-Mails mehr«, aber niemand tat das. Jia Jiang nahm sein Angebot an, einen Gäste-Post für seinen Blog zu schreiben, und ein anderer Autor sagte Ja zu seiner Einladung zu einem Vortrag. Die meisten Angeschriebenen reagierten allerdings gar nicht oder sagten höflich: »Nein danke.« Davis machten Ablehnungen immer weniger aus, aber er war noch immer zu nervös, um Susan Cain zu kontaktieren, eine der Personen, die er am meisten bewunderte. Sie hat ein Buch über die Kraft der Introvertiertheit geschrieben (*Still*), das sieben Jahre lang auf der Bestsellerliste der *New York*

Times stand, und einen TED-Talk gehalten, der zu einem der meistgesehenen überhaupt werden sollte.[11] Dabei war sie bescheiden und uneitel geblieben. Ein echtes Vorbild.

Als Davis hörte, dass Susan daran dachte, einen öffentlich zugänglichen Online-Rhetorikkurs für Introvertierte zu entwickeln, kam er zu dem Schluss, dass dies der richtige Zeitpunkt wäre. Er machte sich keine großen Hoffnungen, aber er selbst hatte eine Reihe öffentlicher Rhetorik-Workshops mit dem Titel »Speak for the Meek« (sinngemäß: »Wie sich die Kleinlauten Gehör verschaffen«) entwickelt und dachte, dass Susan vielleicht seine Hilfe gebrauchen könnte. Er kontaktierte sie und bot an, ihr ohne Honorar bei der Konzipierung, Ausarbeitung und beim Promoten ihres Kurses zu helfen – was immer sie an Hilfe benötigte. Es dauerte einen Monat, bis er eine Rückmeldung erhielt, aber nach einem langen Telefonat und einem anschließenden Besuch erklärte sie sich einverstanden, Davis für den Sommer als Praktikanten einzustellen. Er stürzte sich auf die neue Aufgabe und meisterte sie erfolgreich. Am Ende des Sommers überraschte ihn Susan, als sie ihn für die Arbeit, die er verrichtet hatte, bezahlte, und ihn bat, im nächsten Sommer wiederzukommen. Sie setzten ihre Zusammenarbeit fort, und sie interviewte ihn sogar für die erste Episode ihres Podcasts.

Susan wurde zu Davis' Mentorin, und als sie ihm anbot, nach seinem Studienabschluss in Vollzeit für sie zu arbeiten, war dies ein wahr gewordener Traum. Er mochte sie, und er arbeitete gern mit ihr. Aber wissen Sie, was er antwortete? »Nein danke.« Davis hatte ein weiteres Traumangebot erhalten – und Susan ermunterte ihn, es anzunehmen. Und sie blieben Freunde.

Vielleicht wollen Sie Nein sagen zu der 24-stündigen »Nein«-Challenge oder zu dem Versuch, sich eine Abfuhr zu holen. Das ist völlig in Ordnung. Sagen Sie ruhig Nein zu beliebig vielen Ideen in diesem Buch. Sie sind Ihr eigener Boss. Vielleicht brauchen Sie eine schwierigere Challenge. Vielleicht fordert Ihre Freiheit ein viel größeres, proaktiveres Nein; vielleicht müssen Sie Nein zu einer Selbstverpflichtung sagen, die Sie eingegangen sind, oder zu einem Einverständnis, das Sie gegeben haben. Denken Sie daran, dass es in Ordnung ist, seine Meinung zu ändern oder einen Fehler zu korrigieren. Lassen Sie sich nicht von der Maxime »Mein Wort gilt« versklaven, wenn diese Sie an ein nervtötendes Unterfangen fesselt. Vielleicht müssen Sie Nein zu einem Energievampir sagen: einem Arbeitsplatz, einer Beziehung oder einem Geheimnis, das Sie nicht länger bewahren wollen. Vielleicht können Sie Nein zu einem Gefühl der Schuld, der Scham oder einem Ideal der Tugendhaftigkeit sagen. Vielleicht können Sie sich von einer gesellschaftlichen Norm oder von einer Ihrer eigenen großartigen Ideen befreien. Die Tatsache, dass Ihnen eine Idee eingefallen ist, verpflichtet Sie nicht dazu, sie zur Welt zu bringen und sie zu hegen und zu pflegen. Wenn Sie Nein sagen, machen Sie Ihr grundlegendes Menschenrecht geltend, selbst zu entscheiden, wie Sie Ihr Leben führen wollen.

Sie setzen damit auch eine merkwürdige Wandlung in Gang. Nein zu sagen hilft Ihnen, offener dafür zu werden, ein Nein zu hören, und dadurch verlieren Ihre Bitten diesen Anklang der Bedürftigkeit oder der Furcht vor Zurückweisung, der andere Menschen abschrecken kann. Sie werden zu lockeren Einladungen. Wenn Sie jetzt um etwas bitten, sind Menschen eher geneigt, Ja zu sagen. Wenn Sie Ihre eigenen Grenzen klar benennen und ihnen entspannt Nachdruck verleihen, vermitteln Sie Selbstbewusstsein und wecken Vertrauen. Alle Beteiligten fühlen sich entspannter, freier und offener für die wechselseitigen Vorteile der Beeinflussung.

KAPITEL DREIEINHALB

Einfach (danach) fragen

Ich beginne den Workshop, indem ich einen 20-Dollar-Schein aus meinem Geldbeutel ziehe.

»Ich habe heute Nachmittag 20 Dollar zu verschenken. Wer würde mich gern überzeugen, sie ihm oder ihr zu geben? Das ist echtes Geld.« Nach ein bisschen höflichem Gelächter hebt eine Studentin die Hand. Ich gehe zu ihr. Und warte.

Mit einem verlegenen Lächeln plaudert sie ein bisschen, bevor sie erklärt, warum sie die 20 Dollar bekommen sollte. Sie braucht ein Ladegerät für ihr Telefon. Sie wird das Geld an UNICEF spenden. Sie wird mir Blumen kaufen.

»Ich glaube Ihnen«, antworte ich (wenn ich es denn tue). Und wir warten. Sie ist sich nicht sicher, was sie jetzt tun soll. Sie hat versucht, mich zu überzeugen, aber ich habe das Geld noch immer. Schließlich wende ich mich an die anderen Personen im Raum.

»Was hat sie noch nicht getan?«

»Sie hat nicht danach gefragt.«

Es würde Sie überraschen zu erfahren, wie oft Freiwillige in dieser Situation glauben, Sie hätten nach dem Geld gefragt, obwohl sie es nicht getan haben. Und ich trenne mich nicht eher davon, bis sie schließlich sagen: »Geben Sie mir die 20 Dollar?«, oder: »Kann ich das Geld haben?«

Neben dem Nein-Sagen ist simples Fragen die einfachste Methode, um sich mehr Einfluss auf andere zu verschaffen. Fragen Sie öfter, fragen Sie direkter, und bitten Sie um mehr. Menschen, die um das bitten, was sie wollen, bekommen bessere Noten,[1] mehr Gehaltserhöhungen und Beförderungen, interessantere Stellenangebote[2] und haben sogar mehr Orgasmen.[3] Dies mag offensichtlich erscheinen, aber anscheinend ist es das nicht.

Den meisten Menschen ist nicht bewusst, wie oft sie nicht fragen, bis sie anfangen, es öfter zu tun. Wenn unser MBA-Seminar zu Ende geht und die Studierenden sagen sollen, was für sie das Wichtigste ist, was sie gelernt haben – nachdem wir so viel zusammen gemacht haben –, lautet die häufigste Antwort: »Einfach fragen.« Das ganze Potenzial erschließt sich in der Praxis. Was ist, wenn Sie nicht sicher sind, wie Sie fragen sollen? Fragen Sie die andere Person einfach. Im Ernst. Einer der einfachsten und erstaunlichsten Tricks, um Menschen zu beeinflussen, besteht darin, sie zu fragen, wie man sie beeinflussen kann. Viele werden Ihnen dies freimütig sagen.

Die meisten von uns fragen nur ungern, weil wir die Psychologie des Fragens grundsätzlich missverstehen und unsere Erfolgswahrscheinlichkeit unterschätzen. In einer Serie von Experimenten haben Beschäftigte lieber mittelmäßige Arbeiten abgegeben, als um eine Fristverlängerung zu bitten, weil sie befürchteten, ihre Vorgesetzten würden sie für unfähig halten, wenn sie um mehr Zeit bitten würden. Dabei war es genau umgekehrt. Vorgesetzte hielten Bitten um eine Fristverlängerung für ein positives Anzeichen von Tüchtigkeit und Motivation.[4]

In einer weiteren Reihe von Experimenten wiesen Frank Flynn und Vanessa Bohns Teilnehmende an, auf Fremde zuzugehen und um eine Reihe von Gefälligkeiten zu bitten – angefangen vom Ausfüllen eines zehnseitigen Fragebogens bis zu der Bitte, sie über den Campus zu einem Gebäude zu begleiten, das schwer zu finden war. Bevor sie die Bitte vorbrachten, wurden die Teilnehmenden gebeten vorherzusagen, wie viele Personen sie fragen müssten, bevor eine Ja sagte. Immer wieder fanden Flynn und Bohns Fremde, die erstaunlicherweise ihre Hilfe anboten. Im Durchschnitt waren zwei- bis dreimal so viele bereit, Gefälligkeiten zu erweisen, als die Teilnehmenden erwartet hatten.[5]

Wenn wir diejenigen sind, die eine Bitte vorbringen, wie Jia Jiang in der Krispy-Kreme-Filiale, neigen wir dazu, auf den Hindernissen herumzureiten – den vielfältigen Möglichkeiten, wie Ja zu sagen das Leben der anderen Person erschweren könnte. Die Adressatinnen und Adressaten unserer Bitten konzentrieren sich jedoch eher darauf, wie schwer es ist, Nein zu sagen. Dadurch, dass sie sich auf die Kosten des Helfens fokussieren, übersehen Bittsteller*innen dessen potenzielle Vorteile. Neurowissenschaftler*innen haben herausgefunden, dass Großzügigkeit das Belohnungsnetzwerk des Gehirns stimulieren und so einen Dopaminschub auslösen kann, der die helfende Person in Euphorie versetzt.[6] Sie kennen dieses Gefühl: Sie helfen jemandem, die Person ist dankbar, und Sie fühlen sich großartig. Mehrere Studien zeigen, dass freiwillige Helfer*innen zufriedener und gesünder sind als Menschen, die nicht freiwillig helfen,[7] und Menschen fühlen sich tendenziell besser, wenn sie Geld für andere ausgeben, als wenn sie es für sich tun.[8]

Dieser Zusammenhang zwischen Großzügigkeit und Zufriedenheit ist tief verwurzelt und wird frühzeitig hergestellt. In einem ausgeklügelten Experiment beurteilten Forschende den mimischen Ausdruck von Freude bei Kleinkindern, die Goldfish-Cracker bekamen beziehungsweise verschenkten. Sie freuten sich über die Leckereien, die sie bekamen, noch mehr aber darüber, Cracker aus dem Vorrat der Forschenden zu verschenken – geradezu begeistert aber waren sie, wenn sie ihren eigenen Cracker verschenken konnten.[9] Wir können den Nutzen der Großzügigkeit allerdings nicht für selbstverständlich erachten; er überwiegt nicht immer die Kosten. Aber er ist hinreichend konkret, sodass wir, wenn wir nicht fragen, die potenzielle Freude im Kontakt mit anderen begrenzen – und nicht nur unsere eigene. Wenn Sie davor zurückscheuen, nach etwas zu fragen, weil Sie gemocht werden wollen, sollten Sie bedenken, dass Sie so anderen Menschen nicht die Chance geben, sich durch das Ja-Sagen gut zu fühlen. Und bedenken Sie, dass mehr von ihnen, als Sie denken, gern Ja sagen würden.

Wie wir bei dem 20-Dollar-Schein gesehen haben, müssen Sie vielleicht gelegentlich auch direkter fragen. Denn manchmal ist das, was Sie für Fragen halten, eher ein Andeuten. Normen der Direktheit schwanken zwischen Geschlechtern, Branchen und Kulturen, und sie hängen von dem Grad der persönlichen Beziehung und der Machtdynamik in der Situation ab. Wenn Sie gleich zur Sache kommen und allzu direkt fragen, gelten Sie vielleicht als unhöflich. Aber wenn Sie sich zu schwammig ausdrücken, bleiben Ihre Hoffnungen und Träume vielleicht unbemerkt. Niemand kann Ihre Gedanken lesen. Die Wahrheit ist, dass die anderen es nicht einmal versuchen: Sie konzentrieren sich auf ihre eigenen Hoffnungen und Träume.

Wie direkt sollte man also sein? Man könnte zunächst weniger direkt fragen und dann, wenn die andere Person nicht reagiert, direkter formulieren. Oder man könnte eine hypothetische Frage stellen, die ich eine *weiche Frage* nenne, wie etwa: »Was würden Sie davon halten ...?« Wir werden in Kapitel 6 näher darauf eingehen, aber nachdem die andere Person Ihnen gesagt hat, was sie davon halten würde, wissen Sie, ob Sie weitermachen und es tun sollten.

Zu dem Umstand, dass Sie nicht oft genug und nicht direkt genug fragen, kommt wahrscheinlich noch hinzu, dass Sie nicht um genug bitten. Warum versuchen Sie nicht mal, einige regelrecht unverschämte Bitten zu äußern? Sie werden nie genau wissen, was ein anderer als unverschämt ansieht, und es zeigt sich, dass unverschämte Bitten selbst dann für Sie von Vorteil sein können, wenn die Antwort Nein lautet.[10]

Robert Cialdini, der zu einem der bekanntesten Forscher auf dem Gebiet der zwischenmenschlichen Beeinflussung werden sollte, führte im Jahr 1975 ein Experiment durch, die sogenannte Studie über jugendliche Straftäter*innen im Zoo.[11] Seine wissenschaftlichen Mitarbeitenden sprachen Passanten auf dem Campus der Arizona State University an und fragten sie, ob sie bereit wären, Personen aus dem Programm für jugendliche Straftäter*innen der Stadt bei einem zweistündigen Zoobesuch zu begleiten. 17 Prozent von ihnen erklärten sich spontan bereit. (Ich bin immer wieder erstaunt, wie nett Menschen sind.) Allerdings war dies nicht die »unverschämte« Bitte. Wissenschaftliche Mitarbeitende baten nun andere Passanten, zwei Stunden jede Woche für mindestens zwei Jahre in der Jugendstrafanstalt als ehrenamtliche Helfer*innen zu arbeiten. Nachdem alle Angesprochenen dies abgelehnt hatten, wurden sie gefragt, ob sie jugendliche Straftäter*innen bei einem Zoobesuch begleiten würden. Von den Personen, an die zunächst die unverschämte Bitte herangetragen worden war, sagten dreimal mehr Ja zu dem Zoobesuch als von denjenigen, die nur nach der Zoobegleitung gefragt worden waren.*

Es gibt zwei Gründe dafür, dass Menschen, nachdem sie eine größere Bitte abgeschlagen haben, eher zu einer kleineren Bitte Ja sagen: *relative Größe* und *Reziprozität.* Eine Gruppe von Jugendlichen, mit Problemen auf einem Zoobesuch zu begleiten, mag eine recht ernste Selbstverpflichtung sein, aber es ist nichts im Vergleich dazu, die nächsten beiden Jahre zwei Stunden pro Woche mit ihnen zu verbringen. Das ist mit »relativer Größe« gemeint. Wenn Sie von einer unverschämten zu einer bescheideneren Bitte übergehen, sieht die andere Person diesen Schritt als ein Entgegenkommen Ihrerseits und fühlt sich geneigt, sich dafür zu revanchieren. Studien über Verhandlungen zeigen, dass Teilnehmende mit dem Ergebnis zufriedener sind, wenn sie ein Zugeständnis von der anderen Partei erhalten: Sie sind ihnen sympathischer, weil Sie das Zugeständnis gemacht haben, und sie sind zufriedener mit sich selbst, weil sie es auf dem Verhandlungsweg erreicht haben.

Der beste Grund überhaupt dafür, um etwas zu bitten (und für eine anspruchsvolle oder gar unverschämte Bitte), besteht darin, dass Sie nie wissen werden, wozu Menschen bereit sind, wenn Sie nicht fragen. Sie könnten um eine riesige Gefälligkeit bitten, um Raum für ein zukünftiges Entgegenkommen zu schaffen, nur um festzustellen, dass die andere Person auf Anhieb Ja sagt. Selbst wenn es meine Studierenden darauf *anlegen*,

* Im Jahr 2020 wiederholte Oliver Genschow von der Universität Köln die Studie über Zoobesuche jugendlicher Straftäter*innen und kam zu ähnlichen Ergebnissen. Aber in diesem Fall sagten neun Prozent der Befragten Ja zu der unverschämten Bitte, sich für zwei Jahre zu verpflichten, was abermals bestätigt, wie unglaublich hilfsbereit Menschen sind.

einen Korb zu kriegen, bekommen sie in etwa einem Drittel der Fälle das, worum sie gebeten haben.

Wenn Sie darüber nachdenken, wen Sie fragen wollen, sollten Sie insbesondere Männer in Erwägung ziehen. Wir neigen dazu, Frauen um Gefälligkeiten und Hilfe zu bitten, sodass wir bei Frauen Hilfsbereitschaft als selbstverständlich ansehen, während wir Männer unterschätzen.[12] Shaquille O'Neal – ein ehemaliger Profi-Basketballspieler – ist bekannt für seine Großzügigkeit. »Wenn ich in Restaurants gehe, bin ich beim Trinkgeld sehr großzügig«, sagte er zu dem Talkshowmoderator Jimmy Kimmel. »Ich zeige Menschen gern meine Wertschätzung. Wenn sie an den Tisch kommen, sage ich ihnen: ›Je schneller ich meine Bestellung bekomme, umso mehr Trinkgeld kriegen Sie.‹ Wenn wir uns dann anschicken aufzubrechen, frage ich sie: ›Wie viel wollen Sie?‹«

Was war die höchste Summe, die jemand verlangt hat? 4000 Dollar.

Und was hat er dazu gesagt? »Okay, kein Problem.«

KAPITEL VIER

Die seltsamen Eigenschaften von Charisma

Die Zwillingsparadoxa von Charisma

Wenn ich Menschen frage, welche Eigenschaft sie gern hätten, um auf andere einzuwirken, lautet die mit Abstand häufigste Antwort »Charisma«. Wenn ich sie bitte, Charisma zu definieren, sagen sie mir: »Es bedeutet, dass mir Menschen Aufmerksamkeit schenken«, oder: »Es bedeutet, dass man ein hohes Maß an Präsenz besitzt.« Aber *warum* ziehen charismatische Menschen unsere Aufmerksamkeit auf sich? Was *tun* sie? In einem Wörterbuch wird Charisma definiert als »unwiderstehliche Attraktivität oder Anziehungskraft, die bei anderen Zuneigung erwecken kann«. Aber diese Definition ist viel zu vage, wenn es darum geht, Charisma als ein Instrument der Beeinflussung einzusetzen. Es stimmt, dass Charisma Menschen dazu bringt, Ihnen Aufmerksamkeit zu schenken, aber es ist nicht *jede beliebige* Art von Aufmerksamkeit. Sie würden nicht sagen, dass ein Typ, der in Unterwäsche durchs Büro läuft, charismatisch ist. Menschen, die sich bemühen, im Mittelpunkt der Aufmerksamkeit zu stehen, werden lästig.

Das erste Paradoxon von Charisma besteht darin, dass jemand, der versucht, charismatisch zu sein, das genaue Gegenteil bewirkt.

Die meisten von uns bemühen sich die meiste Zeit nicht darum, im Zentrum der Aufmerksamkeit zu stehen. Aber wir können unabsichtlich in diese Falle tappen, indem wir uns in einer Weise auf uns selbst konzentrieren, die anticharismatisch ist. Spielen Sie einen Moment lang mit und machen Sie die unten stehende Übung.

Raten Sie, welche Gruppe in jeder der nachfolgenden Zeilen das Wort »ich« häufiger verwendet.

Führungskräfte …	oder Gefolgsleute?
Ältere Menschen …	oder jüngere Menschen?
Reiche Menschen …	oder arme Menschen?
Glückliche Menschen …	oder niedergeschlagene Menschen?
Wütende Menschen …	oder ängstliche Menschen?
Bessere Schüler*innen …	oder schlechtere Schüler*innen?
Männer …	oder Frauen?

Nach den Auswertungen förmlicher und zwangloser Unterhaltungen, Reden, E-Mails und anderer schriftlicher Unterlagen zu urteilen, verwenden Menschen in den Gruppen, die auf der rechten Seite stehen, »ich« und andere Pronomen der ersten Person deutlich häufiger.[1] Wegbereiter dieser Forschungen ist James Pennebaker, ein Sozialpsychologe, der seine Arbeit in einem entzückend hochakademischen Buch mit dem Titel *The Secret Life of Pronouns* beschreibt. Er fand heraus, dass Menschen, die das Gefühl haben, weniger Macht oder einen niedrigeren Status zu haben, mehr sprachliche Ausdrücke verwenden, die sich auf sie selbst beziehen. Manchmal hat diese wahrgenommene Unzulänglichkeit eine reale Grundlage – Untergebene müssen Anweisungen von Vorgesetzten entgegennehmen, und die Armen haben weniger Macht als die Reichen. Aber genau genommen haben unbewusste sprachliche Muster ihren Ursprung in *der Empfindung* persönlicher Macht beziehungsweise Ohnmacht.

Eine Analyse der Dankesreden von Oscar-Preisträgerinnen und -Preisträgern zeigte, dass Schauspieler*innen häufiger Pronomen der ersten Person verwendeten als Regisseure.[2] Wenn Sie eine mit dem Oscar ausgezeichnete Schauspielerin sind, haben Sie nicht gerade einen niedrigen sozialen Status, müssen aber noch immer die Anweisungen von Regisseurinnen und Regisseuren befolgen. Dieser Zusammenhang zwischen Pronomengebrauch und Status ist nicht aufs Englische beschränkt. Das gleiche Muster fand Pennebaker in Briefen, die rangniedere irakische Offiziere auf Arabisch an ranghöhere Armeeangehörige geschrieben hatten.[3] Wenn jemand Macht, Status oder Handlungsfähigkeit fehlt, neigt er oder sie dazu, sich auf seine oder ihre eigene Erfahrung zu konzentrieren: »ich«, »mir«, »mich«, »mein«.

Vielleicht denken Sie, dass jemand, dessen Aufmerksamkeit auf sich selbst gerichtet ist, in einer narzisstischen oder selbstverherrlichenden Weise über sich spricht. Aber oft ist das Gegenteil der Fall. Fortwährende Fokussierung auf sich selbst ist normalerweise die Folge von Gefühlen der Unsicherheit. Wenn Sie sich verwundbar fühlen, können Sie nicht anders, als Ihre Aufmerksamkeit nach innen zu richten. Außerdem sind Sie sich wahrscheinlich nicht bewusst, dass Ihre häufige Verwendung von Pronomen der ersten Person Rückschlüsse auf Ihren Gemütszustand zulässt.

Denken Sie zurück an eine Zeit, in der Sie körperlich verwundbar waren – Schmerzen hatten, sich krank fühlten, sehr hungrig waren oder froren. Ihre bewusste Aufmerksamkeit (der Richter) konzentrierte sich auf Ihr eigenes Erleben, weil Sie in einer Situation feststeckten, der Sie unbedingt entkommen wollten. Eine Stimme in Ihrem Kopf sagte: *Helft mir. Mir ist schlecht.* Oder: *Der Arm tut mir weh.* Wenn Ihre eigene schwierige Situation Sie mental vollkommen in Beschlag nimmt, sollte es Sie nicht überraschen, dass sich dies in Ihrem unbewussten (Alligator) Gebrauch von Pronomen widerspiegelt. Diese Selbstfokussierung gilt auch für emotionalen Schmerz einschließlich Angst und Depression.

Als Pennebaker und sein Forschungsteam die gewählten Pronomen in Aufsätzen analysierten, die deprimierte College-Studierende geschrieben hatten, stellten sie fest, dass diese häufig »ich« benutzten.[4] Ihr selbstbezüglicher Sprachgebrauch rührte nicht von einem festen Persönlichkeitsmerkmal her; er spiegelte lediglich ihren Gemütszustand wider, der selbstverständlich veränderlich ist. In derselben Studie fand Pennebaker heraus, dass Studierende, die sich niedergeschlagen gefühlt hatten, dies aber nicht mehr waren, weniger oft »ich« benutzten. Der entscheidende Punkt ist hier: Wenn man sich physisch oder emotional verwundbar fühlt, ist es schwer, in Gedanken nicht ständig um sich selbst zu kreisen. Dies macht es schwer, einer anderen Person ungeteilte Aufmerksamkeit zu schenken. Oder charismatisch zu sein.

Pronomen der ersten Person sind nicht die einzigen von uns benutzten Wörter, die wie Aufmerksamkeitsbumerangs wirken und den Fokus auf uns selbst zurückbringen. »Diminisher« (Selbstverkleinerer) – verbale Versuche, durch Unterwerfung mit jemandem in Kontakt zu treten – tun dies ebenfalls. Sie sind das menschliche Pendant eines Hundes, der sich auf den

Rücken dreht, um seinen Bauch oder seinen Hals zu präsentieren. Wir neigen dazu, diese selbstverkleinernden Ausdrücke in Situationen einzusetzen, in denen ein Macht- oder Statusgefälle besteht, und wir tun es öfter, wenn wir das schwächere Glied in dieser Konstellation sind – wenn wir das Gefühl haben, dass unsere Sicherheit oder unser Wohlergehen davon abhängen, dass wir gemocht werden. Menschen mit höherem Status muss es nicht kümmern, was andere von ihnen denken, auch wenn einige, denen dies wichtig ist, sich selbst verkleinern, um nicht arrogant oder kontrollierend zu erscheinen.

Welche selbstverkleinernden Ausdrücke werden in Gesprächen angewandt? »Ich habe mich nur gefragt«, »Ich dachte vielleicht«, »Kann ich eine dumme Frage stellen?« und »Es tut mir leid, aber …« (auch hier viele »Ichs«). Selbstverkleinernde Floskeln drücken Vorsicht und Unbestimmtheit aus, so etwa »gewissermaßen«, »sozusagen«, »es hat den Anschein«, »im Allgemeinen«, »mehr oder weniger« und »es ist möglich, dass«. Manchmal werden solche verbalen Demutsgesten mit »steigender Intonation« ausgesprochen, jenem unterwürfigen, freundlichen Tonfall, der aus Aussagen Fragen macht. Wissen Sie, was ich meine?

»Es tut mir leid« beziehungsweise »Entschuldigung« wird als Verkleinerungsfloskel derart inflationär gebraucht, dass die Komikerin Amy Schumer sich einen ganzen Sketch ausdachte, um dieses Verhaltensmuster zu parodieren: Ein ausschließlich mit Frauen besetztes Gremium aus Weltexpertinnen ist unfähig, seine Arbeit zu beschreiben, weil seine Mitglieder sich ständig für alles entschuldigen. »Tut mir leid wegen der Audio-Rückkopplung des Mikrofons«, »Tut mir leid, weil ich unterbrochen wurde«, »Entschuldigung, dass ich mich geräuspert habe«, »Entschuldigung, dass ich Ihre Aussprache meines Namens korrigiert habe«, »Entschuldigung, dass ich eine solche Diva bin, weil ich allergisch gegen diese Limonade bin und stattdessen um Wasser gebeten habe«. Die Entschuldigungen erreichen ihren Höhepunkt, als eine der Podiumsgästinnen um Verzeihung dafür bittet, dass ihr Bein verbrüht wurde, als jemand versehentlich kochend heißen Kaffee darauf schüttete. Der »Tut mir leid«-Sketch ist gleichzeitig urkomisch und schmerzlich anzusehen, weil sich so viele von uns darin wiedererkennen können.

Auch wenn niemand Sie deshalb ablehnen wird, weil Sie sich selbst verkleinern, wird man Sie dafür aber auch nicht mögen. Wie Bumerangs lenken selbstverkleinernde Ausdrücke die Aufmerksamkeit direkt auf Sie zurück. Sie zu hören ist unangenehm, man wird leicht unterbrochen, wenn man sie verwendet, und sie sind erstaunlich weit verbreitet. Selbst James Pennebaker, der Experte für das Thema Sprache und Macht, stellte fest, dass er sich selbst verkleinerte, wenn er E-Mails an hohe Tiere schrieb.

Ihm fiel das auf, als er mehrere Personen in seinem Fachbereich an der University of Texas bitten musste, ihre Büros zu verlegen. Als er sich an einen Kollegen mit höherem sozialem Status wandte, schrieb Pennebaker: »Ich habe mich bemüht, dies zu vermeiden, aber ich denke, ich werde Sie womöglich fragen müssen, ob Sie bereit wären, Ihr Büro aufzugeben.« Man spürt den verkleinernden Effekt dieser drei »Ichs« in einem einzigen Satz. Und Sie können ermessen, wie schwierig es ist, Menschen zuzuhören, die so schreiben und so sprechen. Ihre sprachlichen Äußerungen erfordern zusätzliche Dechiffrierungsbemühungen. Die Tatsache, dass sich Pennebaker unwohl fühlt, wird zweifellos deutlich, aber abgesehen davon, was sagt er eigentlich? Bittet er um etwas, oder sagt er, er müsse es vielleicht zu einem zukünftigen Zeitpunkt tun?

Ihnen fällt vielleicht auf, dass Sie nicht nur dann, wenn Sie sprechen und schreiben, sondern auch dann, wenn Sie zuhören, zur Selbstfokussierung neigen. Das gilt für uns alle. In Gedanken springe ich von *Wann habe ich etwas Ähnliches erlebt?* zu *Was werde ich als Nächstes sagen?*, und da hilft es nicht sonderlich viel, wenn man *versucht* zuzuhören. Wenn ich mir größere Mühe gebe, springen meine Gedanken zu *Wie sollte ich zeigen, dass ich zuhöre?*, *Wie will die Person, dass ich reagiere?*, *Wie kann ich Empathie zeigen?* oder *Wie kann ich helfen?* Ich, ich, ich, ich.

Selbst wenn mich Mitgefühl antreibt (*Ich will der Person zeigen, dass ich gut zuhören kann, weil sie mir wichtig ist*), dreht sich noch immer viel um »Ich«. Die Komikerin Mindy Kaling hat dieses Phänomen in einem witzigen Sketch aufs Korn genommen. Sie beschreibt, wie es ist, jemanden auf einer Party kennenzulernen und zwanghaft zu versuchen, sich auf diese Person zu konzentrieren. »Ich glaube nicht, dass sie interessant ist. Ich habe keine Lust, damit weiterzumachen. Aber für mich ist das Schlimmste in der Welt die Vorstellung, dass sie denkt, dass ich denke, sie wäre langweilig, oder ich wollte mich auf irgendeine Weise aus diesem Gespräch herauswinden.... Wenn diese Person die Party verlässt, wird sie daher ihrer Partnerin oder ihrem Partner sagen: Mindy Kaling ist besessen von mir. Sie hat zwei Stunden lang mit mir gesprochen.«

Während wir einer anderen Person zuhören, fragt unser Bewusstsein (der Richter) vielleicht: *Wie fühlt sie sich, und was denkt sie?*, während unser Unterbewusstsein (der Alligator) vielleicht fragt: *Wie findet sie mich, und was denkt sie über mich?* Eine Möglichkeit, diese Schwierigkeit zu überwinden, besteht darin, einige tiefer gehende Formen des Zuhörens zu erkunden, über die wir in den Kapiteln 6 und 6 1/2 mehr erfahren werden.

Wenn Sie die Anzahl der »Selbstverkleinerer« in Ihrem

Wortschatz verringern möchten, sollten Sie wissen, dass die meisten einfach weggelassen werden können. Schießen Sie los und sagen Sie, was Sie sagen wollen. Als James Pennebaker einem Studenten von niedrigerem Status die gleiche Nachricht schickte – die Bitte, das Büro zu wechseln –, hielt er es nicht für notwendig, sich selbst zu verkleinern. Er schrieb einfach: »Wären Sie bereit, Ihr Büro zu verlegen?« Mindy Kaling weiß, dass auch sie auf der Party direkt und charismatisch zugleich sein könnte: »Man kann einfach nur sagen: Es war großartig, Ihre Bekanntschaft gemacht zu haben. Ich mische mich noch ein wenig unter die Leute.«

In diesem Bemühen um einen neuen Sprachgebrauch spiegelt sich eine tiefere Verschiebung wider. Wir haben gesehen, dass es Charisma abträglich ist, wenn man sich selbst in den Mittelpunkt rückt: Wie soll jemand eine Verbindung zu Ihnen aufbauen, wenn Ihre Aufmerksamkeit ständig auf Sie selbst gerichtet ist? Die Lösung ist einfach, wenn auch nicht leicht umzusetzen. Richten Sie Ihren Fokus auf die andere Person. Dies kann folgendermaßen aussehen:

Verkleinerer	Problem	Lösung
»Es könnte falsch sein, aber …« »Es hat irgendwie den Anschein …« »Das ist nur eine Idee.«	Unsicherheit in Bezug auf Tatsachen oder die Zukunft ist in Ordnung, aber Unsicherheit in der Art und Weise, wie Sie sich ausdrücken, lässt Ihre Zuhörer*innen abschalten. Menschen wissen bereits, dass Sie sich jederzeit irren könnten.	Richten Sie eine Frage an sie. »Ist es möglich, dass …?« »Was, wenn …?« Oder wecken Sie Neugierde. »Jetzt stelle ich Ihnen mal eine schräge Idee vor.«

Verkleinerer	Problem	Lösung
»Ich wollte Sie wissen lassen…« »Ich habe mich nur gefragt…« »Ich dachte vielleicht…«	Ihre Aufmerksamkeit ist auf Sie gerichtet und auf die Vergangenheit. Sie produzieren »Wortmüll«, und es fällt schwer, Ihnen zuzuhören.	Verschieben Sie den Fokus auf Ihre Zuhörer*innen und auf die Zukunft, und der »Wortmüll« entsorgt sich von selbst. Statt »Ich habe mich gefragt, ob Sie vielleicht bereit wären…«, sagen Sie: »Wären Sie vielleicht bereit …?«
»Entschuldigen Sie meine Verspätung.« »Tut mir leid, dass ich Sie unterbrochen habe.« »Es tut mir so leid, das zu hören.«	»Entschuldigung« bzw. »Tut mir leid« bedeutet, dass Sie sich schlecht fühlen. Sie fordern Ihre Adressatinnen und Adressaten also auf, sich auf Ihre Gefühle zu konzentrieren, während Sie sich eigentlich auf *deren* Gefühle konzentrieren sollten.	»Danke für Ihre Geduld.« »Verzeihen Sie mir, dass ich Sie unterbrochen habe.« »Wie schrecklich!«

Das zweite Paradoxon von Charisma ist das Gegenteil des ersten: Sie ziehen die Aufmerksamkeit anderer Menschen auf sich, indem Sie ihnen Ihre Aufmerksamkeit schenken. Wenn Sie Ihre Aufmerksamkeit auf eine andere Person richten, fühlt sie sich gesehen beziehungsweise verstanden. Sie sind ihr hier und jetzt mental vollkommen zugewandt, und sie spürt das. Es macht einen spürbaren Unterschied. Spirituelle Lehren über geistige Präsenz konzentrieren sich auf die Auflösung des Ichs beziehungsweise auf die Befreiung von Ihren eigenen psychischen Verstrickungen. Bedeutende Lehrer*innen der Bühnenpräsenz machen sich das gleiche Prinzip zunutze. Ich lernte diese Lektion von Martin Berman, einem Berufsschauspieler, der etwas zuwege brachte, was an ein Wunder grenzte. Er konnte aus jeder Person eine Oscar-würdige schauspielerische Leistung herausholen, indem er einfach eine Szene gemeinsam mit ihr las. Das Geheimnis, das er seinen Studierenden beibrachte, war einfach: *Denken Sie immer daran, dass die wichtigste Person auf der Bühne das schauspielerische Gegenüber ist.*

Über viele außergewöhnlich charismatische Persönlichkeiten wird gesagt, sie würden einem das Gefühl vermitteln, in diesem Moment der wichtigste Mensch auf der Welt zu sein. Ein Besucher beschrieb ein Treffen unter vier Augen mit Charles Manson in der Justizvollzugsanstalt San Quentin mit ähnlichen Worten: »Wenn du Menschen von großer Überzeugungskraft begegnest, zeigen sie oftmals ein enormes Interesse an dir als Person.«[5] Er sagte, Manson habe ihm das Gefühl vermittelt, die einzige weitere Person im Raum zu sein (was er natürlich war, aber Sie verstehen, was ich meine).

Richten Sie Ihre Aufmerksamkeit auf die andere Person

Fragen sind eine einfache Methode, um Ihre Aufmerksamkeit von sich auf die andere Person zu lenken (Refokussierung). Sie können »selbstverkleinernde Ausdrücke« durch Fragen ersetzen, oder Sie können der anderen Person Fragen über sie stellen. Wir alle wissen, dass Menschen gern über sich reden, aber wussten Sie, dass wir tatsächlich so gern über uns reden, dass wir sogar Geld dafür bezahlen, um belanglose Informationen mit Fremden zu teilen? Die Neurowissenschaftlerin Diana Tamir, die erforscht, warum wir uns anderen Menschen so gern öffnen, hat herausgefunden, dass Reden über uns selbst die gleichen Hirnareale aktiviert wie Geld, Sex und Schokolade.[6] Dies erklärt, warum wir Menschen mögen, die uns Fragen stellen. In einer Reihe von Studien konnten Versuchspersonen wählen, ob sie lieber Fragen zu anderen gegen Bezahlung oder Fragen zu sich selbst ohne monetäre Belohnung beantworten wollten. Die Themen waren trivial, aber die Erfahrung, Fragen zu sich selbst zu beantworten, war so angenehm, dass sie bereitwillig auf etwa 20 Prozent des Geldes, das sie hätten verdienen können, verzichteten, nur um andere wissen zu lassen, dass sie gern snowboarden und Pilze auf der Pizza hassen.

Da wir so gern über uns selbst reden, mögen wir Menschen, die uns dazu ermuntern. Alison Wood Brooks und ihr Forschungsteam haben herausgefunden, dass Menschen, wenn sie einander kennenlernen, diejenigen sympathischer finden, die mehr Fragen stellen.[7] Und Speeddater*innen, die mehr Fragen stellen, bekommen mit höherer Wahrscheinlichkeit ein zweites Date. Fragestellende weckten sogar noch mehr Sympathie, wenn einige dieser Fragen Anschlussfragen waren, die als Ausdruck starken Interesses wahrgenommen wurden. Ich finde es bemerkenswert, dass Personen, die diese Dialoge mit anhörten, die Fragesteller*innen nicht unbedingt mehr mochten – das taten nur die Antwortenden selbst.

Könnte diese Affinität zu echter Intimität führen? Arthur und Elaine Aron konzipierten eine Studie, in der sich Paare von Teilnehmenden abwechselnd gegenseitig 36 Fragen stellten. Die ersten waren einfach, wie etwa: »Wen hätten Sie gern als Tischgast?«, und dann wurde es nach und nach immer persönlicher, wie etwa: »Wann haben Sie zum letzten Mal geweint?«[8] Am Schluss des Experiments konzentrierte jede Versuchsperson ihre Aufmerksamkeit auf die Partnerin oder den Partner, ohne irgendwelche Fragen zu stellen. Sie sahen einander vier

Minuten lang an, ohne zu sprechen. Nur reine Aufmerksamkeit. Es heißt, dass eines dieser Paare geheiratet haben soll.

So weit müssen Sie nicht gehen. Sie können sich selbst ermahnen, Ihre Aufmerksamkeit nach außen zu richten, indem Sie einfach nur Personen öfter mit ihrem Namen ansprechen. Zum einen ist es ein nützlicher Hinweis für Ihr Unterbewusstsein: *Es geht nicht um mich, es geht um sie/ihn.* Und natürlich ziehen Sie auf diese Weise auch die Aufmerksamkeit der anderen Person auf sich. Schließlich kann es uns aus dem Schlaf reißen, wenn wir unseren Namen hören. Dale Carnegie riet uns schon im Jahr 1938, als er seinen Klassiker *Wie man Freunde gewinnt: Die Kunst, beliebt und einflussreich zu sein* schrieb, andere Menschen regelmäßig mit ihren Namen anzusprechen, und die Neurowissenschaften haben später bestätigt, dass unser Name eine einzigartige Signatur hat, die jene Regionen unseres Gehirns aktiviert, die mit unserem Selbst in Verbindung stehen.[9] *Das bin ich. Diese Person schenkt mir Aufmerksamkeit!*

Ich dachte an Dale Carnegie, als mein Nachbar im Obergeschoss in jedem Gespräch sein Gegenüber *wieder und wieder* beim Namen nannte. »Hey, Zoe, wie geht's dir, Zoe?« Er war ein Brillenoptiker, der jeden in der ganzen Stadt zu kennen schien. Wir nannten ihn den Mayor of Somerville, und wir freuten uns immer, ihn zu sehen. Obgleich seine Angewohnheit, einen ständig mit Namen anzureden, ein bisschen schräg war und wir ihn deswegen aufzogen, zahlte sie sich aus. Wir alle mochten ihn, zum Teil deshalb, weil wir das Gefühl hatten, dass er uns mochte. Man konnte fragen, wen man wollte: Jeder sagte, dieser freundliche, fröhliche, etwas alberne Kevin habe viel Charisma.

Man muss nicht nett sein, um Charisma zu besitzen (auch wenn Sie natürlich charismatisch und nett sein können). Und charismatisch zu sein bedeutet nicht, dass Sie nicht über sich selbst sprechen sollten. Die Pronomenforschung kann Ihnen dabei helfen, Hinweise darauf zu erkennen, wann Sie womöglich durch Selbstfokussierung Ihrem Charisma schaden, aber übertreiben Sie es nicht, indem Sie das »Ich« völlig aus Ihrem Wortschatz tilgen. Nutzen Sie diese neue Erkenntnis einfach nur als einen Wink, um von Zeit zu Zeit zu überprüfen, wer im Mittelpunkt Ihrer Aufmerksamkeit steht. Falls Sie es sind, können Sie sich dann bemühen, die Aufmerksamkeit auf andere zu verlagern.

Eine entspannte Stimme als Signal des Selbstvertrauens

Im Jahr 2015 war Elizabeth Holmes, der Biotech-Liebling des Silicon Valley und Gründerin von Theranos, eine Ikone weiblicher Selbstermächtigung. Mit 31 Jahren wurde sie von *Forbes* als jüngste Selfmade-Milliardärin der Welt gewürdigt. Holmes war intelligent, attraktiv und tough; sie zeigte anderen jungen Frauen, wie man in dem extrem kompetitiven, von Männern dominierten Hightech-Start-up-Sektor Erfolg haben kann. Das heißt, so lange, bis John Carreyrou das Ergebnis seiner Recherchen veröffentlichte, wonach die Bluttests von Theranos mit ihrem Versprechen, den Gesundheitszustand der Menschen weltweit zu verbessern, frei erfunden waren. Holmes hatte Investorinnen und Investoren sowie den Aufsichtsrat ihres Unternehmens angelogen; sie hatte im Fernsehen und in der Öffentlichkeit gelogen. Was hätte uns, im Nachhinein betrachtet, ein Warnsignal sein sollen?

Die öffentliche Meinung war sich bald einig: Elizabeth Holmes' Stimme hätte die Alarmglocken schrillen lassen müssen.

Die junge, schmale blonde Frau war bekannt dafür, dass sie sich anhörte wie ein alter Mann, der gewohnheitsmäßig 20 Zigaretten am Tag raucht. Einer Frau, die so knurrend spricht, hätte man niemals vertrauen dürfen. Zeugen meldeten sich und behaupteten, sie würden ihre »wahre« Stimme kennen, die höher und weiblicher klinge.

Obwohl das politische Geschäft sie ziemlich in Beschlag nahm, arbeitete die britische Premierministerin Margaret Thatcher mit einem Coach, um ihrer Stimme einen tieferen Klang zu geben. Thatcher und Holmes waren nicht dumm; zahlreiche Studien haben gezeigt, dass Zuhörende Menschen mit tieferen Stimmen als stärker,[10] tüchtiger, attraktiver,[11] dominanter und führungskompetenter einschätzen.[12] Aber ich glaube, dass Elizabeth Holmes, Margaret Thatcher und alle anderen, denen man eingeredet hat, sie sollten mit tieferer Stimme sprechen, einen wichtigen Grund dafür, *warum* tiefere Stimmen positiver auf andere wirken, missverstanden haben.

Ist Ihnen schon einmal aufgefallen, dass Sie, wenn Sie angespannt und unsicher sind, Ihre Schultern hängen lassen und vielleicht Ihre Arme schützend über Ihrer Brust kreuzen? Dies beeinflusst selbstverständlich, wie Sie optisch auf andere wirken: Es lässt Sie wenig selbstbewusst erscheinen. Aber was unter dem Gesichtspunkt Ihrer Wirkung auf andere genauso wichtig ist: Es verändert Ihren *Tonfall*. Wenn wir nervös sind, neigen wir dazu, Dinge zu tun, die uns die Kehle zusammendrücken, wodurch unsere Stimme heller klingt oder zu jener Schnarrstimme wird, die einigen Menschen so auf die Nerven geht. Angesichts der Tatsache, dass eine hohe, gepresste Stimme mit Angst und Anspannung assoziiert ist, sollte es nicht weiter verwundern, dass sie weniger überzeugend wirkt. Wenn Sie dagegen in Ihrer *natürlichen* niedrigen Stimmlage sprechen, hat dies den gegenteiligen Effekt: Es signalisiert Selbstvertrauen. Es erfordert, dass Sie Zwerchfell und Kehle entspannen, was Sie schlichtweg nicht tun können, wenn Sie sich bedroht fühlen. Ihre natürliche tiefe Tonlage ist die angenehme, selbstbewusste Stimme, die Sie präsenter klingen lässt und es anderen erleichtert, Ihnen ihre Aufmerksamkeit zu schenken. Dies gilt unabhängig von Ihrem Geschlecht.

Mit etwas Übung kann Ihnen das Sprechen in Ihrer natürlichen tiefen Stimmlage auch helfen, sich *präsenter* zu fühlen. Zunächst mag es sich jedoch, wie jedes neue Verhalten, seltsam anfühlen. Sie könnten am Telefon mit dem Üben beginnen. Stehen Sie auf oder legen Sie sich hin – was immer Ihnen hilft, sich wohlzufühlen. Es kann auch helfen, die Augen zu schließen beziehungsweise einen Gang herunterzuschalten. Wenn Ihnen dies unangenehm ist, üben Sie zunächst mit Fremden, bevor Sie sich an Freundinnen und Freunde wenden. Achten Sie darauf, ob Menschen jetzt offener zu sein scheinen für das, was Sie zu sagen haben. Ich erinnere mich, dass mein damaliger Herzensmensch, als ich mir dessen erstmals bewusst wurde, zum ersten Mal zu mir sagte: »Ich könnte deiner Stimme stundenlang zuhören.«

Schauspieler*innen, Sänger*innen, Tänzer*innen und andere künstlerisch Tätige wenden eine Haltungsübung an, bei der durch Lockerung der Körpermuskulatur eine Entspannung der Stimme erreicht werden soll. Sie müssen dafür lediglich aufrecht stehen, die Augen schließen und die Arme seitlich an Ihren Körper legen. Stellen Sie sich einen unsichtbaren Faden vor, der an Ihrem Brustbein befestigt ist und sich senkrecht nach oben bis zu den Wolken erstreckt. Stellen Sie sich jetzt vor, dass an dem Faden sanft gezogen wird, während Sie ein paarmal langsam tief einatmen. Ihre Schultern fallen sanft zurück. Ihr Brustkorb dehnt sich aus. Ihre Arme werden schwer. Erleben Sie, wie sich dies in Ihrem Körper anfühlt. Diese entspannte, offene Haltung hilft, Ihre Stimme zu lösen, sodass sie ihre natürliche Stimmlage annimmt. Vielleicht werden Sie sogar feststellen, dass die Öffnung Ihrer Körperhaltung und die Lockerung Ihrer Stimme es Ihnen erleichtern, auf selbstverkleinernde Ausdrücke zu verzichten. Sie werden charismatischer klingen und aussehen, und Menschen wird es leichter fallen, Ihnen Aufmerksamkeit zu schenken.

Charisma im Scheinwerferlicht

Dicht an dicht mit 100 anderen Fans im *Club 3121* stehend, war ich voller Vorfreude auf einen Traum, der wahr wurde. Seit der Grundschule hatte ich für Prince geschwärmt, und gleich würde ich ihn live in einem Konzert erleben. Als der Trommelwirbel einsetzte, schlenderte der legendäre Künstler in einer langen Satinjacke und Blockabsatzschuhen quer über die Bühne. Er nahm das Mikrofon in beide Hände und blieb stehen, während er mir – dessen war ich sicher – direkt in die Augen sah. Er summte die erste Zeile seines Eröffnungssongs: »Before we get started, are we all alone?«

Ich packte meine Begleitung am Arm. »Ich werde gleich ohnmächtig.«

Als ich dies sagte, sackte die Frau auf meiner anderen Seite bewusstlos zu Boden. Von den Rettungskräften, die sie wegtrugen, erfuhr ich, dass es nicht ungewöhnlich war, dass Besucher*innen von Prince-Konzerten in Ohnmacht fielen. Sein Charisma überwältigte manche Leute einfach.

Aber so war es nicht immer gewesen. Tatsächlich hätte mangelndes Charisma beinahe seine Karriere zerstört, bevor sie richtig in Gang kam. Brancheninsider*innen waren sich darin einig, dass der junge Prince Rogers Nelson ein begabter Musiker war, aber niemand wusste, was man gegen seinen unbeholfenen Performance-Stil unternehmen konnte. Er schien sich mit dem Rücken zum Publikum am wohlsten zu fühlen, und wenn er zwischen Songs sprach, brachte er nicht mehr als ein Flüstern heraus. Als Talentscouts von Warner Bros. im Jahr 1979 zu seiner überhaupt erst zweiten Solo-Show kamen, nahmen sie ihn für das Plattenlabel unter Vertrag, wollten ihn aber nicht auf Tournee schicken.

Als Prince' Single »I Wanna Be Your Lover« Nummer eins in den Charts wurde und er *noch immer nicht* auf Tournee ging, lud Rick James, der amtierende King of Funk, den aufstrebenden Nachwuchskünstler ein, als Vorprogramm auf seiner Tournee aufzutreten. Als Prince in seinem Trenchcoat und seinen Pluderhosen die Bühne betrat, haben ihn »die Kerle im Publikum übelst ausgebuht«, wie sich Rick James erinnerte.

Aber Prince wollte nicht aufgeben. Er hatte sich seine Sporen als Musiker verdient, indem er jeden Tag stundenlang an seinen Instrumenten übte, und an die Bühnenkunst ging er auf die gleiche Weise heran. Prince studierte Rick James und andere Künstler*innen, die er bewunderte, und er registrierte aufmerksam jedes Wort und jede Geste. Er veränderte die Art, wie er sich bewegte, und, was am wichtigsten war, er lernte, seine Aufmerksamkeit auf das Publikum zu richten. Er wiederholte all das so oft, bis es zu einer Gewohnheit wurde. Er erzählte Geschichten und stellte Fragen und sprach seine Fans durch »Call and Response« direkt an. Am Ende der Tournee war Prince ein anderer, und das Publikum war hellauf begeistert. Rick James gestand, neidisch zu sein. Charisma beruht nicht darauf, was Sie *sind.* Es beruht darauf, was Sie *tun*, und unterliegt somit Ihrer Kontrolle; Sie können charismatischer werden, indem Sie mit Menschen anders umgehen.[13]

Wir haben uns bereits einige Tools angesehen, die bei Interaktionen zwischen zwei Personen nützlich sind. Jetzt wollen wir einige weitere betrachten, die bei öffentlichen Auftritten einschließlich des Redens vor Publikum, was den meisten von uns unangenehm ist, hilfreich sein können.[14] Einige meiner beglückendsten Momente als Dozentin erlebte ich, als ich Studierenden dabei zusah, wie sie jene geringfügigen Korrekturen an ihrem Verhalten vornahmen, die sie beim Reden im Unterricht unwiderstehlich machten. Nach einem chirurgischen Eingriff an den Stimmlippen konnte eine Studierende nur noch im Flüsterton sprechen. Weil andere sie nur mit Mühe verstanden, hatte sie angenommen, sie würden sich nicht für das interessieren, was sie zu sagen hatte. Aber mit einem Mikrofon und ein paar Tipps, wie sie ihre Aufmerksamkeit besser kontrollieren konnte, schaffte sie es, dass wir an jedem ihrer Worte hingen. Ein anderer Studierender zog uns mit einer Geschichte über seine Mutter in den Bann, obwohl er Ungarisch sprach und wir kein Wort von dem verstanden, was er sagte. Dann war da Sukari Brown, eine Studieninteressierte, die Gasthörerin bei mir war und das Gefühl hatte, nicht dazuzugehören.

Sukari hasste es, öffentlich zu reden, dennoch meldete sie sich freiwillig und schilderte ihre Eindrücke von dem Film *Black Panther*, der ein paar Monate zuvor in die Kinos gekommen war. Ich riet ihr, einige kleinere Änderungen vorzunehmen, um ihre Hörer*innen zu fesseln. Sich nacheinander auf jede einzelne Person im Publikum konzentrierend, bat uns Sukari, darüber nachzudenken, was es für ein Gefühl sei, Menschen, die so aussähen wie man selbst, in Kinofilmen immer nur als Drogendealer*innen und Handlanger*innen dargestellt zu sehen. Sie hielt inne, wir waren ganz Auge und Ohr, und sie bat uns, uns vorzustellen, wie es für uns wäre, wenn wir zum ersten Mal Menschen wie uns selbst als Heldinnen voller Stolz und Kraft auf der Leinwand sehen würden. Sie erzählte uns, sie habe sich *Black Panther* in demselben Kino fünfmal angesehen. Wir spürten ihre Würde, ihre Wut und ihre Hoffnung. Wir klatschten kurz lautstark Beifall, und sie war sichtlich gerührt. In einer E-Mail, die sie mir anschließend schickte, schrieb Sukari: »Bis zu diesem Zeitpunkt hatte ich Zweifel, ob ich hierhergehöre – nach Yale, in das Seminar und auch in das MBA-Studium. Nachdem mein Herz nicht länger ausflippte und ich wieder normal atmen konnte, wurde mir klar, dass ich das *schaffen kann*. Ich GEHÖRE HIERHER.«

Wenn Sie das Gefühl haben, dass die Bühne der richtige Ort für Sie ist, dann ist sie das. Hier einige Ideen und Tools, die Ihnen dabei helfen können, dorthin zu gelangen.

*Als Redner*in nehmen Sie Zeit anders wahr*

Eine Stunde, die Sie mit Ihrem Schwarm verbringen, kann sich anfühlen wie eine Minute, während sich eine Minute im Behandlungsstuhl einer Zahnarztpraxis wie eine Stunde anfühlen kann. Auf diese Weise hat Einstein, grob vereinfacht gesagt, seine Relativitätstheorie erklärt. Das Vergehen der Zeit hängt vom Bezugssystem ab. Wenn Sie jemals einen Verkehrsunfall oder einen Sturz wie in Zeitlupe erlebt haben, dann wissen Sie, was dieses verzerrte Zeiterleben bedeutet. Während sich der Unfall ereignet, arbeitet der Alligator auf Hochtouren. Er schenkt jedem Detail so viel Aufmerksamkeit, wie wenn Sie die Anzahl der Einzelbilder pro Sekunde in Ihrem Film erhöht hätten – und genau so wird eine Zeitlupenszene gefilmt. Wenn

Menschen, die dasselbe erleben, verschiedene Bezugssysteme haben, kann die Zeit jedoch »verrücktspielen«.

Wenn Sie vor einem Publikum stehen, erleben Sie Zeit anders als Ihre Zuhörer*innen. Konkret gesagt: Die Zeit verstreicht für Sprecher*in und Zuhörer*innen unterschiedlich schnell, was es beiden Seiten erschweren kann, zeitlich im Gleichschritt zu bleiben. Nervosität – die praktisch jede Person, die in der Öffentlichkeit spricht, kennt – aktiviert das Alligatorgehirn und erhöht dessen feinkörnige zeitliche Aufmerksamkeit. Menschen im Publikum haben keinen Grund, nervös zu sein, daher haben sie kein gesteigertes Zeitbewusstsein. Hier kommt nun die Zeitverzerrung ins Spiel.

Nachdem ich einen Freiwilligen in meinem Kurs gebeten habe, aufzustehen und eine Minute lang frei zu uns zu sprechen (wobei seine mögliche Anspannung durch das Wissen verstärkt wird, dass wir ihn als Sprecher beurteilen werden), wende ich mich an die Zuhörer*innen. Wie war das Tempo? Zu schnell, zu langsam oder genau richtig? Die Zuhörer*innen sagen fast immer, dass es zu schnell war. Nervosität vermittelt uns das Gefühl, die Zeit vergehe langsamer, was nervöse Redner*innen dazu veranlasst, regelrecht durch ihre Vorträge zu jagen. Den Zuhörenden fällt es dann oftmals schwer mitzuhalten. Da es sehr anstrengend ist, hoch konzentriert zu bleiben, wendet sich der Alligator anderen Dingen zu. Die Zuhörer*innen sehen nach, wie spät es ist, sie überprüfen ihre Handys und schalten mental ab. Wenn die sprechende Person ihr Tempo nicht drosseln kann, um sich dem Tempo der Zuhörer*innen anzupassen, wird sie nicht deren Aufmerksamkeit bekommen und nicht in der Lage sein, ihre Botschaft zu übermitteln. Es kann allerdings auf eine seltsame Weise schwierig sein, langsamer zu sprechen (was diese Bemühungen aber zugleich für die Zuschauenden recht unterhaltsam macht). Sprecher*innen, die versuchen, langsamer zu reden, zieeeeeehen maaannnchmaal die Siiiilbeeen ihrer Wörter in die Länge. Oder. Reden. Wie. Ein. Roboter. Aber was ihnen wirklich hilft, das Problem der Zeitverzerrung zu lösen, ist *die Macht der Pause.*

Im Unterricht verbringen wir viel Zeit damit, dies zu üben.[15] Ich rate den Vortragenden, bei jedem Punkt und Komma ihres Vortrags eine Pause zu machen und das Tempo so stark zu drosseln, bis sie sicher sind, dass es zu langsam ist – während die Zuhörer*innen sagen, dass es genau richtig ist. Pausen sind Momente, um eine Verbindung zum Publikum herzustellen, die Aufmerksamkeit auf die Zuhörer*innen zu lenken, während sie in Gedanken zum gegenwärtigen Moment aufschließen. Zu pausieren vermittelt nicht nur Vertrauen, es erfordert dieses auch.

Ganzkörperpausen – Momente, in denen Sie nicht gehen, herumzappeln oder mit den Händen fuchteln, sondern entspannt atmen und Ihre Arme lässig baumeln lassen – sind besonders hilfreich. Nicht nur während Ihres Vortrags, sondern auch davor und danach. Dieser Schlüssel zum Charisma ist so einfach, dass ihn fast niemand lehrt oder übt, dabei funktioniert er für Sprecher*innen und Darsteller*innen in den verschiedensten Bereichen.

Hier einige Gelegenheiten für eine Ganzkörperpause in einer förmlichen Vortrags- oder Aufführungssituation.

- Wenn eine andere Person spricht oder performt, verharren Sie mit Ihrem ganzen Körper und *richten Ihre Aufmerksamkeit auf sie.* Vielleicht stellt ein Zuhörer eine Frage. Vielleicht nimmt eine junge Mitarbeitende bei einem Meeting kein Blatt vor den Mund. Vielleicht spielt Ihre Bandkollegin ein

Solo. Wer immer die Aufmerksamkeit des Publikums haben sollte, der sollte auch Ihre Aufmerksamkeit haben. Sie werden versucht sein, sich nach anderen Anwesenden umzusehen, zu Boden zu blicken oder den Blick abzuwenden. Wenn Sie das tun, zerstören Sie den Aufmerksamkeitsfokus der Gruppe, und das macht es schwerer, die Aufmerksamkeit wieder zu bündeln, wenn Sie an der Reihe sind zu sprechen. Wenn eine andere Person ihr Charisma wirken lässt, sollten Sie andere nicht ablenken und sich selbst nicht ablenken lassen.

- Wenn Sie mit Ihrem Vortrag oder Ihrem Auftritt an der Reihe sind, sollten Sie – gegebenenfalls – der Person danken, die Sie vorgestellt hat, und dann *Ihre Aufmerksamkeit auf das Publikum richten.* Machen Sie eine Ganzkörperpause, während Sie einmal tief durchatmen, lächeln Sie, und Sie werden die volle Aufmerksamkeit der Anwesenden haben, wenn Sie beginnen. Wenn Sie an einem Diskussionsforum oder an einem informellen Treffen teilnehmen, muss die Pause nicht so offensichtlich sein, aber wenn Sie sich diesen Moment nehmen, um Ihre Aufmerksamkeit zu verlagern, werden Sie Ihre Zuhörer*innen fesseln. Jetzt sind alle Augen auf Sie gerichtet.
- Wenn Sie Ihren Auftritt oder Ihre Rede beenden, sollten Sie sich einen Moment Zeit nehmen, um dem Publikum zu danken, bevor Sie abtreten. Falls man Ihnen Beifall spendet, halten Sie inne, um diesen zumindest einen Atemzug lang zu genießen. *Lassen Sie die Aufmerksamkeit des Publikums voll und ganz auf Ihnen ruhen.* Sie haben sich, mit der ganzen Kraft Ihres Charismas, auf jede einzelne Person im Publikum konzentriert, und diese haben es gespürt. Jetzt dürfen Sie ruhig demütig und dankbar annehmen, was man Ihnen zu-

rückgibt. Wir neigen zu der Annahme, es zeige Bescheidenheit, wenn man möglichst schnell von der Bühne verschwindet. Dabei kommt dies einer unausgesprochenen Entschuldigung gleich: *Es tut mir leid, dass Sie mit mir Ihre Zeit vergeudet haben.* Nehmen Sie sich stattdessen einen Moment Zeit, um Ihre Wertschätzung des Publikums durch eine Pause auszudrücken, die besagt: *Danke für Ihre Zeit. Ich weiß das zu schätzen, und es hat mich gefreut, bei Ihnen sein zu dürfen.* Sie können nicken, sich verneigen, die flache Hand auf die Brust legen oder den Zuhörenden sogar eine Kusshand zuwerfen, wenn das zu Ihnen und der Veranstaltung passt.

Eine kurze oder ausgedehnte Pause kann die unterschiedliche Geschwindigkeit, mit der die Zeit für Sie und Ihre Zuhörer*innen verstreicht, ausgleichen. Diese finden wieder Anschluss an das, was Sie gerade gesagt haben. Das ist eines der beiden großen Geheimnisse der Bühnenpräsenz.

Das zweite ist das Anstrahlen.

Dieses Geheimnis beruht auf dem dritten Paradoxon von Charisma. Um mit vielen Menschen in Verbindung zu treten, bauen Sie eine Verbindung mit einer Person auf.

Als Prince Augenkontakt zu mir suchte, wusste ich nicht, ob er sich wirklich auf mich konzentrierte oder auf die Frau, die in Ohnmacht fiel, oder den Mann neben ihr oder jemand ganz anderen. Es spielte keine Rolle. Die individuelle Verbindung war so stark, dass wir alle elektrisiert waren. Diese Technik – mit vielen in Verbindung zu treten, indem man mit einer Person eine Verbindung aufbaut – nenne ich *Anstrahlen* (Shining).[16]

Im Unterricht übe ich diese Fähigkeit folgendermaßen mit meinen Studierenden: Ich frage nach einer oder einem Freiwilligen, die oder der es hasst, in der Öffentlichkeit zu reden. Wir wollen herausfinden, wie lange diese Person braucht, um mit jedem Menschen im Publikum eine Verbindung – eine echte Verbindung – aufzubauen. Es ist keine leichte Aufgabe. Tatsächlich ist Anstrahlen eine so anspruchsvolle Fähigkeit, dass nur wenige professionelle Redner*innen oder Darsteller*innen sie beherrschen. Aber selbst ein Neuling kann die Kunst des Anstrahlens erlernen, und es ist nützlich, wenn man ein ganzes Dorf hat, um sich darin zu üben.

Wenn Sie sich freiwillig melden, erzählen Sie eine Geschichte in Ihrer Muttersprache. Etwas, was Sie schon viele Male gehört oder erzählt haben, wie etwa ein Märchen oder ein religiöses Gleichnis. Es kann eine persönliche Geschichte sein, aber nur wenn Sie diese viele Male wiedergekäut haben. Um zu strahlen, müssen Sie Ihren Stoff so gut beherrschen, dass Sie aus dem Stegreif darüber sprechen können, oder ihn so gut eingeübt haben, dass die Wörter automatisch fließen. Während der Alligator spricht, kann der Richter dem Rest des Körpers sagen, was er tun soll. Bei dieser Übung spielt es keine Rolle, ob die Zuhörer*innen Ihre Worte verstehen oder nicht. Sie können jemanden »anstrahlen«, ohne auch nur einen einzigen Laut von sich zu geben.

Anstrahlen meint den überspringenden elektrischen Funken, der jemandem das Gefühl gibt, die einzige andere Person im Raum zu sein. Es erzeugt die gleiche innige Verbundenheit wie jene Übung, bei der beide Partner*innen einander in die Augen schauen, ohne ein Wort zu wechseln. Und die Frau auf dem Konzert von Prince fiel deshalb in Ohnmacht, weil sie angestrahlt wurde.

Anstrahlen unterscheidet sich von jeder anderen Strategie der öffentlichen Rede, weil es die bereitwillige Mitwirkung einer anderen Person erfordert. Man kann nicht für sich allein strahlen; man kann niemanden anstrahlen, der auf sein Smartphone starrt; Sie strahlen nur dann, wenn der oder die andere das Gefühl hat, dass Sie diese Strahlkraft besitzen. Und diejenigen, an die Sie sich wenden, wollen diese Strahlkraft von Ihnen spüren, weil sie sich dann selbst lebendiger fühlen. Als Darsteller*in empfinden Sie das Gleiche – Sie fühlen eine Verbindung, kommen sich gleichzeitig aber auch verletzlich und kraftvoll vor. In dem Maße, wie Sie anderen Ihre Aufmerksamkeit zuwenden, öffnen Sie sich auch, um deren Aufmerksamkeit in sich hineinzulassen.

Dabei gehen Sie folgendermaßen vor: Heften Sie Ihren Blick auf eine Person im Publikum und öffnen Sie Ihr Herz, während Sie Ihre Worte an diese – und nur an diese – Person richten. Machen Sie dieser Person das Geschenk Ihrer fokussierten Energie, bis sie oder er die Verbundenheit zwischen ihnen spürt. Die Botschaft, die Sie senden, lautet: *Hier bin ich. Hier sind Sie. Hier sind wir zusammen. Hallo.* Die ausgetauschte Energie ist so etwas wie Liebe. Oder vielleicht ist sie genau das.

Wenn wir Anstrahlen üben, hebt zunächst jede*r im Publikum die Hand, und alle halten sie so lange gehoben, bis sie das Gefühl haben, dass die sprechende Person eine Verbindung zu ihnen aufgebaut hat. Dann lassen sie ihre Hand sinken. Ziel der oder des Sprechenden ist es, alle Hände zum Sinken zu bringen. Auch das unterschiedliche Zeiterleben spielt hier eine Rolle. Es überrascht Sprecher*innen, wie lange es dauert, eine Verbindung herzustellen, aber für die Zuhörer*innen fühlt es sich nicht so an. Und sobald ein echter Kontakt hergestellt worden ist, kommt es nicht nur zu einer Angleichung der Zeitwahrnehmung, vielmehr erscheint es beinahe so, als würde die Zeit stillstehen. Wenn sie dieses Ausmaß an Verbundenheit erreichen, sind sowohl Sprecher*innen als auch Zuhörer*innen überrascht zu sehen, dass in anderen Teilen des Raumes weitere Hände sinken. Das heißt, dass eine indirekte Verbindung genauso deutlich spürbar sein kann wie ein direkter Kontakt.

Es ist nicht leicht, jemanden anzustrahlen, wenn Sie es zum ersten Mal versuchen. Und einige Zuhörer*innen legen die Messlatte hoch, was das Gefühl der Verbundenheit anbelangt, und lassen ihre Hand erst sinken, wenn man ihre Seele berührt hat. Räumliche Nähe hilft dabei. Wenn die zuhörende Person nach einigen Sätzen ihre Hand nicht sinken lässt, sollten Sie vielleicht einfach zur nächsten Person übergehen und versuchen, diese emotional anzusprechen. Aber denken Sie daran, Pausen zu machen, und einen Schritt näher zu kommen. Und noch einen Schritt, wenn es nötig sein sollte. Während Sie immer näher auf die Person zugehen, wird sie ihre Hand schließlich sinken lassen. Niemand kann das Gefühl der Verbundenheit ignorieren, wenn ein mutiger und verletzlicher Mensch direkt vor ihm oder ihr steht und ihn oder sie emotional adressiert. Diese Technik des direkten »Anstrahlens« ist so wirkmächtig, dass selbst ein zurückhaltender oder unerfahrener Mensch innerhalb von fünf bis zehn Minuten mit jeder und jedem Zuhörenden in einem Raum mit 30 Personen in Verbindung treten kann.

Wenn Sie das nächste Mal zu einer Gruppe sprechen, sollten Sie sich die Zuhörer*innen näher ansehen. Dann wird Ihnen auffallen, dass einige von ihnen ebenfalls »strahlen«. Vielleicht lächeln sie, oder sie nicken, oder sie lachen über Ihre Witze. Sie lenken Ihre Aufmerksamkeit auf sich, indem sie Ihnen ihre konzentrierte und begeisterte Aufmerksamkeit schenken, und einige strahlen so hell, dass man alle anderen leicht übersehen könnte. Wenn Sie Blickkontakt zu diesen Menschen aufnehmen, spüren Sie, wie deren Energie Ihre eigene verstärkt.

Auch Sie können eine dieser Personen sein, die aus dem Publikum heraus in positive Resonanz mit dem oder der Sprecher*in treten. Setzen Sie sich weit nach vorn, folgen Sie dem Blick der sprechenden Person, öffnen Sie Ihr Herz und strahlen Sie Ihre Energie auf den Sprechenden oder die Sprechende ab. Hören Sie konzentriert zu. Der*/die Sprecher*in wird das spüren und Augenkontakt zu Ihnen suchen, weil Ihre Präsenz seine oder ihre Aufmerksamkeit erregen wird. Aus dem Publikum »angestrahlt« zu werden ist für Sprechende ein Geschenk, und dieses Band der Sympathie erleichtert es, im Anschluss eine Frage zu stellen oder auf die Zuhörer*innen zuzugehen, wenn Sie dies tun wollen.

Wenn Sie als Sprecher*in erfahren sind und sich vor Publikum bereits wohlfühlen, können Sie die Technik des »Anstrahlens« auf die nächste Stufe heben, indem Sie die Herausforderung annehmen, eine Verbindung zu jenen Zuhörenden aufzubauen, die nicht offen dafür zu sein scheinen. Vielleicht checken sie ihr Smartphone, oder ihr Blick ist nur deshalb nach unten gerichtet, weil sie sich Notizen machen (obwohl sie vielleicht konzentriert zuhören), oder sie sehen verschlafen, skeptisch oder gelangweilt aus. Diese Personen bemerken es vielleicht nicht, wenn Sie sie ansehen, aber sie bekommen es mit, wenn Sie zu ihnen hinübergehen oder sie namentlich ansprechen. Sie verurteilen sie nicht dafür, dass sie geistig nicht anwesend sind, vielmehr nehmen Sie sie freundlich wieder in der Situation auf. Dies ist ein Geschenk an die Gruppe, weil die Verbindung, die Sie mit einem oder einer widerwilligen Zuhörer*in aufbauen, jede*n Anwesende*n erreicht. Das Publikum gleicht einer bunten Lichterkette, in der nur ein paar Lampen leuchten.

Wenn der Funke von Ihnen auf die Person überspringt, deren Aufmerksamkeit bisher umhergestreift ist, leuchtet plötzlich die ganze Kette auf. Gesichter strahlen, Augen leuchten, jede*r spürt es.

Charisma ist die magische Kraft, mit anderen in Verbindung zu treten.

KAPITEL VIEREINHALB

Momente der Wahrheit

Sie sind gerade eingetroffen, und die Party ist bereits in vollem Gange. Die Musik dröhnt, und die Gäste stehen in Grüppchen beisammen und beugen sich vor, um einander zu verstehen. Es brandet kein Applaus auf, um Sie zu begrüßen; niemand verstummt, um Ihr neues Outfit zu bewundern. Die Party geht einfach weiter. Wenn Sie früher da gewesen wären, hätte die Gastgeberin statt mit dem Typen in den glänzenden Hosen vielleicht mit Ihnen geplaudert. Aber Sie sind eben nicht früher gekommen – Sie sind jetzt eingetroffen. Und Sie können nicht einfach da stehen bleiben und die Tür blockieren.

In Ihrer Verlegenheit mustern Sie die Menge und halten nach jemandem Ausschau, den Sie zielstrebig ansteuern können. Eine Freundin winkt Sie herbei. Sie kommen und bleiben am Rand der Gruppe stehen; sie lauschen der Frau mit den rosafarbenen Haaren, die so heftig lacht, dass sie ihre Geschichte kaum zu Ende bringen kann. Sie unterbrechen sie nicht und drängen sich nicht mit Ihrer eigenen Geschichte dazwischen, wenn sie zur Pointe kommt. Sie ziehen Ihre Freundin nicht weg. Sie fragen nicht jeden Einzelnen nach seinem Namen, wie wenn die Party gerade erst begonnen hätte. Vielmehr fügen Sie sich nahtlos ein und lachen mit dem Rest der Gruppe. Vielleicht kommentieren Sie die Geschichte oder stellen eine Anschlussfrage.

Sie stellen sich vor, wenn Anwesende bereit sind, Sie kennenzulernen. Und Sie erzählen Ihre Geschichte, wenn sie bereit sind, diese zu hören.

Sie kennen die Regeln der Party-Etikette. Aber wenn Sie in Alltagssituationen die Aufmerksamkeit von jemandem fesseln wollen, vergessen Sie leicht, dass dessen Leben eine Party ist, die bereits in vollem Gange ist. Ob die Person Ihnen ihre Aufmerksamkeit schenkt – und wie sie reagiert, wenn sie es tut –, hängt von Ihrem Timing ab. *Wann* Sie fragen, kann manchmal wichtiger sein, als *wie* Sie fragen oder auch *wonach* Sie fragen. *Momente der Wahrheit* sind Situationen, in denen jemand mit besonders hoher Wahrscheinlichkeit offen für Ihren Einfluss ist.[1] Da die bewusste Aufmerksamkeit des Richters immer bereits auf etwas fokussiert ist, ist es hilfreich, wenn Sie sich selbst fragen, worauf sie fokussiert ist, und überlegen, ob Sie Menschen vielleicht genau zu dem Zeitpunkt ansprechen können, zu dem Ihre Idee relevant wird. Vielleicht haben Sie die Lösung eines Problems, vor dem sie stehen. Damit meine ich Folgendes:

Meine zweitliebste Marketingkampagne, die auf einem Moment der Wahrheit beruhte, war eine Werbeaktion von Cebu Pacific Airlines.[2] Hongkong befand sich mitten in der Monsunzeit, stundenlange tägliche Regenfälle durchnässten die Bewohner*innen und drückten auf ihre Stimmung. Statt zu versuchen, in dem überfüllten Markt für digitale Medien zu konkurrieren, schlich sich das Werbeteam von Cebu Pacific in einer Pause zwischen Regengüssen hinaus, um mit wasserabweisendem Spray und Schablonen Botschaften auf städtische Bürgersteige zu zeichnen. Das Spray funktionierte wie Geheimtinte; es verschwand, als es von dem trockenen Beton absorbiert wurde. Tausende von Menschen liefen über die Botschaften, ohne sie zu sehen – bis der Regen zurückkam.

Als der nächste Wolkenbruch die Bürgersteige durchtränkte und Fußgänger*innen sich unter ihren Regenschirmen zusammendrängten, sahen sie die Botschaft wie durch Zauberei unter ihren Füßen auftauchen: »Auf den Philippinen ist es sonnig.« Das Scannen eines mit Schablone gezeichneten QR-Codes führte sie auf die Website von Cebu Pacific mit einem Monsun-Sonderangebot für Badeurlaubsorte. Diese Werbeaktion steigerte den Umsatz um 37 Prozent, was ein Riesenerfolg ist, wie Sie wissen, wenn Sie im Marketing arbeiten. Die geheimen Botschaften haben die Aufmerksamkeit aller Fußgänger*innen erregt, da sie just in dem Moment sichtbar wurden, als das Angebot eines Trips in die Tropen hochwillkommen war (in einem Regenguss), und an einem Ort, an dem die Aufmerksamkeit der Menschen bereits fokussiert war (auf dem Gehsteig, um nicht in Pfützen zu treten). Ein Moment der Wahrheit ist ein Zeitpunkt oder ein Ort oder beides – der gesamte Kontext. Und in diesem Fall machte es der QR-Code den Menschen leicht, genau dann aktiv zu werden, wenn sie am motiviertesten waren.

Momente der Wahrheit sind in jeder Art von Kommunikation relevant. Wann ist Ihr Chef vielleicht offener dafür, über eine Gehaltserhöhung zu sprechen? Wann ist Ihr Partner vielleicht offener dafür, über einen Umzug zu sprechen? Wenn Sie eine Botschaft haben, die Sie mit der Welt teilen wollen, wie können Sie diese dann mit aktuellen Nachrichten oder Ereignissen verknüpfen, also Themen, denen Menschen bereits Aufmerksamkeit schenken?

Wenn der Zeitgeist nichts hergibt, wobei Sie sich einklinken können, sind Sie vielleicht in der Lage, Ihren eigenen Moment der Wahrheit zu schaffen. Ein Sinn für Theatralik kann da hilfreich sein. Als der exzentrische brasilianische Milliardär Chiquinho Scarpa verkündete, die Pharaonen hätten ihn dazu inspiriert, seinen Bentley im Wert von 500.000 Dollar in seinem Garten zu vergraben, brach auf sozialen Medien und in der Presse ein Hagelgewitter der Kritik über ihn herein.[3] Der Tag der »Beisetzung« war ein Medienrummel – mit Scharen von Journalistinnen und Journalisten, Kamerateams und Helikoptern, die über dem Schauplatz kreisten. Als der Bentley in sein Grab hinabgelassen wurde, stoppte Scarpa den Vorgang unvermittelt und lud die Menge in seine Villa ein, wo er eine vorbereitete Erklärung verlas.

Während jede*r einsehe, dass es eine absurde Verschwendung wäre, dieses schöne Auto zu vergraben, sagte Scarpa, hätten sich die meisten von uns entschieden, etwas viel Wertvolleres zu begraben: unsere Organe. Dies sei, so fügte er hinzu, die schlimmste Vergeudung überhaupt. Dann machte Scarpa seine große Ankündigung: Diese Aktion sei der Startschuss zur neuen brasilianischen Nationalen Woche der Organspende. In diesem Moment wurde er vom nationalen Schurken zum Nationalhelden, und zahllose Menschen, die ihn gehasst hatten, wurden jetzt zu seinen Fans. In nur einem Monat nahm die Zahl der Organspenden um 32 Prozent zu.

Wir werden die Bedeutung des Framings im nächsten Kapitel erörtern, aber es zeigt sich, dass die besten »Frames« oft vom Timing abhängen. Forschende haben herausgefunden, dass wir Entscheidungen unterschiedlich treffen, je nachdem, ob eine Gelegenheit sich schon bald oder aber erst in der fernen Zukunft auftun wird. Entscheidungen in Bezug auf die nahe Zukunft beruhen auf konkreten Erwägungen wie Vorgehensweise und Machbarkeit.[4] *Wie könnte ich es schaffen? Habe ich Zeit? Was würde mir entgehen?* Überlegungen, die sich auf die ferne Zukunft beziehen, sind in der Regel abstrakter und konzentrieren sich darauf, wie wünschenswert man etwas findet.

Warum sollte ich dies tun? Wie sehr würde es mir Freude bereiten? Wie würde es mein Leben oder das einer anderen Person bereichern? Wenn Sie jemanden bitten, etwas für Sie zu tun, konzentrieren Sie sich vielleicht auf die Logistik und konkrete Details, wenn Sie über die nahe Zukunft sprechen, und auf die Auswirkungen, wenn Sie über die ferne Zukunft sprechen. Wenn Sie Ihre*n CEO bitten, nächste Woche einen Vortrag zu halten, dann erläutern Sie ihr oder ihm, was Sie tun werden, um die Unannehmlichkeiten für sie oder ihn so gering wie möglich zu halten – denn das ist das, was diese Person zu diesem Zeitpunkt interessiert. Wenn der Vortrag in einem Monat gehalten werden soll, sollten Sie betonen, was für eine positive Wirkung er entfalten könnte – denn das ist das, was den oder die CEO zu diesem Zeitpunkt interessiert.

Das Verständnis dieser Dynamik schafft eine weitere Gelegenheit, um die Macht des Timings zu aktivieren: die *Umsetzungsabsicht*. Sie ist einer der erfolgreichsten Kniffe zur Verhaltensänderung, und sie hat Menschen geholfen, alle möglichen Dinge zu erledigen, die sie sich vorgenommen haben, aber oft vergessen, wie Sport, jährliche Gesundheitschecks, Abfall zu recyceln und zur Wahl zu gehen. Eine Umsetzungsabsicht ist im Grunde eine Antwort auf die Frage: »*Okay, also wann und wie wollen Sie das erledigen?*«

Im Jahr 2008 hatte Todd Rogers gerade sein Studium an der Universität Harvard abgeschlossen, und er wollte mithilfe verhaltenswissenschaftlicher Erkenntnisse das Wahlverhalten von Bürgerinnen und Bürgern beeinflussen. Er wusste, dass die meisten Kampagnen zur Wählermobilisierung wirkungslos verpufften, aber sein Bauchgefühl sagte ihm, dass Umsetzungsabsichten vielleicht helfen könnten. Sein Forschungsteam rief über 200.000 registrierte Wähler*innen an. Gemäß dem

Umsetzungsabsichtsskript wurden sie gefragt, ob sie vorhätten, ihre Stimme abzugeben, und dann, konkret, was ihre Pläne seien.[5] Wann wollten sie ihre Stimme abgeben, und woher würden sie kommen? Was würden sie unmittelbar davor tun? Die Antworten spielten keine Rolle, aber die Fragen sehr wohl. Dadurch, dass Wähler*innen über die Frage nachdachten, wie sie ihre Absichten umsetzen wollten, erstellten sie einen Plan und identifizierten einen Auslösereiz, der am Wahltag als Weckruf für das Alligatorgehirn fungieren würde. Wenn sie vorhatten, auf dem Rückweg von der Arbeit ihre Stimme abzugeben, würde der Weckruf ertönen, sobald sie in ihr Auto gestiegen waren, um nach Hause zu fahren. *Klingeling! Zeit, zur Wahl zu gehen!* Ein innerer Moment der Wahrheit. Und es funktionierte. Rogers' Intervention erhöhte die Wahlbeteiligung um vier Prozent – eine Differenz, die groß genug war, um das Ergebnis in vier von fünf hart umkämpften Bundesstaaten zu verändern. Heute wenden beide großen Parteien diese Strategie in ihren Kampagnen zur Wählermobilisierung an.*

Timing ist meiner Überzeugung nach eine gute Methode der Beeinflussung, weil es verhindert, dass Sie anderen Leuten auf die Nerven gehen. Statt zu versuchen, Menschen von dem, was sie tun, abzubringen, finden Sie einen Moment der Wahrheit, in dem Sie etwas Wichtiges einbringen. Sie klinken sich genau zur richtigen Zeit nahtlos in das Gespräch ein und tragen etwas dazu bei, statt es zu unterbrechen.

Ach ja. Erinnern Sie sich noch, als ich Ihnen sagte, dass »In der Sonne auf den Philippinen« von Cebu Pacific meine

---

* Aber raten Sie mal, was den größten Einfluss auf die Wahlbeteiligung hat: der einfache Zugang zu einem Wahllokal. Einfachheit sticht praktisch alles andere aus.

zweitliebste Marketingkampagne sei, die sich eines Moments der Wahrheit bediente? Meine Nummer eins war eine Printanzeige für Durex-Kondome, die während des Monats Juni lief. Sehr schlicht. Nur ein paar Worte auf lavendelfarbenem Hintergrund: »An all diejenigen, die die Produkte unserer Wettbewerber nutzen: alles Gute zum Vatertag.«[6]

KAPITEL FÜNF

Die magische Kraft eines einfachen Frames

Derren Brown spielte Russisches Roulette mit echten Kugeln, sagte die Gewinnzahlen der National Lottery treffend voraus, brachte eine schüchterne Person dazu, einen Fremden von einem Gebäude zu stoßen, überredete einen Amerikaner, der an die Überlegenheit der Weißen glaubte, sein Leben für einen illegalen mexikanischen Einwanderer zu opfern, überredete Topmanager auf einem Motivationsseminar dazu, bei einem bewaffneten Bankraub 100.000 Pfund zu stehlen, und plante heimlich mit dem Freundeskreis und der Familie eines egoistischen Verlierers, das Ende der Welt und die Zombieapokalypse herbeizuführen, die einen Helden aus ihm gemacht hätten (im wirklichen Leben wurde eben dieser egoistische Verlierer später ein Lehrer für Kinder mit Förderbedarf). Meine Tochter Ripley und ich versuchten einmal einen einfacheren Trick Derrens nachzuahmen, mit dessen Hilfe es ihm gelungen war, mit unbeschrifteten Zetteln statt mit Bargeld Schmuck zu kaufen, aber bei uns funktionierte es nicht.

Derren Brown ist ein psychologischer Illusionist, der mehr von der Kunst der Beeinflussung versteht als so ziemlich alle anderen.[1] Da ich ein großer Fan von ihm bin, sah ich mir *Secret* an, sein amerikanisches Bühnendebüt.* Als Derren eine »gewöhnliche handgerechte Banane« aus seiner Tasche zog, lachten wir. Er sagte, er freue sich, uns zu sehen – allerdings nicht ganz so sehr, wie einige von uns gedacht haben mochten. Wir lachten wieder. Er platzierte die Banane in einen Ständer an der Vorderseite der Bühne und wies uns darauf hin, dass irgendwann ein Mann in einem Gorillaanzug über die Bühne gehen und die Banane aus dem Ständer nehmen würde. Aber das würden wir wahrscheinlich nicht mitbekommen.

Das Spiel beginnt! Ich war mir sicher, den Gorilla *nicht* zu übersehen, weil ich alles über das Experiment mit dem unsichtbaren Gorilla wusste.[2] Darin hatten Christopher Chabris und Daniel Simons Teilnehmer*innen gebeten, sich ein kurzes Video von Basketballspielenden anzusehen, die einen Ball dribbelten und ihn vor- und zurückspielten. Die Aufgabe bestand darin zu zählen, wie oft die Spieler in weißen Shirts – nicht diejenigen in Schwarz – den Ball abspielten. Weil die Studienteilnehmer*innen vollkommen auf das Zählen konzentriert waren, bemerkten sie nicht, als ein Mann in einem Gorillaanzug über das Spielfeld ging, in der Mitte stehen blieb, um sich auf die Brust zu trommeln, und dann fortging. Als sie sich das Video erneut ansahen, nachdem man ihnen von dem Gorilla erzählt hatte, waren sie sprachlos. Wie konnten sie nur etwas derart Auffälliges übersehen? Die Forschenden nannten dieses Phänomen *Unaufmerksamkeitsblindheit.*

Daher war ich hoch konzentriert. Mir würde die Unaufmerksamkeitsblindheit keinen Streich spielen. Während Derren

---

* Wenn man an einer Liveshow teilnimmt, wird man zur Verschwiegenheit verpflichtet. Ich hoffe, dass Sie, Derren, mir vergeben werden, wenn ich mein Wort breche und einen sehr kleinen Ausschnitt davon publik mache.

sprach, blickte ich hundertmal auf die Banane, um mich davon zu überzeugen, dass sie immer noch da war, und das war sie – bis zu dem Moment, in dem uns Derren fragte: »Hat irgendjemand gesehen, wie der Gorilla die Banane genommen hat?« Niemand hatte das. Dann schob sich der Arm eines Gorillas langsam aus dem Off hervor, um Derren die Banane zurückzugeben, und er gab uns eine zweite Chance. Ich schwor mir selbst, dass ich den Gorilla dieses Mal erwischen würde, und das tat ich.

Nur Momente, nachdem Derren eine große Staffelei zur rechten Seite der Bühne getragen hatte (»Halten Sie Ihren Blick auf die Staffelei gerichtet«), schlich der Gorilla hinter den Vorhängen auf der linken Seite hervor, um die Banane zu klauen! Zuschauer*innen riefen lachend, dass sie den Dieb entdeckt hätten – wir hatten den Trickbetrüger ausgetrickst! Der Gorilla zuckte mit den Achseln, setzte dann das Kopfteil seines Kostüms ab, unter dem … Derren Brown zum Vorschein kam. Wieder hatten wir den entscheidenden Vorgang nicht mitbekommen.

Derren Brown ist ein wahrer Meister darin, die Aufmerksamkeit von Menschen durch einen *Framing* genannten Prozess zu steuern. Er sagt ihnen sowohl direkt als auch indirekt, worauf sie sich konzentrieren sollen, und er beeinflusst auf diese Weise, was sie sehen – und übersehen. Framing hat etwas Magisches. Es prägt unser Erleben und unser Denken. In dem ursprünglichen Gorillaexperiment von Chabris und Simons ließ die Darstellung (das Framing) der Aufgabe als eine Zählübung die Teilnehmenden alles andere vergessen. In *Secret* gab uns Derren Brown gedankliche Vorgaben (Frames), um unsere Aufmerksamkeit in jedem Moment der Show zu lenken – sogar in dem Ninja-Moment, in dem er uns aufforderte: »Halten

Sie Ihren Blick auf die Staffelei gerichtet«, um uns abzulenken. Ein Frame *sagt* nicht: »Achten Sie darauf und ignorieren Sie alles andere!« Vielmehr erzeugt es diesen Effekt, indem es eine Idee ins Zentrum unserer Aufmerksamkeit rückt und uns einen Grund gibt, uns darauf zu konzentrieren.

Wenn ich Sie bitten würde, eine Liste von Dingen, die weiß sind, zu erstellen, dann wäre das einfach, oder? Aber was wäre, wenn ich das Experiment ein wenig anders beschriebe, indem ich hinzufügte: »wie Milch und Schnee«? Versuchen Sie es selbst. Es gibt zahllose weiße Dinge auf der Erde, aber sobald Milch und Schnee im Zentrum Ihrer Aufmerksamkeit stehen, fallen Ihnen andere weiße Dinge wie Wolken und Kokosraspeln nicht mehr so leicht ein.[3] Milch und Schnee sind auf eine so ikonische Weise weiß und erzeugen einen so starken Rahmen für Ihre Gedanken, dass alternative Ideen ausgeblendet werden. Anders gesagt, Frames können so wirkmächtig sein, dass man Dinge kaum noch aus einer anderen Perspektive betrachten kann. Ein solches Frame half mit, aus einem kleinen Tech-Start-up das wertvollste Unternehmen der Welt zu machen.

Nur ein paar Jahre, nachdem Steve Jobs in einer Garage Apple mitbegründet hatte, wollte er John Sculley als neuen CEO des Unternehmens anwerben. Dies war keine leichte Aufgabe. Sculley war CEO von PepsiCo, dem Snack- und Getränkegiganten, was bedeutete, dass Jobs einen der erfolgreichsten Topmanager der Welt darum bat, einen riesigen Karriereschritt zurückzumachen. Erwartungsgemäß sagte Sculley Nein. Aber die beiden Männer freundeten sich an, und von Zeit zu Zeit brachte Jobs sein Anliegen erneut vor. Als sie eines Tages auf einem Balkon mit Ausblick auf den Central Park saßen, wandte sich Jobs an seinen Freund und fragte ihn: »Willst du für den Rest deines

Lebens Zuckerwasser verkaufen? Oder willst du mit mir kommen und die Welt verändern?«

»Ich habe nur geschluckt«, erinnerte sich Sculley später. »Ich wusste, dass ich mich für den Rest meines Lebens fragen würde, was ich mir hatte entgehen lassen.«

So wie das Wort »Schnee« verhindert, dass uns andere weiße Objekte in den Sinn kommen, so machte es die Idee, dass er »Zuckerwasser verkauft«, Sculley schwer, seinen Job bei Pepsi auf irgendeine andere Weise zu sehen. Sobald Jobs dieses Frame erzeugt hatte, setzte es sich fest. Sculley erklärte sich bereit zu wechseln, und der Rest ist, wie man so schön sagt, Geschichte.

Framing ist eine Art »realistische« Zauberei. Durch die bloße Beschreibung oder Benennung von etwas bringt man es hervor. Ein gut gewähltes Frame kann bestimmen, was relevant, was wichtig oder was gut ist. Wenn Sie die Erfahrung, die eine Person machen wird, auf eine fesselnde Weise beschreiben, prägen Sie ihre Erwartungen und ihre Interpretation der Ereignisse. Hier ein Beispiel dafür, wie ich zu Beginn eines Vortrags Framing einsetze.

»Ich verspreche Ihnen für diese Sitzung, dass Sie am Ende mindestens eine neue Strategie gelernt haben werden, die Sie sofort ausprobieren wollen, und diese Strategie hat das Zeug dazu, in Ihrem Privat- oder Berufsleben eine bedeutende positive Veränderung zu bewirken. Entspricht dies Ihren Erwartungen an unsere gemeinsam verbrachte Zeit?«

Die meisten Menschen nicken. Jetzt haben wir uns über die Bedingungen verständigt. Ich habe die Messlatte der Zufriedenheit niedrig gelegt, was für uns alle ein Segen sein wird. Wenn ich das nicht getan hätte, würden sie sich nach meinem Vortrag vielleicht auf das konzentrieren, was sie geopfert haben (*Das war viel Zeit*), statt auf das, was sie gewonnen haben (*Ich kann es kaum erwarten, Anstrahlen in meiner morgigen Präsentation anzuwenden!*). Ich habe die Strategie auch als wichtig geframt, weil sie auf der Stelle eine bedeutende Veränderung in ihrem Leben bewirken könnte. Selbstverständlich muss ich dieses Versprechen einlösen, und das werde ich.

Als Nächstes gebe ich ihnen ein Frame für das, was relevant ist. Das wird ihnen dabei helfen, sich zu konzentrieren und sich erneut zu konzentrieren, wenn sie in Gedanken abgeschweift sind. Ich setze ihre Aufmerksamkeit nicht als gegeben voraus – es ist schwer, selbst den unterhaltsamsten Vortragenden dauerhaft konzentriert zu folgen.

»Ich werde heute eine Reihe von Strategien mit Ihnen teilen, und ich weiß nicht, welche bei Ihnen einen ›Aha‹-Moment auslösen wird. Also achten Sie darauf. Sobald Sie diese hören, schreiben Sie sie auf, damit Sie sie nicht vergessen. Wenn ein Teil dessen, worüber wir sprechen, für Sie nicht von Belang ist oder Sie es vielleicht schon kennen, ist das kein Problem – das sind Strategien, von denen jemand anders profitieren wird. Aber ich bitte Sie, auf Tools oder Ideen zu achten, die Sie mit anderen Menschen teilen können, wenn Sie nach Hause oder wieder zur Arbeit gehen. Ich werde versuchen, diesen Stoff so konkret und einfach wie möglich darzustellen, sodass Sie das Gelernte selbst anwenden und auch anderen Menschen beibringen können. Einverstanden?«

Daumen hoch. Ich wende diese Achtsamkeitsmethode an – auf etwas lauschen, das ich anderen beibringen oder mit ihnen teilen kann –, um konzentriert zu bleiben, wenn ich selbst Zuhörerin bin, denn sie macht mich neugierig auf ein breiteres Spektrum von Ideen. Zum Abschluss der Diskussion erinnere ich die Zuhörenden an das eine Tool, das ich ihnen anfangs versprochen habe. Fanden sie es? Ja? Ausgezeichnet. Wir legen eine Umsetzungsabsicht fest, damit sie sich daran erinnern, es anzuwenden, und wir gehen in der Überzeugung auseinander, dass sich ihre Investition von Zeit und Aufmerksamkeit wirklich gelohnt hat.

Größer und besser

Ich bringe meinen MBA-Studierenden die Grundlagen des Framings bei, indem ich sie auffordere, ein Spiel namens »Größer und besser« zu spielen. Die Regeln sind einfach. Man beginnt mit einer Büroklammer und tauscht diese für etwas Größeres und Besseres ein. Anschließend tauscht man den so erstandenen Artikel für etwas noch Größeres und Besseres ein, und so weiter (wobei »größer und besser« subjektiv ist). Ich sage den Studierenden, sie könnten so oft tauschen, wie sie wollten, und bitte sie, ihren größten, besten Artikel in der folgenden Woche mit in den Unterricht zu bringen.

Das »Größer und besser«-Spiel gibt es schon seit langer Zeit, aber wenn Sie davon gehört haben, dann wahrscheinlich wegen Kyle MacDonald. Zwischen Sommer 2005 und Sommer 2006 tauschte Kyle eine rote Büroklammer gegen einen Kugelschreiber in Fischform gegen einen schrägen Türgriff… und immer weiter, bis er schließlich einen Gegenstand für ein Haus in Saskatchewan, Kanada, eintauschte, wo man ihn für einen Tag zum Bürgermeister der Stadt ernannte und zu seinen Ehren eine riesige Statue einer roten Büroklammer errichtete.

MBA-Studierende haben für das Spiel nur eine Woche, kein Jahr Zeit, und sie erhalten von mir keine Anweisungen, was sie tun sollten, um bei diesem Spiel gut abzuschneiden. Ziel ist es, Spaß zu haben und zu sehen, was sie lernen, und wer auch immer mit dem größten, besten Objekt auftaucht, gewinnt einen Preis. Eine Handvoll Spieler*innen wird sich von Nachbarinnen und Nachbarn dazu verleiten lassen, Schrott wie etwa eine kaputte Mikrowelle, ein vier Meter langes Ruder oder einen übergroßen, muffigen Mantel anzunehmen. Einige werden frustriert darüber sein, dass sie ungeachtet ihrer Anstrengungen nur wenig vorzuweisen haben: ein gebrauchtes Lehrbuch des Rechnungswesens, das sonst niemand wollte, eine Sammlung von Kaffeetassen mit dummen Redensarten darauf. Einige der »größten, besten« Artikel werden uns überraschen. Wir hatten einen Baum, eine drei Meter hohe Anubisstatue und eine Woche in einer Eigentumswohnung auf Hawaii. Ich wusste nicht, was ich davon halten sollte, als jemand mit einem Stück Marmor aus dem Palast von Saddam Hussein ankam. Aber völlig umgehauen haben mich Manus McCaffery und Tom Powell.

Manus hatte Tom herausgefordert: Sie sollten sich durch sukzessives Höhertauschen ein Auto verschaffen. Tom hatte gelacht: »Wir wär's, wenn wir uns als Ziel lieber 20 Dollar setzen?«

Tom war dabei, nach Manhattan umzuziehen, und Manus hatte keinen Führerschein, aber das verwegene Unterfangen, sich zu einem Auto »hochzutauschen«, reizte sie. Weil das Spiel mehr Spaß machen würde, wenn es einem höheren Zweck diente, beschlossen sie, dass sie das Auto verschenken würden, wenn sie es auf wundersame Weise bekommen sollten. Das Spiel hatte begonnen.

Während der nächsten drei Tage weihten Manus und Tom Geschäftsinhaber*innen und Nachbar*innen in New Haven in ihren verrückten Plan ein. »Wir spielen dieses Spiel, das

›Größer und besser‹ genannt wird. Es ist für eine gute Sache, und wir brauchen Ihre Hilfe. Würden Sie gern hören, wie das Spiel funktioniert?« Und weil Halloween war, beschlossen sie, flauschige Tier-Onesies anzuziehen.

Insgesamt machten sie zehn Tauschgeschäfte. Sie tauschten die Büroklammer für einen Geschenkgutschein eines Käsegeschäfts ein, den sie für eine Schachtel Cupcakes eintauschten, die sie für eine Brosche eintauschten, die sie für einen Thermobecher eintauschten, den sie für einen Geschenkgutschein einer Crêperie eintauschten, den sie für einen Geschenkgutschein eines Nachtklubs eintauschten, den sie für einen Flacon Eau de Cologne eintauschten, den sie für eine modische Kameratasche eintauschten, die sie für ein Ölgemälde im Wert von 1.500 Dollar eintauschten. Da das letzte Objekt so groß war, dass es nicht in unseren Unterrichtsraum passte, baten sie uns, nach draußen zu kommen.

Vor dem Gebäude parkte ein Volkswagen Jetta, auf dessen Windschutzscheibe »Größer und besser« gekritzelt war.

Der letzte Schritt – einen Autohändler zu bitten, einen Gebrauchtwagen gegen ein Gemälde einzutauschen – schien der pure Wahnsinn zu sein. Manus und Tom hatten nicht erwartet, dass sie dies schaffen würden, aber sie waren bereit, jedes Autohaus in dem Bundesstaat anzurufen. Raten Sie mal, wie viele sie anrufen mussten.

Eines.

Caroline Heffeman, Verkaufsleiterin bei Unique Auto Sales, hatte bereits zuvor karitative Projekte in ihrer Gemeinschaft unterstützt, und als Manus und Tom ihre Bitte als ein großzügiges Vorhaben darstellten, ermunterte sie dies, sich erneut zu engagieren. Als meine Studierenden und ich Caroline aufsuchten, um ihr zu danken, dankte sie uns. In unserer Stadt sind die

Mieten hoch, das Geld ist knapp, und das öffentliche Verkehrssystem lässt zu wünschen übrig. Jemandem zu helfen, indem man ihr oder ihm ein Auto zur Verfügung stellt, verändert alles. Sie errötete, als sie uns erzählte, wie gut es sich anfühle, Menschen zu helfen, die kaum über die Runden kämen.

Nachdem sie ihr hochgesteckte Ziel erreicht hatten, kontaktierten Manus und Tom IRIS, eine lokale Flüchtlingsbetreuungsorganisation, um das Auto einer Flüchtlingsfamilie zu schenken. Dies war etwas, das Manus persönlich sehr am Herzen lag, denn seine eigene Familie hatte durch Hurrikan Katrina ihr Haus verloren und war selbst auf die Hilfe mitfühlender Fremder angewiesen gewesen.

Wir hatten Gelegenheit, die Person, die neu in unserer Stadt heimisch wurde, kennenzulernen, als sie kam, um das Auto entgegenzunehmen. Sie war eine junge Mutter, die in Afghanistan als Buchhalterin gearbeitet hatte, bevor ihre Familie durch den Krieg aus ihrer Heimat vertrieben worden war, und jetzt pendelte sie jeden Tag mit dem Bus zwei Stunden zur Arbeit in einer Fabrik. Ein Auto konnte ihr Leben von Grund auf verändern.

Das »Größer und besser«-Spiel lehrt uns zwei nützliche Lektionen.

Erstens: Wir betreiben immer Framing, ob wir uns dessen bewusst sind oder nicht. Und zweitens: Frames haben Konsequenzen. In meinem damaligen Seminar hatten die meisten Studierenden das »Größer und besser«-Spiel als eine nutzenbasierte Transaktion dargestellt – sie wollten ihre Objekte gegen Dinge eintauschen, die andere Menschen nicht brauchten, oder sie priesen die Vorteile dessen, was sie anzubieten hatten. Manus und Tom waren anders vorgegangen. Sie hatten einen großen Traum, und das bedeutete, dass für sie selbst und für die Menschen, denen sie begegneten, viel auf dem Spiel stand. Sie formulierten ihre Tauschbitten als eine Gelegenheit, ein Spiel zu spielen und sich für einen guten Zweck zu engagieren. Selbst Derren Brown wäre stolz gewesen, die Verwandlung einer unscheinbaren Büroklammer in ein Auto mit anzusehen.

Wenn Sie beschließen, Sachverhalte bewusster zu framen, kann es schwierig sein zu wissen, wo Sie anfangen sollten. Es gibt eine unendliche Zahl möglicher Frames, aber die drei nützlichsten sind *monumental, machbar* und *mysteriös*. Jedes kann auf seine eigene Weise motivierend sein.

Monumentale Frames

Ein monumentales Frame sagt dem Alligator: *Pass auf, das ist ein verdammt großes Ding!* Es motiviert Menschen durch Bedeutung, Größe, Reichweite, die Furcht, etwas zu versäumen, oder all dies zusammen. Monumentale Frames begeistern und spornen an. Manus und Tom machten aus dem »Größer und besser«-Spiel etwas monumental Spannendes, indem sie sich zum Ziel setzten, ein Auto einzutauschen – es war sehr unwahrscheinlich, dass ihr verrückter Plan aufgehen würde, aber das Frame war so aufregend, dass jede*r daran beteiligt sein wollte. Und dadurch, dass Caroline Heffeman half, ihren Traum wahr werden zu lassen, wurde auch sie zur Legende: Nicht nur wir erzählen von ihr, sondern ich habe auch schon Anklänge ihrer Geschichte von Freundinnen und Freunden gehört, die anderen davon erzählen, die es wiederum weitererzählen. Zusammen haben Manus und Tom und Caroline an der Universität Yale und in New Haven Geschichte geschrieben.

Organisationen versuchen oftmals in ihren Leitbildern ihre Arbeit als monumental darzustellen. Nehmen wir zum Beispiel das Leitbild von General Motors: »Eine Zukunft frei von Unfällen, Emissionen und Staus«. Leben und den Planeten retten und dazu noch wertvolle Lebenszeit gewinnen. Wer würde das nicht unterstützen? Man lädt uns ein, Teil von etwas wirklich Wichtigem zu werden. Selbst wenn Sie die konkreten Ziele des Unternehmens nicht teilen, inspiriert seine Vision Sie vielleicht dazu, größere Träume zu haben. Wie würde *Ihre* ideale Zukunft aussehen? Welche großen Probleme würden *Sie* gern vollständig und für immer aus der Welt schaffen?

Nehmen wir dagegen das Leitbild von Rolls-Royce: »Seit über 100 Jahren stehen Pkw der Marke Rolls-Royce für wirklich herausragende Ingenieurskunst, Qualität und Zuverlässigkeit.« Wenig überzeugend, oder? 100 Jahre sind ein langer Zeitraum, aber das sagt nichts darüber aus, was hier und heute wichtig ist; und »wirklich herausragend« heißt nur: »Nehmen Sie uns beim Wort: Wir sind wirklich, wirklich großartig.«

Vielleicht erwarten Sie, dass Organisationen, die große Ziele verfolgen, inspirierende Leitbilder haben. Manchmal tun sie das. Die gemeinnützige US-Naturschutzorganisation Nature Conservancy setzt sich für »den Schutz von Landflächen und Gewässern ein, von denen alles Leben abhängt«. Die Bewahrung »allen Lebens« ist eine monumentale Aufgabe, Punkt. Das Leitbild der Organisation Habitat for Humanity lautet: »In dem Bestreben, die Liebe Gottes in die Tat umzusetzen, bringen wir Menschen zusammen, um Häuser, Gemeinschaften und Hoffnung zu bauen.« Was könnte für Gläubige monumentaler sein, als Gottes Liebe in die Tat umzusetzen? Und ist es nicht auch für Nichtglaubende inspirierend, sich vorzustellen, Häuser, Gemeinschaften und Hoffnung zu bauen?

Betrachten wir andererseits das Museum of Modern Art in New York, das »sich zum Ziel gesetzt hat, das führende Museum für moderne Kunst in der Welt zu sein«. Die Welt ist groß, und »führend« mag wichtig sein, aber für wen? Etwa für die Mitarbeitenden? Wenn Sie das Museum besuchen oder finanziell fördern, kümmert es Sie dann wirklich, ob es andere Museen übertrifft (was immer das heißen mag), oder würde Sie ein anderes Frame nicht stärker inspirieren?

Framing kann auch politischen Botschaften und Kampagnen

zum Erfolg verhelfen oder sie scheitern lassen. Das Reframing des amerikanischen Steuergesetzes im Jahr 2001 zeigt, dass es nicht darauf ankommt, *ob* man ein Anliegen als monumental darstellt, sondern *wie* man dies tut. Die Republikaner suchten lange Zeit nach einer Möglichkeit, die Erbschaftssteuer abzuschaffen oder zumindest zu reduzieren. Dabei war die Mittelschicht gar nicht von ihr betroffen: Nur die wohlhabendsten zwei Prozent der Amerikaner*innen – diejenigen mit einem Nachlass, der auf über 675 000 Dollar veranschlagt wurde – mussten überhaupt Erbschaftssteuer zahlen. Aber republikanische Abgeordnete wollten diese Schwelle anheben, um ihre Großspender*innen vor der Erbschaftssteuer zu schützen, also mussten sie in der Öffentlichkeit für Unterstützung werben. Sie kontaktierten den Demoskopen Frank Luntz, der von der Zeitschrift *The Atlantic* als der führende politische Sprachkünstler Amerikas beschrieben wurde. Luntz nahm die Herausforderung an und lud Hunderte von Teilnehmenden in sein Marktforschungslabor ein. Dort wurden sie gebeten, verschiedene Kombinationen von Wörtern zu beurteilen, indem sie einen Knopf nach links (schlecht) oder nach rechts (gut) drehten. Die Befragten wurden auch gebeten, möglichst schnell zu reagieren. Mit ein bisschen Übung konnten sie den Knopf reflexartig bewegen und ihre instinktiven Reaktionen weitgehend ohne bewusstes Nachdenken zum Ausdruck bringen. Der Alligator stand in direktem Kontakt mit Luntz' Team.

Als die Erbschaftssteuer als »Nachlasssteuer« bezeichnet wurde, stellte Luntz fest, dass die Befragten sie, unabhängig von ihrer Parteipräferenz, für eine gute Idee hielten. *Nachlass* hört sich nach einem bedeutenden Vermögen an. Eine Person, die einen Nachlass erhält, muss also stinkreich sein und sollte daher Steuern zahlen, oder? Aber als Luntz ein anderes Frame testete, die »Todessteuer«, lehnten fast 80 Prozent der Befragten, einschließlich einer Mehrheit von Anhängerinnen und Anhängern der Demokraten, diese ab.[4] Jemanden besteuern, weil diese Person *stirbt?* Das ist einfach nicht richtig! Und was könnte monumentaler sein als Fragen von Leben und Tod? Luntz berichtete in einer Kurzmitteilung, die weite Kreise zog, über seine Ergebnisse: »Wenn Sie die Erbschaftssteuer zu Fall bringen wollen«, so sein Rat, »nennen Sie sie eine Todessteuer.«

Das neue Frame verfing sowohl bei den Abgeordneten als auch bei den Wählerinnen und Wählern. Im Lauf der nächsten 20 Jahre erhöhte der Kongress mehrfach den Freibetrag von 675 000 Dollar. Im Jahr 2021 konnten Privatpersonen ihren Erbinnen und Erben bis zu 11,7 Millionen Dollar steuerfrei vermachen und verheiratete Paare sogar das Doppelte.

Machbar

Ein monumentales Frame kann Menschen motivieren und zum Handeln anregen, aber einige Probleme erscheinen *zu* groß und entmutigend. In solchen Fällen können Sie diese stattdessen als *machbar* darstellen. Ein monumentales Frame betont das *Warum* (es ist wichtig!), und ein machbares Frame betont das *Wie* (es ist nicht so schwierig). Sie haben bereits gelernt, dass Leichtigkeit Verhalten am besten vorhersagt; aus diesem Grund ist ein *machbares* Frame so wirkmächtig. Frames wie »nur ein paar Cent pro Tag« funktionieren deshalb, weil sie zum Beispiel das Vorhaben, Ihren lokalen öffentlichen Radiosender mit einem ansehnlichen Beitrag zu unterstützen, machbar erscheinen lassen. *Das schaffen Sie!* Billiger als eine Tasse Kaffee. Kleine Schritte.

Wenn ein Problem scheinbar zu groß ist, um es bewältigen

zu können, ist der Alligator versucht, es zu ignorieren. Aber wenn man ein großes Problem ignoriert, wie etwa Kreditkartenschulden, dann wird es nur größer. Was wäre, wenn Menschen die Möglichkeit hätten, Kreditkartenausgaben nach Kategorien zurückzuzahlen?[5] Würde ihnen dies das Gefühl geben, besser mit ihren Schulden klarzukommen, und sie dazu motivieren, sie schneller zurückzuzahlen?

Grant Donnelly, Cait Lamberton, Stephen Bush, Mike Norton und ich führten ein Experiment durch, bei dem Kreditkartenkunden sehen konnten, wie hoch ihre Schulden in Kategorien wie »Unterhaltung«, »Restaurants« usw. waren. Statt zu denken: *Kann ich den ganzen offenen Betrag zurückzahlen? Nein,* könnten die Versuchspersonen sich fragen: *Kann ich meine Beförderungskosten zurückzahlen? Hm, vielleicht.* Wenn wir kleine, nahe Ziele erreichen, gehen wir schwungvoller und beharrlicher daran, größere Ziele zu verwirklichen.[6] Im Fall von Kreditkartenschulden kann das kleine, nahe Ziel die Bezahlung der Kabelrechnung sein, während das höhere Ziel gänzliche Schuldenfreiheit sein könnte. Wir führten unsere Feldstudie gemeinsam mit der Commonwealth Bank of Australia durch; wir boten der Hälfte ihrer Kreditkartenkundinnen an, ihre Schulden nach Kategorien zurückzuzahlen. Die 2157 Personen, die sich entschieden, ihre Zahlungen einer Kategorie zuzuordnen, zahlten ihre Schulden zwölf Prozent schneller zurück als die Kontrollgruppe.

Ein machbares Frame kann besonders wirkungsvoll sein, wenn man Menschen helfen will, die Ängste, Kummer oder Zweifel haben. Allerdings kann es kontraproduktiv und verletzend sein, ihre Gefühle mit Versicherungen wie »Es besteht kein Grund zur Sorge« schmälern zu wollen. Vielmehr sollten Sie sie wissen lassen, dass sie nicht allein sind und dass ihre

Gefühle vollkommen normal sind – sodass sie womöglich besser damit klarkommen.

Diese Art von Frame ist besonders hilfreich, wenn man in einer Machtposition oder auch einfach nur älter und erfahrener ist. Ich befinde mich in der einzigartigen Lage, die Ängste meiner Studierenden als normal begreifen zu können, weil ich lange Zeit selbst Studentin gewesen bin und weil ich sehr viele Studierende kenne, die in ähnlichen Situationen gewesen sind. Sie machen bald Ihren Abschluss und haben keine Stelle? Das ist normal. Viele vergossene Tränen? Normal. Das ist zum Kotzen, es ist schrecklich, und es ist normal. Sie können diese Probleme nicht lösen, aber Sie können Menschen helfen, damit zu leben. Indem Sie Ihre eigenen Probleme und Erfahrungen mit anderen teilen, können Sie ihnen das Gefühl vermitteln, dass das, was sie erleben, normal ist, und wenn Sie Autorität und Ansehen genießen, wirkt dies sogar noch stärker. Wenn Studierende mir ihren Kummer anvertrauen, dann verhehle ich nicht, dass auch ich schon deprimiert gewesen bin, eine Scheidung hinter mir habe, an mir selbst gezweifelt, dumme Dinge getan, liebe Menschen verloren habe, zum Therapeuten gegangen oder ausgeflippt bin. Alles normal. Probleme fühlen sich leichter zu bewältigen an, wenn man das tröstliche Wissen hat, nicht allein zu sein.

Monumental oder machbar?

Im Juni 1988 sagte der NASA-Wissenschaftler James Hansen vor dem US-Kongress über den Klimawandel aus, den natürlichen Prozess, bei dem Gase in der Atmosphäre von der Erde abgestrahlte Wärme einfangen. In den richtigen Konzentrationen fördern Treibhausgase wie Kohlendioxid und Methan das Leben auf der Erde, aber menschliche Aktivitäten wie das Verbrennen fossiler Energieträger können das Gleichgewicht stören. In seiner Aussage benutzte Hansen den Ausdruck »globale Erwärmung«, um den kausalen Zusammenhang zwischen dem Treibhauseffekt und den steigenden Temperaturen, die Wissenschaftler*innen weltweit beobachteten, zu beschreiben. Journalisten und Nachrichtenagenturen haben umfassend über seine Aussage vor dem Kongress berichtet und dabei den Ausdruck »globale Erwärmung« aufgegriffen.

Hansen hatte ein monumentales Frame erschaffen – die globale Erwärmung betrifft schließlich den gesamten Planeten –, aber es spiegelte nicht die Alltagserfahrungen vieler Menschen wider, und Frames funktionieren nur dann, wenn sie Resonanz finden. Wenn sich die Erde erwärmt, warum hat es dann dieses Jahr so viel geschneit? Und ist die Erwärmung wirklich so ein großes Problem? Wenn Sie in einer kalten Klimazone leben, sind Sie vielleicht dankbar für höhere Temperaturen.

Erdöl- und -gaskonzerne und ihre politischen Verbündeten taten ihr Bestes, um Zweifel zu säen, und Frank Luntz – derselbe Forscher, der die Erbschaftssteuer reframt, ihr also ein neues Frame verpasst hatte – setzte ein weiteres Mal sein Drehknopf-Testgerät ein. Diesmal wollte er die globale Erwärmung reframen, um die wissenschaftlichen Unsicherheiten bezüglich dieser Frage zu betonen und dem Phänomen etwas von seinem Schrecken zu nehmen. Der neue Begriff, für den er sich entschied? »Klimawandel«. Dieses Frame »blieb hängen«, weil es zutreffender zu sein schien: Das Erdklima veränderte sich zweifellos, das war unstrittig. Aber für den Durchschnittsmenschen, der Klima mit Wetter gleichsetzt, fühlte sich der Klimawandel nicht nach etwas Neuem an. Es schien etwas Natürliches zu sein. Das Wetter änderte sich doch ständig, oder?

»Klimawandel« vermittelte auch das Gefühl, der Anstieg der

globalen Temperaturen lasse sich bewältigen. Die Natur wandelt sich in einem fort, und sind wir nicht immer damit klargekommen? Im Jahr 2001 hatte Präsident Bush in öffentlichen Verlautbarungen häufig von »globaler Erwärmung« gesprochen. Doch nachdem sich die Republikaner im Jahr 2002 dann auf den Begriff »Klimawandel« verständigt hatten, sprach Bush nur noch einige wenige Male von »globaler Erwärmung«. Die Regierung Bush hatte ein neues Frame und alle anderen auch. Der Begriff »Klimawandel« setzte sich durch, und das eigentliche Phänomen – die Erwärmung – geriet dabei für manche halb in Vergessenheit.*

Fast 20 Jahre später beschlossen Forschende einer Neuromarketing-Agentur, alternative Frames zu testen, um herauszufinden, welches Menschen am ehesten dazu motivieren würde, etwas gegen die globale Erwärmung zu unternehmen.[7] Sie warben Teilnehmende aus dem gesamten politischen Spektrum an und maßen die physiologischen Reaktionen ihres Alligatorgehirns, während sie sechs verschiedene Ausdrücke hörten, die die Klimasituation beschrieben. An der Kopfhaut angebrachte Elektroden maßen die Hirnaktivität, und eine Webcam erfasste die Mimik. Die kombinierten Ergebnisse gaben Aufschluss über die Intensität der emotionalen Reaktion jeder Person. »Klimawandel« löste die schwächste Reaktion aus, gefolgt von »glo-

* Das ganze Ausmaß des Klimawandels wurde Frank Luntz im Jahr 2017 bewusst, als er um drei Uhr nachts von einem dröhnenden Warnton und Flammen vor seinem Schlafzimmerfenster geweckt wurde, als das Skirball-Feuer wütete. Er wurde in Sicherheit gebracht, aber mehr als 160 Hektar im Stadtteil Bel Air von Los Angeles wurden ein Raub der Flammen. Nach diesem Erlebnis begann Luntz Bemühungen zur Abschwächung der Klimakrise zu unterstützen, was zu einem überparteilichen Anliegen in den USA wurde.

baler Erwärmung«. Das Gewinnerframe? »Klimakrise«. Dieser Ausdruck löste bei demokratischen Teilnehmenden eine um 60 Prozent und bei republikanischen Teilnehmenden eine um 200 Prozent stärkere Reaktion aus als »Klimawandel«. Eine Krise ist monumental, aber potenziell zu bewältigen. »Klimakrise« bedeutet, dass es – noch – nicht zu spät ist, aber wenn wir nicht sofort massiv gegensteuern, wird es das bald sein.

Im Jahr 2018 starteten Al Gore und sein Climate Reality Project eine Initiative, die an Nachrichtenagenturen appellierte, in Zukunft statt von »Klimawandel« von »Klimakrise« zu sprechen, um zu kommunizieren, wie schlimm die Situation geworden ist. Dieser Begriff und »Klimanotstand« wurden zum bevorzugten Frame bedeutender Nachrichtenagenturen weltweit und auch von António Guterres, dem Generalsekretär der Vereinten Nationen. Im Jahr 2019 gab es fünfmal mehr Google-Suchanfragen für »Klimakrise« als 2018, und »Klimanotstand« kam in die engere Wahl für das Wort des Jahres bei Oxford Dictionaries. Es bleibt abzuwarten, wie diese Frames, die die Dringlichkeit des Handelns betonen, das Verhalten beeinflussen werden.

Mysteriös

Versuchen Sie, folgenden Satz zu lesen: *Der Giest leist nicht jedne Buhctsaben für isch, sondern das Wort als Gnazes.* Seltsam leicht, oder? Warum? Weil unser visuelles Verarbeitungssystem Vermutungen anstellt. Das dritte wirkmächtige Frame, *mysteriös*, ist deshalb effektiv, weil es diesen Prozess des Herumratens und die damit einhergehenden Erwartungen stört. Mysteriöse Frames sprechen den Alligator direkt an, indem sie Veränderung oder Ungewissheit einführen – genau das, worauf der Alligator eingestellt ist. Neue Bedrohungen. Neue Gelegenheiten. Spannung.

Wörter und Ausdrücke wie »neu«, »plötzlich« oder »Eilmeldung« sind mysteriöse Frames, die unsere Neugier bezüglich dessen, was sich geändert hat, anstacheln. Wörter wie »Rätsel«, »Geheimnis« oder »enthüllen« oder Themen, die als Fragen geframt werden, erzeugen die gleiche grundlegende Ungewissheit und wecken unsere Neugierde. Mysteriöse Frames ziehen die Aufmerksamkeit des Alligators auf sich. Wenn er die fehlenden Details nicht ergänzen kann, wendet er sich an den Richter, damit dieser den Fall übernimmt. Aber *dies erfordert mentale Ressourcen.* Die Kehrseite dieses Phänomens besteht darin, dass wir uns, sobald ein kognitiver Prozess abgeschlossen ist, nicht länger darauf konzentrieren müssen und er in unserem Bewusstsein nicht mehr an erster Stelle rangiert.

In den 1920er-Jahren plauderte die Doktorandin Bluma Zeigarnik mit ihrem Doktorvater, Kurt Lewin, und einigen akademischen Freundinnen und Freunden in einem Café in Berlin. Beeindruckt von dem makellosen Gedächtnis ihres Kellners – er nahm komplexe Bestellungen von großen Gruppen auf, ohne sich Notizen zu machen, und brachte verlässlich das, was bestellt worden war –, beschlossen sie, dieses zu testen.[8] Nachdem sie ihre Teller und Tassen mit ihren Servietten abgedeckt hatten, riefen sie den Kellner herbei und baten ihn, die Artikel aufzulisten, die er gerade aufgetragen hatte. Zu seiner eigenen Überraschung hatte er viele davon vergessen. Vielleicht haben Sie diese seltsame Eigenart unseres Gedächtnisses schon selbst erlebt, als Sie für eine Prüfung pauken mussten. Sie haben sich an die Fakten erinnert, die Sie für die Prüfung brauchten, und nach dem Ablegen der Prüfung … puff! … waren sie wie weggeblasen. Wenn Sie die Prüfung ein paar Tage später erneut hätten ablegen müssen, wären Sie so ahnungslos gewesen wie der Kellner im Restaurant.

Als Zeigarnik beschloss, dieses Phänomen in Laborexperimenten zu erforschen, stellte sie fest, dass ihre Versuchspersonen sich an mehr Details von unterbrochenen, unerledigten Aufgaben als von abgeschlossenen, erledigten Aufgaben erinnerten.[9] Spätere Forschungsteams nannten dieses Bedürfnis nach Fertigstellung den »Zeigarnik-Effekt« und bestätigten ihn wiederholt. Unabgeschlossene Aufgaben oder unbeantwortete Fragen beanspruchen – »kapern« mitunter – unsere Aufmerksamkeit. Doch sobald die Ungewissheit beseitigt ist, macht das Arbeitsgedächtnis klar Schiff, um Platz für neue Informationen zu schaffen. Der Zeigarnik-Effekt erklärt, warum man sich bei einem öden Film oder einem langweiligen Artikel bis zum Schluss quält, warum man sich unbedingt an den Namen eines Schauspielers erinnern will, obwohl es völlig unwichtig ist, und warum ich Klickködern auf den Leim gehe, wie etwa »Starben die Neandertaler aus, weil sie keine Mäntel hatten?«. (Offenbar nicht.)

In ähnlicher Weise wird die Annäherung an ein Ziel als belohnend erlebt – und zwar als umso belohnender, je näher man dem Ziel kommt. Das ist einer der Gründe, weshalb Coffeeshops Bonuskarten ausgeben, mit denen sie verfolgen, wie schnell sich die Kundschaft einen Gratiskaffee sichern will, warum man bei Videospielen eine Reihe von Levels abschließen muss und wieso es schwerfällt, die Lektüre eines Listicles wie »10 große finanzielle Fehlentscheidungen« bei Nummer vier abzubrechen.

Frames kombinieren

Diese drei wirkmächtigen Frames – monumental, machbar und mysteriös – können ihre Kräfte auch bündeln. Sie müssen sich nicht auf eines davon beschränken. Als Manus und Tom begannen, diese erste Büroklammer einzutauschen, ließen sie die Personen, an die sie sich wandten, nicht nur wissen, dass diese eine Gelegenheit hatten, an etwas Monumentalem mitzuwirken. (*Wir wollen uns zu einem AUTO hochtauschen! Es kann das Leben eines Menschen verändern!*) Sie stellten auch klar, dass das, was sie anstrebten, absolut machbar war. (*Sie müssen lediglich einen Gegenstand mit uns tauschen.*) Die Verknüpfung dieser beiden Frames erwies sich als sehr effektiv.

Eines meiner Lieblingsbeispiele für die Verknüpfung aller drei starken Frames stammt von einem Buch darüber, wie man seinen Haushalt besser organisieren kann. Ich persönlich konnte mir kein langweiligeres Thema vorstellen. Aber als ich ein Bändchen von einer Autorin namens Marie Kondo sah, von der ich noch nie gehört hatte, mit dem Titel *The Life-Changing Magic of Tidying Up* (dt. *Magic Cleaning: Wie richtiges Aufräumen Ihr Leben verändert*), fühlte ich mich davon angezogen. Lebensverändernd = monumental! Magie = mysteriös! Aufräumen = machbar! Alle drei Frames in nur sechs Wörtern.[10]

Das Ergebnis von Marie Kondos meisterlichem Framing? Ein internationaler Mega-Bestseller, der in 40 Sprachen übersetzt wurde. Mehr als elf Millionen verkaufte Exemplare. Und eine Fernsehsendung mit Tipps zum Aufräumen der eigenen Wohnung. Dies zeigt, was man mit der Beherrschung dieser drei einfachen Frames alles erreichen kann. Musste Marie Kondo diese Versprechen auch einlösen? Selbstverständlich. Und tat sie es? Unbedingt. Hätte sich das Buch genauso gut verkauft, wenn es unter seinem Untertitel »Die japanische Kunst des Entrümpelns und Ordnungschaffens« veröffentlicht worden wäre? Entscheiden Sie.

Framing – praktische Tipps

Jetzt, da Sie mit den drei großen Frames vertraut sind, werden Sie sie nach und nach überall sehen, und Sie werden bemerken, wie sie auf Sie wirken. Nachfolgend finden Sie einige Aufzählungen, die Ihnen dabei helfen werden, diese Frames selbst anzuwenden.

Monumental	Machbar	Mysteriös
Das Große: alle, alles, Galaxie, global, Planet, Menschheit, Universum, Welt **Das Extreme:** Abgrund, Desaster, Ekstase, Epidemie, ewig, existentiell, Freak, Gesetz, Glück, göttlich, heroisch, immer, Katastrophe, kosmisch, Krise, Legende, Millennium, Milliarde, Million, nie, Revolution, Teufel **Das Dramatische:** Armee, Bedrohung, explodieren, Feinde, furchtlos, Gefahr, Krieg, Macht, Mord, Mut, Rebell, Rivalen, Schlacht, Tötung, überleben, Verlangen, Verrat, Wagnis, Zusammenstoß	**Die einfachen Dinge, die man tun kann:** Gewohnheit, Kniff, Korrektur, Projekt, Spiel **Die kurzen Zeiträume:** Augenblick, Minute, Moment, Stunde, Tag **Die Effektivität:** gewusst wie, können, Lösung, machen, sein, selbst machen, tun **Die kleinen Zahlen:** 1, 2, 3 … Top Ten **Das Miteinander, die Lastenteilung:** uns, unser, wir, zusammen	**Das Ungewisse:** falls, unmöglich, unwahrscheinlich, warum **Das Veränderliche:** entfachen, erwecken, neu, Transformation **Das Kreative:** einzigartig, imaginieren, Innovation, Kunst, originell, Staunen **Zu enthüllende Geheimnisse:** dunkel, entlarven, Geheimnis, Geständnis, Kult, Lügen, Mythos, Überraschung, unsichtbar, verborgen, Wissenschaft **Das Übernatürliche:** Geist, Magie, Monster, offenbaren, verzaubern

Kurzum, Framing ist ein einfaches Werkzeug, mit dem Sie die Kräfte der positiven Einflussnahme auf andere entfesseln können.

KAPITEL FÜNFEINHALB

Was ist Ihr »Geschäft«?

Ich möchte nachfolgend kurz beschreiben, wie ein neues Frame meine Herangehensweise an meine Arbeit grundlegend verändert hat.

Als Danny Meyer, der Gastronom hinter bekannten Restaurants wie dem Union Square Cafe und der Gramercy Tavern, an der Yale School of Management einen Vortrag hielt, stellte er ein neues Frame vor. »Ihr Geschäft ist Gastfreundschaft«, sagte er uns. Es war eine Einladung, unsere Arbeit mit anderen Augen zu sehen. Zu Beginn meiner Karriere als Professorin wollte ich unbedingt unter Beweis stellen, dass ich wusste, worüber ich redete, sodass ich prahlte, ich würde meinen Studierenden »Jedi-Tricks zur Gedankenbeeinflussung« beibringen. Das gab meinen Lehrveranstaltungen einen mysteriösen Touch und machte mich zu einer Art Jedi-Meisterin. Tatsächlich war es so, dass ich der Star der Show, die Regisseurin und die Inspizientin zugleich sein wollte. Mein MBA-Seminar hat viele einzelne Module, und ich eilte jeden Tag in den Unterricht, bestrebt, die Logistik zu gewährleisten. Ich dachte, der Aufbau einer eng verbundenen Gemeinschaft in nur wenigen Wochen erfordere strenge soziale Normen und Regeln, und so stützte ich mich auf meine Lehrassistentinnen und -assistenten, um diese durchzusetzen. Es gab jede Menge Aufgaben, die abgegeben und benotet werden mussten, und ich war jedes Mal aufgebracht, wenn jemand einen Abgabetermin verpasste.

Eine Lehrassistentin, die ich wirklich mochte, beklagte sich bei mir: »Nachdem ich Ihren Kurs besucht hatte, dachte ich, es würde Spaß machen, für Sie zu arbeiten, aber Sie motivieren mich wirklich nicht dazu, mich reinzuhängen.« Ich war frustriert. Sollte es meine Aufgabe sein, sie zu motivieren, ihre Sache gut zu machen? Studierende drängten sich vor und nach dem Unterricht um mich, aber ich war zu beschäftigt, um ihnen zuzuhören. Ich hob mir meine konzentrierte Aufmerksamkeit für den Unterricht auf, in dem ich brillieren konnte. In jedem anderen Moment war ich überfordert.

Danny Meyers Gastfreundschafts-Frame veranlasste mich dazu, mir die Frage zu stellen: *Wie wäre es, wenn ich mich selbst als Gastgeberin einer Lehrveranstaltung statt als Dozentin verstehen würde?*

Dieses neue Frame änderte alles. Ich konnte meine Aufmerksamkeit von mir selbst auf die Studierenden verlagern; auf einer Party sind es die Gäste, die wichtig sind. Das neue Frame veränderte die Machtdynamik innerhalb des Kurses; eine Gastgeberin beaufsichtigt ihre Gäste nicht – sie bedient sie. Und eine Gastgeberin sagt niemandem, was er oder sie tun soll, sondern sie lädt Menschen ein, an einem wunderbaren Erlebnis teilzunehmen.

Das Frame befreite mich auch von meinen eigenen hohen Ansprüchen. Ein Jedi-Meister sollte perfekt sein, während eine Gastgeberin den Kuchen anbrennen lassen oder Katzenhaare auf dem Sofa haben kann. Studierende sollten es der Dozentin recht machen, indem sie an jeder Sitzung teilnehmen und jede Aufgabe erledigen, während ein Gast verspätet aufkreuzen, vorzeitig gehen oder Wein verschütten kann, ohne dass die Gastgeberin dies persönlich nimmt. Ich musste nach wie vor Noten verteilen, aber all die strengen Regeln waren überflüssig.

Das neue Frame half mir nicht nur, mich besser auf die Erfahrungen der Studierenden zu konzentrieren, es befreite mich auch von dem Gefühl, für sie verantwortlich zu sein. Eine Gastgeberin kann nicht sicherstellen, dass jeder Gast sich prächtig amüsieren wird; das entzieht sich ihrer Kontrolle. Aber sie kann Kerzen anzünden, Musik einschalten und versuchen, dafür zu sorgen, dass niemand betrunken nach Hause fährt. Sie kann sagen: »Es ist wunderbar, Sie zu sehen. Es freut mich so sehr, dass Sie hier sind.« Und sie kann es ernst meinen.

Wenn ich neue Lehrassistentinnen und -assistenten einstellte, versuchte ich, sie dafür zu gewinnen, mir dabei zu helfen, eine gute Gastgeberin zu sein. »Dies ist unsere Party, und wir sind die Gastgeber*innen.« Statt in letzter Minute angerauscht zu kommen, fanden wir uns frühzeitig ein und begrüßten unsere Gäste mit einem Lächeln. Wir bemühten uns, uns ihre Namen einzuprägen. Eine aufmerksame Gastgeberin geht gezielt auf die Person zu, die allein herumsitzt, und so kontaktierte ich Studierende, die den Anschluss verloren hatten. Nicht um sie zu tadeln, sondern um mich zu erkundigen, wie es ihnen geht. Da eine Gastgeberin Gästen dabei hilft, sich gegenseitig kennenzulernen, stellte ich von individuellen auf Gruppensprechzeiten um – es sollte mehr um sie und weniger um mich gehen.

Ich ließ die Studierenden wissen, dass wir über alles reden könnten. Ich blieb nach dem Unterricht noch etwas da, ohne konkrete Absichten und ohne Eile, selbst als wir gezwungen waren, auf eine virtuelle Plattform zu wechseln. Auch nach dem Ende des Semesters führte ich meine Sprechstunde fort, die jedem und jeder offenstand. Ich forderte keine Präsenz mehr und sprach nicht einmal mehr darüber; als Gastgeber*in wollen

Sie, dass Ihre Gäste kommen, weil *sie* es wollen. An jedem beliebigen Tag kamen rund 90 Prozent der Studierenden aus freien Stücken zum Unterricht. Viele verpassten keine einzige Stunde.

Unser Kurs ist letztlich noch immer eine Lehrveranstaltung. Aber wenn ich Studierende als meine Gäste ansehe, fühlt sich die Arbeit *für mich* mehr wie eine Party an, und ich werde eine bessere, zufriedenere Lehrerin. Vielleicht stellen Sie sich ja selbst einmal die Frage, was sich ändern würde, wenn es *Ihnen* wichtig wäre, eine gute Gastgeberin oder ein guter Gastgeber zu sein. Andernfalls sollten Sie sich fragen, in welchem »Geschäft« Sie gern tätig wären.

KAPITEL SECHS

Das Kleinkind in uns

Weil weise Herrscher das Volk lieben, führen sie ohne Gewaltanwendung. Sie beschützen das Volk, ohne es zu kontrollieren.

– Lao Tse, Tao-Te-King

Es sagt Ihnen eine Menge über unsere Familie, dass mein Vater einmal eine lebende kleine Klapperschlange einfing, sie in einer Cola-Flasche an seine Mutter schickte und seine Mutter begeistert war. Dad ist ein Rebell, dessen aufsässiges Temperament in der Familie liegt. Seine erste bemerkenswerte rebellische Tat ereignete sich, als er mit sechs Jahren beschloss, mit dem Klavierunterricht aufzuhören, indem er von zu Hause weglief. Er häufte wochenlang Vorräte an und kletterte dann mit einem Rucksack und seiner kleinen Schwester Kathy aus dem Fenster. Die Kinder versteckten sich im Wald, bis ihre Eltern die Schule und schließlich die Polizei anriefen. Sie wären noch länger weggeblieben, wenn Kathy sie nicht verraten hätte, indem sie »Daddy!« rief, als sie die Stimme ihres Vaters hörte.

Ein Kindheitserlebnis mit meinem Dad hat sich mir ganz besonders eingeprägt: Wir rannten nachts durch einen Wald, platschten durch einen Bach und duckten uns, während die Scheinwerfer eines Polizeihubschraubers das Unterholz nach uns absuchten. Wir hatten nichts besonders Schlimmes getan, lediglich so große und so illegale Feuerwerkskörper angezündet, dass Dad sie auf dem chinesischen Schwarzmarkt hatte bestellen müssen. Dad machte es nichts aus, gegen Regeln, Normen oder auch Gesetze zu verstoßen, wenn er es tun konnte, ohne jemandem zu schaden, weil er von jeher der Überzeugung war, dass man der Boss seines eigenen Lebens sein sollte.

Er würde sich Ihnen auch dann widersetzen, wenn Sie tatsächlich sein Chef wären und er seine Arbeit mögen würde. Er würde sich Ihnen selbst dann widersetzen, wenn Sie seine Frau wären und er Sie zum Fressen gernhätte. Als meine Stiefmutter Dad verständlicherweise darum bat, keine Zielscheiben mehr im Wald aufzustellen und zukünftig nur noch am Schießstand zu ballern, kaufte er sich heimlich eine große Metallkassette, die Kugelfang genannt wird. Bei Gewitterstürmen, wenn meine Stiefmutter nicht zu Hause war und Donnerschläge die Nachbarn ablenkten, stellte Dad den Kugelfang in die Feuerstelle, und wir schossen mit seiner Pistole vom Kaliber 22 darauf. Auch wenn er rebellischer sein mag als manch anderer, macht ihn diese Neigung nicht einzigartig. Tatsächlich könnte man sagen, dass sein Impuls, sich zu widersetzen, Dad in gewisser Weise zu einem Konformisten macht. Es ist normal, Beschränkungen und sogar gutes Zureden als eine Bedrohung wahrzunehmen.

Unser Gehirn ist in besonderer Weise auf die Bedrohungswahrnehmung ausgelegt, weil unser Überleben davon abhängt. Um Unheil abzuwenden, sucht der Alligator die Umgebung unentwegt nach potenziellen Bedrohungen ab. Bedrohungen werden schnell erkannt, sodass wir schnell darauf reagieren können, manchmal auch überreagieren. Haben Sie eines dieser Onlinevideos von Katzen gesehen, die ausrasten, sobald sie eine Gurke wahrnehmen? Weil diese so ähnlich aussieht wie eine

Schlange, reagiert eine Katze auf eine Gurke, die beim Fressen hinter ihr platziert wird, indem sie einen Satz in die Luft macht und sich von Wänden und Tischen abstößt, sobald ihr das lange grüne Objekt ins Auge fällt. So gemein, aber so witzig.

Das menschliche Gehirn unterscheidet sich nicht sehr vom Katzengehirn. Wir erkennen Bilder von Bedrohungen nicht nur schneller als andere Bilder, sondern unser Gehirn warnt uns vor diesen Bedrohungen auch schon, bevor wir überhaupt wissen, was wir sehen. Der Angstforscher Arne Öhman erfasste mithilfe von Elektroden die physiologischen Reaktionen von Versuchspersonen auf Bilderserien, die ihnen gezeigt wurden. Einige Bilder zeigten harmlose Objekte wie etwa Blumen, während auf anderen potenzielle Bedrohungen wie Spinnen und Schlangen zu sehen waren. Jedes Bild wurde nur eine Dreißigstelsekunde lang gezeigt – viel zu kurz für die meisten Menschen, um bewusst zu erkennen, was darauf zu sehen war. Aber der Alligator reagierte. Wenn ein Bild einer Schlange oder einer Spinne vorbeihuschte, begannen Betrachter*innen zu schwitzen.[1]

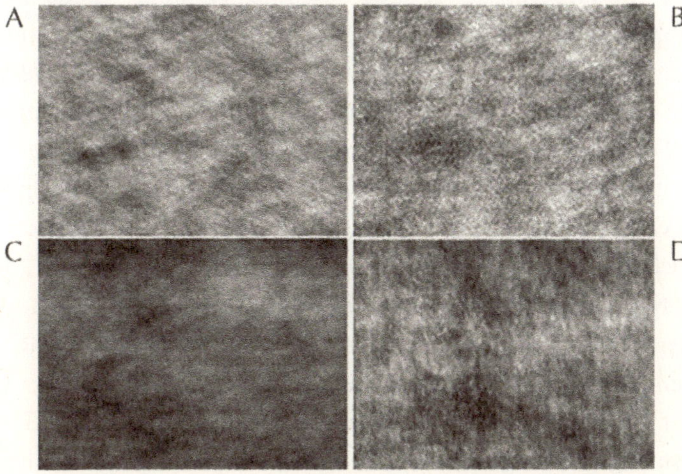

Versuchen Sie es selbst. Werfen Sie einen Blick auf die verschwommenen Bilder unten und finden Sie heraus, ob Sie den Vogel, die Katze, den Fisch und die Schlange erkennen können.

Wenn Sie gar nichts erkennen können, keine Sorge; mir geht es genauso. Aber wenn Menschen dazu gezwungen werden zu raten, neigen sie instinktiv zur Wahrnehmung einer Gefahr. Konnten Sie die Katze (D), den Fisch (C) oder den Vogel (A) erraten? Und wie steht es mit der Schlange (B)? Als Nobushi Kawai und Hongshen He, die im Bereich der Bedrohungswahrnehmung forschen, diese Bilder Freiwilligen zeigten, konnte etwa die Hälfte die weniger bedrohlichen Tiere erkennen. Aber volle 75 Prozent erkannten, dass auf Bild B eine Schlange zu sehen war.[2] Die Forschenden testeten unterschiedliche Grade der Verschwommenheit, und bei allen erkannten die Versuchspersonen Schlangen am treffsichersten. Weil Schlangen potenzielle Bedrohungen sind.

Der Alligator reagiert außerordentlich empfindlich auf Gefahren. Selbst wenn Sie die besten Absichten haben, hat jemand, den Sie zu beeinflussen versuchen, vielleicht das Gefühl, dass Sie ihm oder ihr Zeit, Aufmerksamkeit, Geld oder andere wertvolle Ressourcen stehlen könnten. Aus diesem Grund sagen manche Menschen Nein, obwohl es scheinbar keinen vernünftigen Grund dafür gibt. Oder bevor sie sich Ihre großartige Idee auch nur angehört haben. Ihr Alligator gibt den Ausschlag.

Nicht nur Bedrohungswahrnehmung ruft Widerstand gegen Beeinflussung hervor. Sie sind auch mit einer allgemeinen Verzerrung namens *Verlustaversion* konfrontiert. Wenn wir Gelegenheiten einschätzen, bei denen wir mögliche Gewinne gegen mögliche Verluste aufrechnen müssen, gewichten wir Verluste viel stärker als Gewinne. Die Forschungsarbeiten von Daniel Kahneman und Amos Tversky zu diesem Phänomen haben in den 1970er-Jahren das Fachgebiet der Verhaltensökonomik begründet und wurden schließlich im Jahr 2002 mit dem Nobelpreis ausgezeichnet. Durch zahllose Experimente in den letzten 50 Jahren haben Forschende herausgefunden, dass Menschen Verluste etwa doppelt so stark gewichten wie Gewinne in gleicher Höhe.[3] Um keine zehn Dollar zu verlieren, werden wir uns genauso sehr anstrengen wie dafür, 20 Dollar zu gewinnen. Für Beeinflusser*innen ist das genaue Verhältnis nicht so wichtig wie das Grundkonzept: Um das Gefühl zu haben, dass sich eine Veränderung lohnt, muss sie sehr, sehr gut sein. Dieses mentale Kalkül begünstigt den Status quo.

Am meisten hassen es Menschen, ihre Freiheit aufzugeben. Wenn uns eine wahrgenommene Freiheit weggenommen wird oder sie bedroht ist, bringt uns das auf, und wir tun alles in unserer Macht Stehende, um sie wiederzuerlangen. Wenn wir uns dazu genötigt fühlen, in einer bestimmten Weise zu handeln, reagieren wir vielleicht nicht bloß mit Verweigerung, sondern damit, dass wir das genaue Gegenteil tun. Unser inneres Kleinkind übernimmt das Kommando. Bei dem leisesten Hinweis darauf, dass jemand versucht, uns zu kontrollieren, schreit das Kleinkind: »DU BIST NICHT MEIN BOSS! DU HAST MIR GAR NICHTS ZU SAGEN!« Dieses Phänomen wird *psychologische Reaktanz* genannt.

In einem klassischen Reaktanzexperiment mit zweijährigen Kleinkindern fragten Forschende die Kinder in ihrem Labor, mit welchem von zwei Spielzeugen sie spielen wollten – dem leicht erreichbaren oder demjenigen hinter einer hohen Plexiglasschranke.[4] Wie Sie vielleicht erraten, entschieden sie sich durchweg für das Spielzeug hinter der Schranke, unabhängig davon, was es war. Wir wollen Wahlfreiheit, und wenn jemand versucht, diese einzuschränken, lehnen wir uns dagegen auf. Als Derren Brown sagte: »Halten Sie Ihren Blick auf die Staffelei gerichtet«, wusste er, dass diese Anweisung unser inneres Kleinkind dazu veranlassen würde, sich umzusehen. Verstehen Sie, was ich meine?

Als ich für ein Unternehmen arbeitete, das Geld verlor, hatten wir Mitarbeitende Verständnis, als unsere Prämien gekürzt wurden. Aber wir wurden wütend, als Erbsenzähler*innen im Unternehmen beschlossen, in den Pausenräumen keine Trinkschokolade mehr nachzufüllen, weil heiße Schokolade teurer war als Kaffee. Für kurze Zeit war heiße Schokolade das Thema jedes Flurgesprächs.

CHICKEN GAME:
DAS HUHN NICHT ANSCHAUEN

Dann wurde mir bewusst, dass *ich selbst* nie heiße Schokolade getrunken hatte, und, mehr noch, ich konnte mich auch nicht daran erinnern, dort jemals *irgendjemanden* heiße Schokolade trinken gesehen zu haben. Warum war ich dann so wütend? Jedes Mal, wenn sich jemand beschwerte, fragte ich nach, ob er oder sie jemals heiße Schokolade im Pausenraum getrunken hätte. Sie alle sagten: »Nein. *Ich* trinke keine, aber es ist trotzdem eine Unverschämtheit.«

Es war nicht so, dass wir es nicht ertragen hätten, keine heiße Schokolade mehr zu bekommen. Wir konnten es einfach nicht ertragen, die Freiheit zu verlieren, heiße Schokolade auszuwählen, wenn wir dies eines Tages wünschen sollten.

Dem Behavioristen B. F. Skinner fiel auf, dass es Menschen nichts ausmacht, dem Staat in Form von gekauften Lotterielosen Geld zukommen zu lassen, weil dies die freie Entscheidung eines und einer jeden ist.[5] Dagegen ärgert es viele von uns, dass wir gezwungen sind, Steuern zu zahlen, obwohl wir auf die Straßen, Schulen und andere Leistungen angewiesen sind, die damit finanziert werden. Steuern zahlen zu müssen ist wie der Zwang, während einer Pandemie eine Maske tragen zu müssen – ein Gewinn für das Gemeinwohl, der mit dem Risiko verbunden ist, eine Trotzreaktion auszulösen.

Im Jahr 2010 versuchte eine Bewegung namens Meatless Monday (»fleischloser Montag«) Menschen dazu zu bringen, weniger Fleisch zu essen. Manche Leute denken, dass zu jedem Essen Fleisch einfach dazugehört. Was wäre, wenn sie einmal pro Woche köstliche, sättigende, fleischlose Mahlzeiten probieren könnten? Vielleicht würden sie dann aufgeschlossener werden. Es war ein kleiner Schritt.

Das Google-Food-Team beschloss, in der Konzernzentrale in Mountain View, Kalifornien, den fleischlosen Montag einzuführen. Sie wollten dies zunächst an Montagen im September als Pilotprojekt ausprobieren; zwei Google-Cafés würden dann kein Schweine- und Rindfleisch oder Hühnchen mehr anbieten (allerdings weiterhin Fisch). Es gäbe nach wie vor 22 andere Cafés, die jeden Tag auf dem Google-Campus Fleisch anboten, sodass es die meisten Mitarbeiter*innen nicht störte. Aber diejenigen, die etwas dagegen hatten, nahmen kein Blatt vor den Mund. Das Food-Team erhielt Nachrichten wie:

> *»Hören Sie auf, mir zu sagen, wie ich mein Leben leben soll. Wenn Sie uns keine traditionellen Speisen mehr anbieten wollen, sollten Sie alle Cafés schließen. Im Ernst, hören Sie mit diesem *** auf, oder ich wechsle zu Microsoft, Twitter oder Facebook, wo sie uns nicht blöd kommen.«*

Die Reaktionen beschränkten sich nicht auf E-Mails. Verärgerte Mitarbeiter*innen veranstalteten eine Protest-Grillparty direkt vor dem Meatless-Monday-Café. Google kapierte, und das Experiment des Unternehmens mit dem Meatless Monday wurde eingestellt.

Im Rückblick zeigt sich, dass das Frame ein großer Teil des Problems war. Auch wenn »fleischlos« zutreffend war, betonte es doch den Verlust. *Wir nehmen Ihnen das Fleisch weg.* Google schränkte die Freiheit seiner Mitarbeiter*innen ein. Auch der Subtext war ein Problem. *Warum* wurde Mitarbeitenden gesagt, dass sie sich fleischlos ernähren sollten? Vielleicht aus gesundheitlichen Gründen, zum Wohl der Tiere, die andernfalls getötet und verzehrt würden, oder zum Wohl des Planeten. Aber ehrlich gesagt, kann jede dieser Erklärungen heikel werden und Menschen das Gefühl vermitteln, dass sie verurteilt werden, sodass sie sich eher auflehnen. Oder sich noch mehr verschanzen, einfach um Sie zu ärgern.[6] Wie könnte eine effektivere Methode zur Förderung einer pflanzlichen Ernährungsweise aussehen?

Ethan Brown hat fünf Hunde, zwei Pferde, eine Katze, eine Schildkröte und ein dickbäuchiges Schwein namens Wilbur. Er wuchs auf einem Milchbauernhof auf und liebte Tiere. Er liebte auch Fleisch, insbesondere Burger. Sein Lieblingssandwich war der Double R Bar Burger von Roy Rogers: ein Viertelpfund Rinderhackfleisch, mit geschmolzenem Käse und dünn geschnittenem Delikatessschinken. Hm. Köstlich. Aber Ethan war ein nachdenkliches Kind, das sich fragte, warum wir Hunde hätscheln und Schweine zerlegen. Er hörte auf, Fleisch zu essen, dann fing er wieder an, und dann verzichtete er abermals auf Fleisch. Es war hart.

Ethan wusste jedoch, dass er nicht wieder zum Fleischesser werden würde, als er erfuhr, dass die industrielle Tierhaltung dem Planeten womöglich genauso sehr schadete wie die Nutzung fossiler Brennstoffe. Er arbeitete damals an Wasserstoffbrennstoffzellen, einer neuen, nachhaltigeren Brennstoffquelle, die Mineralöl ersetzen sollte. Er fragte sich, ob sich nicht auch eine neue, nachhaltigere Fleischquelle als Ersatz für Tiere finden ließe.

Ethan Brown reframte Fleisch. Was wäre, wenn Fleisch die Kombination von Proteinen, Fetten und Geschmacksstoffen bedeutete, die ein bestimmtes Aussehen und einen besonderen Geschmack hätte, aber nicht unbedingt von Tieren stammte? Er kontaktierte zwei Forschende an der Universität Missouri, die in ihrem Labor bereits mit pflanzenbasierten Proteinen experimentierten. Mit einem wachsenden Forschungsteam ergründete Ethan, wie sich Proteinmoleküle aus Pflanzen gewinnen und neu konfigurieren lassen, um den Geschmack und die Konsistenz von Hühnchen, Rind- und Schweinefleisch zu erzeugen. Sie stellten Bratwürste und Burger, Fleischstreifen und Würstchen her. Sie ahmten sogar Blut mit Rote-Bete-Saft nach. Die Produktion ihres Fleischs auf Pflanzenbasis benötigte 99 Prozent weniger Wasser und 93 Prozent weniger Fläche, und es fielen 90 Prozent weniger Treibhausgase an als bei der Produktion von tierischem Fleisch.

Da Ethan selbst ein Fleischliebhaber gewesen war, rechnete er damit, dass seine Vision auf erheblichen Widerstand stoßen würde. Er verstand, dass einige Menschen als gesund geframte Nahrungsmittel mit schlecht schmeckend gleichsetzen oder daraus schließen, dass ihre normalen Ernährungsgewohnheiten missbilligt würden.[7] Und er nahm an, dass Fleischesser*innen (wie alle anderen) nicht gern hören, dass ihre Präferenzen sie zu schlechten Menschen machen.[8]

All dies vor Augen beschloss Ethan, die Vorteile fleischloser Burger nicht in moralischen Kategorien zu framen. Stattdessen konzentrierte er sich auf die Geschmacksqualität, und er nannte sein neues Produkt Beyond Meat. Wie Fleisch, nur besser!

Auf Vegetarier*innen würde ein solches Frame wohl keinen Eindruck machen, aber Ethan wollte Fleischesser*innen ansprechen. Er bot Beyond Meat in der Fleischabteilung des Lebensmittelladens und nicht in der Biowarenabteilung an. Er beschloss, auf die bunte Kartonverpackung von Gemüseburgern zu verzichten, und verkaufte Beyond Burgers in einer mit Zellophan bespannten Schale, sodass sie wie andere Fleischprodukte aussahen.

Um die Botschaft zu unterstreichen, dass sie niemanden zwingen wollten, sich gesund zu ernähren, taten sich Ethan und sein Team mit Fast-Food-Restaurants zusammen, um vegetarische Alternativen zu ihren üblichen Speisen anzubieten. Nicht kalorienarmes Hasenfutter, sondern pampige Cheeseburger, scharfe Jumbo-Sandwichs mit Hackfleischbällchen und mit Räucherwurst belegte Frühstückssandwichs – vegetarische Versionen dessen, wonach es Menschen sowieso schon gelüstet. Beyond Meat hat sich nie den Anstrich höherer Moral gegeben, und sein Marketing verzichtete auf jeglichen Druck.

Andere Marken bezahlten Prominente dafür, dass sie Werbung für ihre Produkte machten, aber Ethan und sein Team wählten den umgekehrten Ansatz. Sie kontaktierten berühmte Sportler*innen, um sie um Geld zu *bitten*. Kyrie Irving, Chris Paul und Shaquille O'Neal beteiligten sich als Investoren an dem Unternehmen.

Im Jahr 2018 hatten nur wenige Amerikaner*innen den Ausdruck »Fleisch auf pflanzlicher Basis« gehört, aber Ende 2019 hatten es schon mehr als 40 Prozent probiert – und die meisten davon waren Fleischesser*innen. In diesem Jahr verdreifachte Beyond Meat seinen Umsatz auf 98,5 Millionen Dollar. Im Jahr 2021 wurden Beyond-Meat-Produkte in 100 000 Restaurants und Lebensmittelgeschäften in 80 Ländern verkauft. Pizza Hut verkaufte Beyond-Pan-Pizzas, und McDonald's hatte einen neuen McPlant Burger angekündigt, den das Unternehmen gemeinsam mit Beyond Meat entwickelt hatte.

Ethan Brown war zu einem mehrfachen Millionär geworden, und er durfte an seiner Alma Mater eine Rede vor den Universitätsabsolventen und -absolventinnen halten. Dadurch, dass Ethan vorausgesehen hatte, dass »fleischlos« und »gesund« bei den Konsumentinnen und Konsumenten auf Widerstand stoßen würden, und dass er die Aufmerksamkeit stattdessen auf die »Geschmacksqualität« gerichtet hatte, gelang es ihm, den Menschen eine gesunde, nachhaltige Alternative zum Verzehr von tierischem Fleisch anzubieten.

Meatless Monday und Beyond Meat verdeutlichen, dass die Psychologie bei jedem Versuch, andere Menschen zu beeinflussen, eine wichtige Rolle spielt. Erleben Menschen Ihre großartige Idee als etwas, wozu sie gedrängt werden, oder als etwas, was ihnen angeboten wird? Als einen schmerzlichen Verlust oder als eine unwiderstehliche Bereicherung? In diesem nächsten Abschnitt werden wir uns ansehen, was Sie tun können, wenn jemand Ihren Vorschlag ablehnt – oder Sie glauben, dass er ihn ablehnt. Sie werden erfahren, wie Sie sich den Einwänden dieser Person öffnen können, ohne mit ihr zu streiten, und wie Sie mit einem Nein klarkommen können, ohne einen Groll zu hegen.

Einwänden begegnen wie ein Aikido-Meister

Beim Aikido geht es im Grunde darum, einen Angriff dadurch abzuwehren, dass man die Schwungkraft seiner Gegnerin oder seines Gegners umlenkt, während man sich gleichzeitig bemüht, sich selbst und die andere Person vor Verletzungen zu bewahren. *Aikido* bedeutet »der Weg des harmonischen Geistes«. In diesem Sinne stelle ich Ihnen die folgenden Strategien für den Umgang mit Einwänden vor, die eine andere Person vorbringt und die Sie andernfalls vielleicht als eine leichte Form des Angriffs erleben würden. Wenn Sie Ihrerseits mit einem Angriff reagieren, wird sich die andere Person wahrscheinlich wehren und noch stärker an ihren Ansichten und Entscheidungen festhalten. Stattdessen könnten Sie die folgenden Aktionen ausprobieren. Es handelt sich nicht um einen schrittweisen Prozess; es ist ein Menü, aus dem Sie so viele Optionen auswählen können, wie Sie wollen.

Widerstände aufmerksam registrieren und ergründen

Wie schon erwähnt, kommt eine Topverkaufsperson vielleicht viele Male zurück, nachdem sie ein Nein gehört hat. Sie ist deshalb willkommen (und nicht lästig), weil sie um Erlaubnis gebeten und diese erhalten hat, und sie hat gelernt, mit dem Widerstand anderer Menschen zu rechnen. Wenn die andere Person noch nicht bereit ist, Ja zu sagen, nimmt sie dies nicht persönlich. Vielmehr ist sie offen und neugierig. Sie schlägt nicht zurück und gibt nicht auf; vielmehr kniet sie sich rein und hört zu, auch wenn das, was geäußert wird, unangenehm ist.

Widerstände registrieren bedeutet, sie zu bemerken, ohne sie zu beurteilen. Dadurch, dass Sie nicht offen widersprechen, der anderen Person nicht ins Wort fallen und sich nicht in den Vordergrund drängen – indem Sie Ihre Aufmerksamkeit einfach auf die andere Person richten, zuhören und äußern, was Sie beobachten oder intuitiv erfassen –, schaffen Sie einen Freiraum, der es ihr erlaubt zu sagen, was sie fühlt, und es so loszuwerden.

Widerstände sollten möglichst frühzeitig angesprochen werden. Wenn Sie glauben zu wissen, welche Einwände die andere Person erheben wird, oder Sie in Bezug auf einen bestimmten Punkt Widerstände spüren, besteht eine Aikido-Technik darin, dies in Worte zu fassen, bevor das Gegenüber es tut: »Vielleicht denken Sie, dass wir nicht genug Zeit haben werden.« Oder: »Das hört sich vielleicht nach viel Geld an.« Oder: »Vielleicht finden Sie, dass ich für die Position eines Direktors etwas zu jung bin.« Indem Sie die Gedanken der anderen Person erahnen und ihre Bedenken aussprechen, befreien Sie ihre Aufmerksamkeit von der Stimme in ihrem Kopf, sodass sie Ihnen zuhören kann. Sie zeigen damit auch, dass Sie eine intelligente und vernünftige Person sind, da Sie den Standpunkt Ihres Gegenübers sehen.

Dies bedeutet nicht, dass Sie jedes Mal richtigliegen müssen. Es kann hilfreich sein, einfach zu sagen: »Ich sehe, dass Sie Zweifel haben.« Dadurch, dass Sie zeigen, dass Sie die Gefühle des Gegenübers berücksichtigen, erzeugen Sie ein Gefühl von Nähe. Wenn die andere Person bereits einen Einwand geäußert hat (zum Beispiel, dass jemand anders Ihre Idee schon ausprobiert hat und dass sie sich als Fehlschlag erwies), dann wird sie davon ausgehen, dass Sie zurückschlagen. Stattdessen können Sie tief durchatmen und ruhig abwarten, dass sie Ihnen mehr mitteilt, oder Sie können der Person ihre Gefühle zurückspiegeln: »Wow, was für eine Katastrophe«, »Das muss so frustrierend gewesen sein«, »Wenn ich Sie wäre, würde ich genauso fühlen« – was selbstverständlich immer wahr ist.

Sie können einen Schritt weitergehen und die Art des Widerstandes behutsam näher erkunden. Wenn Sie Ihre Neugier signalisieren, statt in die Defensive zu gehen, ermuntern Sie die andere Person dazu, sich zu öffnen. Sie könnten sagen: »Können Sie mehr darüber erzählen?«, oder: »Und was geschah dann?«, oder: »Ich glaube, ich weiß, was Sie meinen, aber erzählen Sie mehr.« Diese demonstrative Aufgeschlossenheit kann entwaffnend sein und Ihnen zugleich neue Erkenntnisse liefern.

Wenn »Erzählen Sie mir mehr darüber« nicht situationsgerecht ist, können Sie die andere Person ermuntern, sich zu öffnen, indem Sie ihre Aussage als eine Frage zurückspiegeln.[9] Wenn sie sagt, sie habe einfach keine Lust dazu, können Sie erwidern: »Sie haben keine Lust dazu?« Diese Aikido-Technik sagt: *Ich will sicher sein, dass ich Sie verstehe.* Weil Menschen verstanden werden wollen, werden sie wahrscheinlich näher ausführen, worum es ihnen geht, wenn sie den Eindruck haben, dass Sie sie nicht verstehen, und so erhalten Sie Informationen, die nützlich sein könnten. Sie können auch nachhaken, um zu sehen, ob es weitere Punkte gibt, die ihr Gegenüber noch nicht zur Sprache gebracht hat: »Und was beschäftigt Sie sonst noch?«, »Das ist vermutlich nicht Ihr einziges Anliegen. Gibt es noch etwas anderes, worüber wir reden sollten?«, »Was für Bedenken haben Sie sonst noch?« Sie können immer dann in dieser Weise vorgehen, wenn sich jemand beschwert, auch wenn dieses Nörgeln nichts mit Ihnen zu tun hat. Die Menschen werden Sie dafür lieben.

Bekräftigen Sie die Entscheidungsfreiheit der anderen Person

Rein theoretisch sind Menschen immer frei in ihren Entscheidungen. Selbst wenn Sie jemandem eine Pistole an den Kopf halten und ihn oder sie auffordern, den Geldbeutel herauszurücken, kann sich der oder die Betreffende immer noch entscheiden, es nicht zu tun. Aber Menschen haben nicht das *Gefühl*, sich frei entscheiden zu können, wenn Sie ihnen Ihre Agenda aufzwingen. Und wenn sie sich genötigt fühlen, werden sie sich widersetzen – entweder in dem Moment oder später –, indem sie nach einem Ausweg suchen.

Wenn ich hoffe, jemanden beeinflussen zu können, möchte ich, dass die Person weiß, dass sie das Sagen hat und dass sie sich frei entscheiden kann. Meine Beweggründe dafür sind sowohl uneigennütziger als auch egoistischer Natur: uneigennützig, weil das Gefühl, die Kontrolle zu haben, Menschen zufriedener macht, und egoistisch, weil, wie bereits erwähnt, Menschen eher gewillt sind, Ja zu sagen, wenn man es ihnen leichter macht, Nein zu sagen. Dies bedeutet nicht, dass sie sich immer fügen werden, aber es bedeutet, dass sie wahrscheinlich einen guten Grund haben, wenn sie es nicht tun. Außerdem: Wenn sie ohne Zwang Ja sagen, fühlen sie sich für ihre Entscheidung verantwortlich. Sie sind dann mit der Entscheidung, die sie getroffen haben, zufriedener, was die Wahrscheinlichkeit erhöht, dass diese Bestand hat. Studien zeigen zum Beispiel, dass Versuchspersonen, wenn sie einem leichten Anstoß, die Unwahrheit zu sagen, nachkommen, empfänglicher dafür werden, die Lüge zu glauben.[10] (Wir wollen Menschen nicht auf diese Weise beeinflussen, aber es ist interessant, oder nicht?)

Sie können die Entscheidungsfreiheit einer Person dadurch bekräftigen, dass Sie sie um die Erlaubnis bitten nachzufragen. Menschen drängen uns ständig Dinge auf: Einladungen, Blog-Links, Bücher, die uns gefallen könnten, hilfreiche Ratschläge. Sie möchten keiner dieser Menschen sein, ganz abgesehen von der Tatsache, dass unsere instinktive Reaktion auf unerbetene Dinge ein *Nein* ist. (In einer Studie veranlasste ein Schild, das die Ausgabe von Geldgeschenken ankündigte, Menschen dazu, einfach weiterzugehen oder die Straße zu überqueren, um den Forschenden auszuweichen, die 50-Dollar-Scheine verschenkten.)[11] Stattdessen sollten Sie Ihre großartige Idee einer anderen Person so knapp wie möglich beschreiben und sie fragen, ob sie gern mehr hören würde: »Ist das etwas, was Sie interessieren könnte?«, oder: »Möchten Sie, dass ich Ihnen einen Link schicke?«

Um die Erlaubnis zu bitten nachzufragen, hört sich folgendermaßen an: »Dürfte ich Sie um Rat fragen?«, »Könnten wir darüber sprechen, was schiefgegangen ist?«, »Könnten wir ein Gespräch über meine weitere berufliche Laufbahn führen?«, »Könnten wir über mein Gehalt sprechen?« Sie können auch fragen, wann ein günstiger Zeitpunkt wäre, um darüber zu reden. Wenn die angesprochene Person mit einem bestimmten

Termin einverstanden ist, ist sie auch gewillt, Ihnen mit größtmöglicher Offenheit zuzuhören. Sie könnten sie auch fragen, wie sie vorzugsweise kommunizieren möchte – per E-Mail, Telefon, Videokonferenz, Treffen zu einem Kaffee usw. Einige Menschen haben starke Präferenzen und hätten bereits das Gefühl, ein Opfer zu bringen, wenn sie in Ihrem bevorzugten Modus statt in ihrem eigenen kommunizieren müssten.

Um Einverständnis zu bitten, bevor man einen Rat erteilt, ist eine weitere Aikido-Technik, weil Menschen zwar von Natur aus allergisch auf Druck reagieren, aber gleichzeitig von Natur aus neugierig sind. Sie haben vielleicht nicht um Rat gebeten, aber wenn Sie sagen: »Vielleicht weiß ich etwas, das Ihnen weiterhelfen könnte. Möchten Sie es hören?«, werden sie das Angebot aus Neugierde kaum ablehnen. Dies ist ein weiteres praktisches Beispiel für den Zeigarnik-Effekt. Und wenn sie Ja sagen, sind sie Ihrer Idee gegenüber aufgeschlossener, weil sie sich bewusst dafür entschieden haben zuzuhören.

Dies mag ein wenig seltsam erscheinen, aber Sie können die Entscheidungsfreiheit ihrer Gesprächspartner*innen auch dadurch bekräftigen, dass Sie ausdrücklich darauf hinweisen, dass sie sich frei entscheiden können.[12] Selbstverständlich gewähren Sie ihnen die Entscheidungsfreiheit nicht; diese haben sie bereits. Und Sie sagen auch nicht, dass sie mit jeder Entscheidung gleich zufrieden sein werden. Sie bestätigen lediglich die grundlegende Wahrheit, dass Menschen bereits frei sind. Sie setzen sie nicht unter Druck, und Sie lassen sie dies auch ausdrücklich wissen – was dafür spricht, dass Sie sie in Zukunft auch nicht unter Druck setzen werden. Sie können einige der folgenden Formulierungen ausprobieren, um es ihnen einfacher zu machen: »Kein Druck«, »Fühlen Sie sich frei, Nein zu sagen«, »Ich weiß, Sie müssen beschäftigt sein, also werde ich es nicht persönlich nehmen, wenn Sie Nein sagen«, »Bitte sagen Sie nur dann Ja, wenn Sie sich damit vollkommen wohlfühlen«, »Es liegt ganz bei Ihnen.« Oder auch: »Ich bin nicht Ihr Chef.« Ich verwende diese Formulierungen sehr oft, zum Teil weil sie nützlich sind, aber auch weil ich sie ernst meine. Ich will, dass Menschen nur dann Ja sagen, wenn es sich für sie wirklich richtig anfühlt.

Wenn es einen hierarchischen Unterschied gibt, sollten Sie diesen berücksichtigen, wenn Sie die Entscheidungsfreiheit der anderen Person betonen. Wenn sie einen höheren Status hat, könnte es kontraproduktiv sein zu sagen: »Es liegt ganz bei Ihnen.« Denn diese Person weiß bereits, dass die Entscheidung ihr überlassen bleibt. Aber in diesem Fall könnte eine Aussage wie »Ich weiß, Sie müssen beschäftigt sein, also werde ich es nicht persönlich nehmen, wenn Sie Nein sagen« positiv aufgenommen werden. Die Person ist beschäftigt, sie schätzt es, dass Sie dies erkennen, und sie zieht es wahrscheinlich vor, Sie nicht zu kränken. Wenn Sie dagegen die Entscheidungsfreiheit einer Ihnen hierarchisch nachgeordneten Person bekräftigen, sollten Sie sorgfältig darauf achten, sie nicht versehentlich unter Druck zu setzen. Wenn Sie sagen: »Es liegt bei Ihnen«, doch der Tonfall Ihrer Stimme vermittelt die Botschaft: *Aber ich werde sehr enttäuscht sein, wenn Sie die falsche Entscheidung treffen*, dann wird sich dies nicht nach Freiheit anfühlen.

Den Widerstand durch eine »weiche Frage« abschwächen

Nachdem jemand Ihre Bitte abgeschlagen hat, ist es schwer, die Person dazu zu bringen, ihre Meinung zu ändern. (Dies hängt mit der psychologischen Eigentümlichkeit zusammen, die wir weiter oben diskutiert haben: Menschen neigen dazu, ihren eigenen Entscheidungen eine größere Bedeutung beizumessen, sobald sie sie getroffen haben.) Zielführender ist es, die Meinung der Person im Vorfeld abzuschätzen, indem man eine hypothetische Frage stellt, deren Beantwortung sie nicht bindet. Ich nenne das eine *weiche Frage.**

Eine weiche Frage hört sich folgendermaßen an: »Könnte Sie dies interessieren?«, oder: »Wenn ich Sie ________ fragen würde, was würden Sie davon halten?«, oder: »Wie angenehm wäre es Ihnen, wenn Sie ______ tun würden?«, oder: »Ich versuche nicht, Sie zu einer Entscheidung zu drängen, aber wo stehen wir Ihrer Meinung nach in diesem Moment zwischen eins und zehn, wenn zehn ›total entschlossen‹ und eins ›entschieden dagegen‹ bedeutet?«

Weiche Fragen sind aus vielerlei Gründen effektiv, hauptsächlich aber deshalb, weil sie ein Weg sind, um mit geringem Risiko an wertvolle Informationen zu gelangen. Wozu Ihre Zeit und die der anderen Person mit einer Diskussion über etwas vergeuden, das diese definitiv ablehnt? Und wozu Zeit verschwenden, wenn die andere Person bereits entschieden dafür ist? Außerdem stellen weiche Fragen sicher, dass sich bei einer Ablehnung niemand verletzt fühlt. Nehmen wir an, Sie fühlen sich zu jemandem in Ihrem Freundeskreis hingezogen und wollen Ihre Chancen sondieren. Wenn Sie die Frage hypothetisch stellen (»Was würdest du davon halten, wenn wir irgendwann mal zusammen ausgehen würden?«) und diese Person Ihnen sagt, dass sie lieber befreundet bleiben sollten, dann wird Ihnen das ein bisschen wehtun, aber es wird Sie nicht umhauen. Es war nur eine Idee, und sie beide können wahrscheinlich nach wie vor Zeit miteinander verbringen. Aber wenn Sie

---

* Wenn Sie im Vertrieb gearbeitet haben, kennen Sie vielleicht das damit verwandte Konzept des »probeweisen Geschäftsabschlusses« (*test close*).

eine direkte Frage stellen, wie zum Beispiel: »Hast du Lust, mit mir auszugehen?«, und eine Abfuhr bekommen, wird es dies für sie beide schwerer machen, befreundet zu bleiben.

Eine weiche Frage ist auch ein kluger Kunstgriff, wenn Sie um ein Arbeitszeugnis oder ein Empfehlungsschreiben bitten. Statt zu fragen: »Würden Sie mir einen Empfehlungsbrief schreiben?«, sollten Sie fragen: »Wäre es für Sie in Ordnung, mir einen überzeugenden Empfehlungsbrief zu schreiben?«, oder: »Wäre es für Sie in Ordnung, mir ein gutes Arbeitszeugnis auszustellen?« Diese Vorgehensweise erleichtert es der anderen Person, Nein zu sagen, und das ist nur in Ihrem eigenen Interesse. Warum? Weil die weiche Frage Sie davor bewahrt, eine halbherzige Empfehlung zu bekommen, die Ihre Chancen zunichtemachen könnte. Und wenn die Person, die Sie empfiehlt, Ja sagt, dann wird sie Sie so begeistert unterstützen, wie sie nur kann, weil sie sich aus freien Stücken dazu verpflichtet hat.

Der freundliche Brontosaurus

Wenn eine Topverkaufsperson, nachdem sie ein Nein gehört hat, sechs- oder siebenmal zu einem potenziellen Kunden oder einer potenziellen Kundin zurückkehrt, wie oft tut dies Ihrer Meinung nach dann eine *durchschnittliche* Verkaufsperson? Dreimal. Wie oft hakt Ihrer Meinung nach die durchschnittliche Person (die nicht im Vertrieb arbeitet) nach, nachdem sie ein Nein gehört hat? Genau, kein einziges Mal. Beharrlichkeit ist eine unterschätzte Tugend.

Ein Einflussmodell, das sich bei meinen Studierenden großer Beliebtheit erfreut, ist der *freundliche Brontosaurus*: ein sanftmütiger Pflanzenfresser, der sich nicht mit einem Nein als Antwort abfindet. Dies ist eine trügerisch passive Technik, und sie ist einfach anzuwenden – im Grunde genommen müssen Sie lediglich abwarten. Aber Sie warten *nicht* unsichtbar in einer Ecke und drücken sich die Daumen. Nein, wie ein auffälliger Dinosaurier bleiben Sie optimistisch in Sicht: *Hallo! Ich bin's (noch immer). Wollte mich nur mal kurz melden!* Der freundliche Brontosaurus ist geduldig, höflich und beharrlich. Sie bitten um das, was Sie wollen, dann treten Sie einen Schritt zurück. Sie melden sich wieder. Sie warten, und Sie haken nach, so lange wie nötig. Niemand kann auf den freundlichen Brontosaurus böse werden – und niemand kann ihn ignorieren. Und es ist schwer, einem so netten Wesen dauerhaft Bitten abzuschlagen. Beharrlichkeit und Gutmütigkeit können eine unwiderstehliche Kombination sein.

Die Journalistin und Autorin Jessica Winter beschreibt, wie einem der freundliche Brontosaurus einen Sitzplatz in einem ausgebuchten Flugzeug verschaffen kann.[13] Wenn Ihnen die Person am Abfertigungsschalter sagt, dass es aussichtslos sei, erwidern Sie in freundlichem Ton, Sie seien sicher, dass sich etwas arrangieren lasse. Dann treten Sie einen Schritt zurück. Winter schreibt:

> *Sie müssen ruhig und leicht nach vorn geneigt dastehen, die Hände locker gefaltet in einer Art Gebetsgeste. Sie befinden sich am Rand des Gesichtsfeldes des oder der Abfertigungsangestellten – nahe genug, dass er oder sie Ihre Anwesenheit nicht übersehen kann, aber nicht so nahe, dass Sie ihn oder sie bedrängen –, aber Sie müssen die Augen die ganze Zeit ruhig auf das Gesicht dieser Person richten. Versuchen Sie möglichst verständnisvoll, ja sanftmütig dreinzublicken. Sprechen Sie nicht ungefragt. Jedes Mal, wenn der oder die Abfertigungsangestellte etwas zu Ihnen oder zu anderen Per-*

sonen, die ebenfalls auf einen Sitzplatz warten, sagt, müssen Sie empathisch mit dem Kopf nicken. Setzen Sie dies so lange fort, bis der oder die Angestellte Ihnen Ihre Sitzplatznummer gibt. Der freundliche Brontosaurus bekommt immer einen Sitzplatz.

Als mein ehemaliger Student Tiago Cruz ein Angebot erhielt, nach seinem Abschluss bei einer großen Unternehmensberatung zu arbeiten, äußerte er eine ziemlich verrückte Bitte: Wäre es möglich, einen Dienstwagen zu bekommen? Frischgebackene Betriebswirte und -wirtinnen bekommen in keinem Unternehmen, das ich kenne, einen Dienstwagen, aber Tiago ist der Typ Mensch, zu dem man Ja sagen will, und das taten sie. Aber dann baten sie um Entschuldigung. Tatsächlich standen dem Management keine Dienstwagen zu. Tiago sagte: »Das ist wirklich schade! Nun, ich hoffe, dass wir eine Lösung finden.« Im folgenden Monat meldete er sich erneut; er sagte, es würde ihn unglaublich freuen, wenn sie dies möglich machen könnten, auch wenn es verrückt sei. Wieder Nein. Im Monat darauf noch immer Nein. Er trug seine Bitte mit nie nachlassender, unbeirrbarer Freundlichkeit vor. Und er blieb hoffnungsvoll. Monat für Monat hakte er nach, bis das Unternehmen, zu meiner größten Überraschung, eine Lösung präsentierte.

Eine der besten Methoden, um Respekt zu zeigen und gleichzeitig beharrlich zu bleiben, besteht darin zu fragen, ob Sie erneut fragen dürfen. Und wann. Und wenn Sie dann nachhaken, können Sie sagen: »Sie haben gesagt, es wäre in Ordnung, wenn ich mich am Freitagnachmittag bei Ihnen melde. Ist das nach wie vor eine gute Zeit?« Achten Sie sowohl auf nonverbale als auch auf verbale Hinweise, wenn Sie nachfragen. Dies ist der richtige Moment, um herauszufinden, ob Sie willkommen sind oder für eine Nervensäge gehalten werden.

Sie werden nicht nach jedem Nein einfach unbeirrt weitermachen (tun Sie dies bitte nicht im romantischen Kontext), und Sie sollten Ihre Zeit nicht vergeuden. Topverkaufspersonen bleiben nur dann am Ball, nachdem sie sich Klarheit darüber verschafft haben, wer gegenüber ihrer Idee aufgeschlossen *und* in der Lage ist, sich dafür einzusetzen; in diese Beziehungen investieren sie dann. In ihrem Jargon ausgedrückt: Sie investieren nur dann Zeit, wenn sie einen vielversprechenden Interessenten oder eine Interessentin (für ihr Produkt) identifiziert haben. Sie halten nicht zu jeder beliebigen Person Kontakt.

Wie man mit Einwänden umgeht

Wenn ich im Unterricht das Thema Einwände behandele, üben die Studierenden mithilfe von Rollenspielen, wie man am besten damit umgeht. Wenn Sie jemanden finden, der ein lebensnahes Szenario mit Ihnen durchspielt, übernimmt diese Person Ihre Rolle – also die der Bittstellerin oder des Bittstellers –, während Sie die ablehnende Person spielen. Normalerweise wählen Studierende eine berufliche oder studienbezogene Situation, etwa ein Problem mit Vorgesetzten, einer Kollegin oder einem Kollegen. Aber Niv Weisenberg wollte, dass wir ihm helfen, den Widerstand seiner Frau gegen die Anschaffung eines Hundewelpen zu überwinden. Er war ein ruhiger und witziger Typ, die Art von Person, der man Erfolg wünscht, und wir alle drückten ihm die Daumen, dass er diesen Welpen bekommen würde (weil … Welpen).

Die Aikido-Übung mit Niv gestaltete sich in etwa folgendermaßen:

Widerstände registrieren und ergründen

ER: Könntest du mir helfen zu verstehen, was aus deiner Sicht am meisten dagegenspricht, dass wir uns einen Welpen anschaffen?

SIE: Die ganze Arbeit, nicht nur die Erziehung. Es ist, als hätte man ein Kind.

ER: Als hätte man ein Kind?

SIE: Das Gassigehen, die Erziehung, der Zwang, nach Hause zu fahren, um den Hund rauszulassen. Das nächtliche Jaulen, wenn er an seine Box gewöhnt wird. Und das Verreisen wird komplizierter.

ER: Es hört sich nach viel Arbeit an. Und es hört sich so an, als würdest du annehmen, dass du damit allein wärst.

SIE: Nun, ja. Denn du hattest noch nie einen Hund, und du hast keine Ahnung, worauf du dich da einlässt.

ER: Ich kann verstehen, dass du keinen Bock darauf hast, eine Menge zusätzliche Arbeit zu übernehmen. Hast du noch andere Bedenken gegen die Anschaffung eines Hundes?

SIE: Nun, der Hund könnte natürlich nicht in unserem Bett schlafen. Du weißt, wie schlecht gelaunt ich bin, wenn ich nicht gut schlafe.

Die Entscheidungsfreiheit der anderen Person bekräftigen

ER: Ha, ha, das weiß ich allerdings. Wir müssten eine Lösung für die Arbeit und den Schlaf finden. Und selbstverständlich können wir uns keinen Welpen anschaffen, wenn du es nicht willst.

SIE: Ja, gut.

Widerstände mit einer weichen Frage abschwächen

ER: Darf ich dir eine hypothetische Frage stellen? Wenn du dich überhaupt nicht um den Welpen kümmern müsstest und er in

einem anderen Zimmer schlafen und dich nicht wecken würde, würde es dir dann gefallen, einen Hund zu haben, mit dem du spielen könntest?
SIE: Du weißt, dass ich Hunde liebe. Aus diesem Grund habe ich mich um Zumi gekümmert, als meine Schwester verreist ist. Aber ich musste dafür extra um die Mittagszeit von der Arbeit nach Hause kommen, und das war anstrengend. Und du fängst eine neue Arbeit an. Da wir nicht wissen, was das sein wird, beziehungsweise noch nicht einmal, wo wir leben werden, sehe ich nicht, wie du dich um einen Welpen kümmern willst.

Ein freundlicher Brontosaurus sein
ER: Gut. Nun, danke, dass du mit mir darüber gesprochen hast, und ich denke, du hast recht, dass es sinnvoll ist, noch zu warten. Wäre es in Ordnung, wenn ich dich noch einmal fragen würde, ob du deine Meinung über einen süßen kleinen Hund geändert hast, nachdem wir unsere Arbeits- und Lebenssituation geklärt haben?
SIE: Einverstanden. Such dir in der Zwischenzeit eine Arbeit.
ER: Einverstanden. Ich bin dran!

Dies war lediglich ein Rollenspiel, und selbst in diesem Gespräch haben diese Aikido-Griffe Nivs Ehefrau nicht auf magische Weise von einem Nein zu einem Ja bewegt. Aber Niv konnte spüren, dass sich ihr Widerstand gegen die Anschaffung eines Hundes ein wenig abschwächen würde und dass sie vielleicht bereit wäre, zu einem passenderen Zeitpunkt noch einmal darüber zu sprechen. Dies können Sie mit Aikido-Techniken erreichen. Konsequentes Üben wird einen Teil Ihrer eigenen Widerstände zerstreuen und Ihnen bestimmte Formulierungen an die Hand geben, die diese Gespräche erleichtern.

In einer früheren Diskussion über die Macht des Nein sagte ich, dass »Nein« ein vollständiger Satz ist. Das stimmt, aber es bedeutet nicht unbedingt, dass das Nein für immer Bestand haben muss. Dadurch, dass wir die Bedenken anderer Menschen ausloten, können wir herausfinden, ob sie offen für eine Zusammenarbeit oder für ein Umdenken in der Zukunft sind. Wenn Sie die Absichten anderer, ihre Intelligenz und ihre grundlegende Freiheit respektieren, werden Ihre Bemühungen, sie zu beeinflussen, reibungsloser verlaufen. Mit zunehmender Erfahrung werden Sie Widerstände vielleicht sogar begrüßen, weil diese Ihnen mehr über die Person, mit der Sie verhandeln, sagen als ein einfaches Ja (obgleich ein einfaches Ja auch nett ist).

Ach, übrigens, Niv blieb beharrlich, und er und seine Frau sind glücklich mit ihrer Entscheidung. Dies ist Tink.

KAPITEL SECHSEINHALB

Tiefes Zuhören

Den Widerstand einer anderen Person mitzubekommen kann einen manchmal überfordern, weil man sich schon mit seinem eigenen Widerstand herumschlagen muss. Man kann in seinem eigenen Kopf gefangen sein. Wir alle sind es. Selbst in einer freundlichen Unterhaltung sind wir damit beschäftigt, uns an unsere ähnlichen Erfahrungen zu erinnern oder uns zu überlegen, was wir als Nächstes sagen werden. Bei einer Meinungsverschiedenheit verstärkt unser Gehirn diese Impulse. Der Alligator filtert das meiste dessen aus, was Sie hören, und der Richter übt vernichtende Kritik an sämtlichen Informationen, die durchsickern. Dieser mentale Prozess veranlasst uns dazu, die Ansichten von Menschen, die anderer Meinung sind als wir, zu karikieren und uns einzubilden, sie seien viel extremer, als sie es tatsächlich sind.

Diese Verzerrungen zeigen sich in jedem Bereich – im Privat- und Berufsleben, aber auch in der Politik. In den Vereinigten Staaten sind sowohl Demokratinnen und Demokraten als auch Republikaner überzeugt davon, dass Mitglieder der jeweils anderen Partei extremere Ansichten vertreten als sie selbst. Was zum Beispiel die umstrittene Frage der Einwanderung anbelangt, gehen Demokratinnen und Demokraten davon aus, dass republikanische Wähler*innen die Grenzen vollkommen dichtmachen wollen, während Republikaner*innen annehmen, dass demokratische Wähler*innen sie vollständig öffnen wollen. Beide irren sich; es gibt erhebliche Überschneidungen in ihren Ansichten zur Einwanderung.

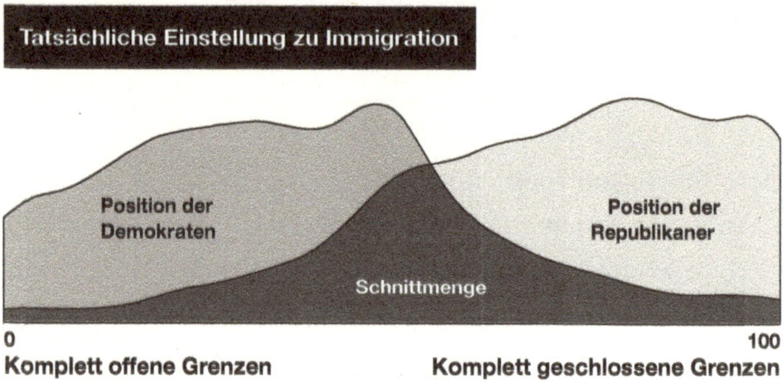

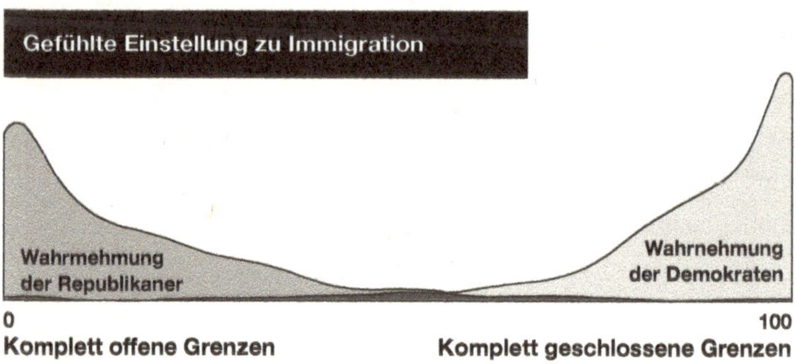

Dieses Phänomen wird *Polarisierungsverzerrung* genannt,[1] und Forschende haben es auf zahlreichen Gebieten nachgewiesen. Mitglieder religiöser und ethnischer Gruppen sind der Meinung, dass andere Menschen sie negativer wahrnehmen, als es tatsächlich der Fall ist. Menschen schätzen falsch ein, in welchem Ausmaß Mitglieder der Gegenseite bei vielen zentralen

Streitpunkten wie Waffenkontrolle, Rassismus und Religion nicht mit ihnen übereinstimmen.[2] Und je radikaler unsere eigenen Ansichten sind, umso extremer sind unserer Überzeugung nach auch die Ansichten der anderen Seite.[3]

Der Schlüssel zur Überbrückung dieser Kluft ist das Zuhören, und der unterschätzte erste Schritt beim Zuhören ist das aufmerksame Vernehmen der Stimme einer anderen Person. Die beiden Sozialpsychologen Juliana Schroeder und Nick Epley haben herausgefunden, dass wir eine Person für kompetenter, reflektierter und intelligenter halten, wenn wir auf ihre Stimme achten, statt nur ihre Worte zu entziffern. Wir würden sie dann auch eher einstellen – und dieses »wir« schließt professionelle Personalvermittler*innen ein. Wenn jemand anderer Meinung ist als wir, können wir dessen Meinung nicht so leicht abtun, wenn wir bewusst auf seine oder ihre Stimme achten; sie erinnert uns daran, dass das Gegenüber ein denkender, fühlender Mensch ist.[4]

Aber wie lauscht man einer Person, wenn Meinungsverschiedenheiten einen dazu motivieren, sich nach innen zu kehren? Wenn ich Studierende bitte, nur eine Minute lang aufmerksam zuzuhören, während eine Partnerin oder ein Partner spricht, berichten sie alle von den üblichen Ablenkungen, die größtenteils auf die Frage hinauslaufen: *Was werde ich sagen, wenn ich an der Reihe bin?* Aber Sie können Ihre Aufmerksamkeit auf die andere Person verschieben, indem Sie die Ziele, die Sie mit dem Zuhören erreichen wollen, konkret benennen.

Das einfachste Ziel besteht darin, *auf das zu lauschen, was die Person denkt*. Versuchen Sie, die bewussten Gedanken der anderen Person statt Ihre eigenen zu hören. Sie können keine Gedanken lesen, aber Sie können aus den Worten der anderen Person Rückschlüsse ziehen.

Wenn Sie tiefer gehen wollen, können Sie *auf das lauschen, was die Person fühlt,* indem Sie auf ihre Alligatorreaktionen achten. Sie können dies dadurch tun, indem Sie die Emotionen der anderen Person als »wütend«, »besorgt«, »stolz« oder was immer Sie spüren, etikettieren. Still oder laut. Die Gefühle einer anderen Person in Worte zu fassen wirkt stressmindernd und kann uns helfen, konzentriert zu bleiben.[5] Oder Sie können versuchen, Ihren Alligator die Gefühle der Person spüren zu lassen; auf diese Weise werden Sie sich dieser Person näher fühlen, auch wenn das, was Sie fühlen, nicht das Gleiche ist, was die Person fühlt. (Wir kommen gleich auf das Thema der Treffgenauigkeit.)

Wenn Sie noch tiefer gehen wollen, können Sie *auf die Gedanken lauschen, die ungesagt bleiben.* Mithilfe von logischem Denken und Intuition aktivieren Sie Ihren inneren Sherlock Holmes. Henry Kissinger beschrieb einmal diese Art des Zuhörens als den Schlüssel zu erfolgreicher Diplomatie, und es kann erstaunlich hilfreich sein – auch wenn Sie vielleicht nach wie vor falschliegen. Dieses aufmerksame Lauschen ist auch mit dem Risiko verbunden, Gefühle der Überlegenheit in Ihnen auszulösen, wenn Sie glauben, etwas entdeckt zu haben, das die sprechende Person vielleicht selbst nicht bemerkt oder von dem sie nicht wollte, dass Sie es wissen. Versuchen Sie dieses Gefühl unter Kontrolle zu halten. Vorläufig stellen Sie nur Hypothesen auf – und Sie könnten sich irren.

Wenn Sie noch tiefer bohren wollen, können Sie *auf die unausgesprochenen Werte der anderen Person lauschen.* Warum sind ihr die Dinge, über die sie spricht, wichtig? Wenn sie empört ist, welche ihrer grundlegenden Wertvorstellungen empfindet sie dann als bedroht oder verletzt? Wenn sie hocherfreut ist, welcher Wert ist dann ihres Erachtens erfüllt oder verteidigt worden? Diese tiefste Form des Zuhörens ist besonders hilfreich bei Konflikten und Beanstandungen, aber grundsätzlich können Sie sie immer anwenden. Normalerweise hören Sie ein Flüstern der gleichen Werte in sich, was Ihnen hilft, Empathie zu entwickeln und einen Draht zu der Person aufzubauen, der Sie zuhören.[6]

Wenn Sie mit dem aufmerksamen Lauschen aufhören, sollten Sie der anderen Person rückmelden, was Sie gehört oder intuitiv erfasst haben, um zu sehen, wie gut Sie sie verstanden haben, und um zu einem besseren Verständnis zu gelangen. Wenn man die Gefühle von jemandem in Worte fasst, fühlt er oder sie sich gesehen und verstanden, und es dämpft die Aktivierung seiner oder ihrer Amygdala, wo das Gehirn Furcht und Stress verarbeitet.[7] In diesem Fall plaudern Sie nicht einfach das nach, was die Person gesagt hat, vielmehr fügen Sie Ihre eigene Interpretation hinzu – etwas, was sie *nicht* gesagt hat. Dies dient als eine Einladung, in dem Gespräch in die Tiefe zu gehen, damit Sie einander noch besser verstehen. Dies kann ein Geschenk sein, das der anderen Person hilft, sich ebenfalls besser zu verstehen.

Ein Freund beschrieb mir einmal einen Moment in einer Psychotherapiesitzung, der kam, nachdem er wochenlang mit einer schmerzlichen Familiendynamik gerungen hatte. Immer wenn häusliche Streitigkeiten eskalierten, erwarteten sowohl seine Frau als auch seine Teenagertochter von ihm, dass er sich auf ihre Seite stellte, und er hasste es, zwischen zwei Stühlen zu sitzen. Nachdem er aufmerksam zugehört hatte, sagte der Therapeut meines Freundes: »Es hört sich ganz so an, als würde Ihnen Frieden viel bedeuten.« In der anschließenden Stille hatte mein Freund das tiefe Gefühl, dass plötzlich alles einen Sinn ergab. Bis zu diesem Moment hatte er seine schmerzliche Erfahrung auf seine eigene Ambivalenz oder Schwäche zurückgeführt. Eine schwere Last fiel von ihm ab, als er seine eigenen Gefühle klarer sah, ohne sie zu beurteilen.

Sie sind kein*e Therapeut*in, und Sie haben keine jahrzehntelange Erfahrung darin, aber Sie müssen nicht richtigliegen – Sie müssen es einfach nur versuchen. Nachdem Sie einer Person mit einer bestimmten Absicht zugehört – um ihre Gedanken oder ihre Gefühle oder das, was ungesagt blieb, oder ihre Werte oder all dies zusammen zu verstehen – und ihr Ihre beste Einschätzung zurückgespiegelt haben, ohne zu urteilen, wird sie es zu schätzen wissen, dass Sie versuchen, sie zu verstehen.

Dies ist kein Test Ihrer Fähigkeiten, es ist ein Gespräch. Wenn Sie Werte herauszuhören versucht haben, könnten Sie sagen: »Es hört sich so an, als würde Ihnen ___________ (füllen Sie die Leerstelle mit ›Wissen‹ oder ›Gerechtigkeit‹ oder ›Kreativität‹ oder ›Freiheit‹ oder einem anderen Wert, den Sie intuitiv erfasst haben) viel bedeuten.« Wenn Sie falschliegen, wird die Person dies klarstellen, sodass Sie sie besser verstehen können. Wenn Sie das zurückspiegeln, was Sie aus den Worten der anderen Person herausgehört haben, kann dies die »gefühlte« Qualität des Gesprächs auf beiden Seiten positiv beeinflussen. Im Rahmen eines freundlichen Geplauders fördert es die Vertrautheit. Bei einer Meinungsverschiedenheit hilft es, feindselige Gefühle zu dämpfen und kollegiale zu stärken.

Die Empathie-Challenge

Meine Studierenden üben, wie man Werte aus den Äußerungen anderer heraushört, anhand einer Aufgabe, die Empathie-Challenge genannt wird. Bei dieser Challenge hören Sie drei verschiedenen Personen zu, die bei einem Thema, das Ihnen wichtig ist, anderer Meinung sind als Sie. Sie beginnen jede dieser Unterhaltungen mit der Annahme – dem Frame –, dass die andere Person intelligent und wohlmeinend ist. Während diese Person ihren Standpunkt erläutert, lauschen Sie auf die Werte, die in ihren Worten mitklingen. Schließlich suchen Sie nach Gemeinsamkeiten, wenn Sie diese Werte zurückspiegeln. Das war's.

Bevor ich meinen Studierenden die Empathie-Challenge aufgab, habe ich sie selbst ausprobiert. Dies war im Jahr 2016, zwei Monate vor den US-Präsidentschaftswahlen. Ich konnte nicht verstehen, wieso intelligente, wohlmeinende Menschen für den republikanischen Kandidaten stimmen wollten. Also nahm ich mir vor, es von ihnen selbst zu erfahren. Einige aus meinem progressiven Freundeskreis ärgerten sich über mein Projekt. »Warum sind *wir* diejenigen, die immer zuhören müssen?« Aber ich wusste, dass ich im Grunde nicht zugehört hatte; aufgrund der Polarisierungsverzerrung hatte ich die Ansichten anderer Menschen karikiert, ohne sie danach gefragt zu haben.

Und so arrangierte ich drei Gespräche mit republikanischen Wählerinnen und Wählern.

Als Erstes unterhielt ich mich mit einem orthodoxen Juden, der in New York lebt. Der Trump-Aufkleber auf seinem Auto war eine Ursache regelmäßiger Belästigungen durch Fremde, und auch mit befreundeten Menschen und Verwandten lag er im Streit. Als ich ihn fragte, warum er Donald Trump unterstütze, zählte er mit lauter Stimme seine Kritikpunkte an Hillary Clinton auf. Ich biss mir auf die Zunge, bis er zu Ende gesprochen hatte. Dann sagte ich: »Da Sie diesen Aufkleber auf Ihrem Auto gelassen haben, obwohl Leute Sie deshalb anhupen oder anschreien, müssen Sie ein echter Fan von Donald Trump sein. Ich bin neugierig. Können Sie mir helfen zu verstehen, was Sie an ihm mögen?«

Er begann, über seinen Glauben und darüber zu sprechen, wie es sei, wegen seines Glaubens verfolgt zu werden. Es bedeute ihm viel, dass Trumps Tochter und ihr Ehemann Juden seien. Dann erzählte er mir eine Geschichte, die er über Donald Trump gehört hatte: Er habe die medizinischen Behandlungskosten für einen orthodoxen jüdischen Jungen übernommen, der schwer erkrankt gewesen sei.

Ich hatte keine Möglichkeit zu überprüfen, ob das stimmte. Wenn es mir darum gegangen wäre, in einem Streit das letzte Wort zu haben, hätte ich vielleicht den Wahrheitsgehalt des Berichts in Zweifel gezogen. Stattdessen saß ich einige Momente still da, bevor ich anmerkte: »Sie hören sich so an, als läge Ihnen viel daran, anderen Menschen zu helfen.«

»Natürlich. Das muss man doch.«

»Und Sie hören sich so an, als hätten Sie eine Schwäche für Helden.«

Er lachte. »Das ist wohl so.«

»Die habe ich auch.«

Wir sprachen mehr über das Leben in einer orthodoxen jüdischen Gemeinde und über meinen Unterricht. Ich konnte es nachempfinden, dass man loyal zu seinen Heldinnen und Helden steht und dass man Menschen helfen will, die anderen Menschen helfen. Wenn ich die Ansichten dieses Mannes über Donald Trump geteilt hätte, dann hätte ich ebenfalls einen MAGA-Aufkleber (»Make America Great Again«) gehabt. Unser Gespräch endete freundschaftlich.

Zu meiner Überraschung taten dies auch die nächsten beiden. Ich musste mir einige weitere Male auf die Zunge beißen, aber es war hilfreich, in diese Gespräche mit der Erwartung hineinzugehen, dass die andere Person intelligent und wohlmeinend ist. Im zweiten Fall stimmte ich von ganzem Herzen der

Friedenspassion von jemandem zu, der aus Russland emigriert war. Im dritten Gespräch konnte ich das tiefe Bedürfnis nach Authentizität von einer Person nachempfinden, die im Anwaltsberuf tätig war.

Diese Gespräche änderten niemandes Meinung über die Präsidentschaftskandidaturen; darum ging es auch nicht. Aber ich entwickelte Empathie und fand Gemeinsamkeiten, die eine Grundlage für eine Verständigung in anderen Streitfragen hätten werden können. Und ich erfuhr auch, dass Menschen, die anderer Meinung als ich waren, nicht unbedingt miteinander übereinstimmten. Ihre Ansichten speisten sich aus einzigartigen Erfahrungen, der Kandidat begeisterte sie in unterschiedlichem Ausmaß, und sie identifizierten sich aus unterschiedlichen Gründen mit Trumps Wahlprogramm – und es zeigte sich, dass keiner davon sich mit denjenigen deckte, die ich vorhergesagt hätte. Oft bemerken wir gar nicht, dass wir anderen Menschen Ansichten zuschreiben, ohne dass wir ihnen richtig zugehört haben.

Meine Studierenden machten bei der Empathie-Challenge mitunter Erfahrungen, die ihre Einstellungen grundlegend veränderten. Eine Abtreibungsgegnerin hörte einer engen Freundin zu, als diese erklärte, warum sie Abtreibungsbefürworterin war. Die Freundin enthüllte, dass sie vergewaltigt worden und dann schwanger geworden war. Meine Studentin erkannte, dass sie unter diesen Umständen vielleicht ebenfalls in Erwägung gezogen hätte abzutreiben. Eine andere Studentin legte einen familiären Konflikt wegen einer arrangierten Ehe bei, und als die Eltern das Gefühl hatten, dass ihren Werten Respekt gezollt wurde, zeigten sie sich offener für den Wunsch ihrer Tochter, am College zu bleiben. Und die LGBTQ-Studierenden, die den Kontakt zu Familienmitgliedern suchten, die sie zuvor verurteilt hatten, fanden bei ihnen mehr Zuneigung, als sie erwartet hatten.

Sowohl die Zuhörübungen, die wir im Unterricht machen, als auch die Empathie-Challenge helfen uns, in einer friedlichen Weise mit Meinungsverschiedenheiten umzugehen, und sie gemahnen uns, nach der Ursache festverwurzelter Überzeugungen bei Menschen zu suchen. Wir lernen zu akzeptieren, dass jemand eine bestimmte Meinung zur Black-Lives-Matter-Bewegung hat, wenn der eigene Bruder ein Polizist ist und man um seine Sicherheit fürchtet, und eine andere Meinung, wenn man ein Schwarzer Mann ist, der um seine eigene Sicherheit besorgt ist und sich ständig genau überlegen muss, was er sagt, damit er niemandem Angst einjagt. Diese Gespräche verlaufen nicht alle harmonisch. Bei einigen schlagen die Emotionen hoch. Aber wir versuchen es. Empathie vermittelt uns keine Aufschlüsse darüber, wer recht oder unrecht hat. Wir versuchen einfach, einander als Mitmenschen zu verstehen. Dadurch, dass wir aufmerksam zuhören, uns offen zeigen und unsere eigene Agenda hintanstellen, um die Erfahrung einer anderen Person nachzuvollziehen, zeigen wir einander, wie Empathie aussieht und sich anfühlt. Indem wir in dieser Weise miteinander in Verbindung treten, öffnen wir unser Herz und unseren Verstand für positive Einflüsse.

KAPITEL SIEBEN

Kreative Verhandlungen

In einem kleinen Dorf im ländlichen Sambia in der Nähe eines großen Wildreservats ließ sich Gloria Steinem mit einer Gruppe von Frauen mitten in einem kargen Feld auf eine große Plane nieder. Sie hatte vor Kurzem an einer Konferenz über Sexhandel teilgenommen, und diese Dorfbewohnerinnen betrauerten den jüngsten Verlust zweier junger Frauen, die von Sexhändlern entführt worden waren. Statt kluge Ratschläge zu geben, stellte Gloria eine Frage: »*Was bräuchte es*, damit das nicht wieder passiert?«

Die Frauen sagten ihr: einen elektrischen Zaun.

Einen elektrischen Zaun.

Wenn der Mais eine bestimmte Höhe erreiche, sagten die Frauen, würden Elefanten kommen und ihn fressen, die Felder zertrampeln und Familien hungrig zurücklassen, sodass sie leicht Opfer von Ausbeutung würden.

»Okay. Wenn ich das Geld beschaffe«, fragte Gloria, »werden Sie dann die Felder aufräumen und alle Arbeiten erledigen, um den Zaun zu errichten?«

Sie sagten Ja. Also beschaffte sie die wenigen Tausend Dollar, die dafür benötigt wurden, und die Frauen entfernten von Hand die Steine und die Baumstümpfe. Bei ihrem nächsten Besuch im Dorf sah sie eine Rekordernte von Mais, die von den Elefanten unberührt geblieben war. Und seitdem der Zaun errichtet worden ist, ist keine junge Frau aus dem Dorf mehr Opfer von Sexhandel geworden.

Was bräuchte es?

Ich nenne dies die »magische Frage«, und es ist meine bevorzugte Strategie, um andere positiv zu beeinflussen.

Als ich MBA-Studentin war, habe ich bei einem Biotech-Unternehmen namens Guidant, das Produkte für die Herzchirurgie herstellt, ein Praktikum gemacht. Als Guidant ein neues Stentsystem einführte, sagten die Unternehmensprognosen voraus, dass dieses den größten Teil des Marktes erobern könnte. Aber sie hatten nicht erwartet, dass der Markt selbst ebenfalls schnell wachsen würde, und die Nachfrage übertraf sehr bald das Angebot. Es war ein positives Problem, aber trotzdem ein Problem. Wenn Guidant die Flut von Bestellungen fristgerecht ausführen wollte, müssten die Mitarbeiter*innen drei Schichten pro Tag, sieben Tage die Woche einschließlich Thanksgiving und Weihnachten arbeiten.

Es oblag Ginger Graham, einer der Topmanagerinnen des Unternehmens, dies zu ermöglichen.[1] Sie hätte verpflichtende Überstunden anordnen können, aber dann hätte die Arbeitsmoral gelitten. Stattdessen erklärte sie allen die Situation und fragte: »*Was bräuchte es*, damit wir alle zusammenarbeiten, um diese Bestellungen auszuführen?« Die Mitarbeitenden stellten eine Wunschliste zusammen, die Pizzalieferungen, spätabendliche Taxifahrten, Babysitting und das Einpacken von Weihnachtsgeschenken umfasste. Als Ginger und ihr Führungsteam diese Forderungen erfüllten, arbeiteten die Mitarbeiter*innen rund um die Uhr mit vollem Einsatz. Die Produktion erreichte neue Rekorde, der Umsatz verdreifachte sich, und jede*r bekam eine fette Prämie. Es fühlte sich nicht wie das Ergebnis einer

Verhandlung an, sondern wie eine gemeinsame Kraftanstrengung. Es war beides.

Eine Gehaltserhöhung oder eine Beförderung auszuhandeln ist so aufreibend, dass die meisten Menschen dies nie tun.[2] Aber überlegen Sie, wie die magische Frage diese Situation reframen könnte, sodass sie sich nicht mehr so unangenehm oder konfliktgeladen anfühlt. Sie könnte Sie zu einem Ergebnis führen, das sowohl Sie als auch Ihr Chef sich wünschen – nämlich, dass Sie gut gelaunt großartige Arbeit leisten. Wie wäre es, wenn Sie fragen würden: »*Was bräuchte es*, damit ich die nächste Stufe auf meiner Karriereleiter erklimmen könnte?«, oder: »*Was bräuchte es*, damit ich in den oberen Bereich der Gehaltsspanne für diese Position gelange?«

Wie würden Sie sich als Manager*in fühlen, wenn ein*e Mitarbeiter*in Ihnen diese Fragen stellen würde? Sie wären wahrscheinlich froh, wenn Sie sagen könnten: »Dafür müsste Folgendes passieren.« Irgendwann würde Ihr*e Mitarbeiter*in vielleicht wieder auf Sie zukommen und sagen: »Sie haben gesagt, es müsste dies und das geschehen, damit ich eine Gehaltserhöhung bekomme. Hier sehen Sie, was ich erreicht habe. Würden Sie mich jetzt unterstützen?« Wenn Ihre Bedingungen erfüllt worden sind, würden Sie das Anliegen der Person unterstützen.

Die magische Frage funktioniert bei Kundinnen und Kunden, bei Kindern, bei jeder und jedem. Sie können sie wiederholt bei derselben Person anwenden, auch wenn Sie ihr beigebracht haben, wie die magische Frage funktioniert. Meine Studierenden, Freunde und Freundinnen sowie Familienmitglieder stellen sie sich gegenseitig und auch mir, weil ich sie allen beibringe. Wir lachen, wenn wir sie hören, aber dann antworten wir: »Dazu bräuchte es dies …« Und es funktioniert.

Wie ein Zaubertrick. Sie stellt viele der Elemente bereit, die Sie sich für eine Verhandlung wünschen.

Erstens ist sie ein Katalysator von Kreativität. »Was bräuchte es?« ist eine Einladung, sich konventioneller Ideen zu entledigen und eine neue Vorgehensweise in Betracht zu ziehen.

Zweitens verschafft die magische Frage Respekt. Dadurch, dass Sie sie stellen, räumen Sie ein, dass Sie die Situation der anderen Person oder ihre Bedürfnisse oder auch das, was sie davon abhält, eine Vereinbarung zu treffen, nicht verlässlich einschätzen können. Das kann nur *sie selbst*. Dies entschärft die Bedrohungsreaktion ihres Alligators und eröffnet die Möglichkeit, dass diese Verhandlung beiden Seiten leichte Gewinne einbringt. Wie Freundlichkeit wird auch Respekt höchstwahrscheinlich erwidert, sodass alle zufriedener sind.

Drittens kann die magische Frage wichtige Informationen zutage fördern. Ohne sie hätte Gloria Steinem nie gewusst, dass das Sexhandelproblem in diesem Dorf in Wirklichkeit ein Elefantenproblem war. Ginger Graham wäre nie auf die Idee gekommen, eine Verpackerin von Weihnachtsgeschenken einzustellen. Das Sammeln von Informationen ist für jede Verhandlung von zentraler Bedeutung, und wenn Sie die andere Seite gut behandeln, kann sie Ihre beste Quelle sein. Zu guter Letzt nimmt die magische Frage nicht nur das konfrontative Element aus dem Gespräch heraus, vielmehr betont sie das Ziehen an einem Strang. Das ist es, was Sie mit Kreativität, Respekt und Informiertheit erreichen können. Zusammenarbeit macht den Prozess nicht nur leichter und kurzweiliger, sie macht die Lösung auch dauerhafter. Sobald die Frauen des Dorfes auf die Idee mit dem elektrischen Zaun kamen und sich bereit erklärten, ihren Teil der Abmachung zu erfüllen, identifizierten sie sich mit dem Ergebnis. Sie erklärten sich auch unausgesprochen bereit, ihr Dorf vor Sexhandel zu schützen, nachdem der Zaun errichtet worden war.

Die magische Frage führt oft zu Lösungen, die einfacher sind, als man erwartet hätte, und die weniger erfordern, als man zu tun bereit gewesen wäre. Aber sie macht die Dinge nicht immer leichter; die magische Frage führt normalerweise zu mehr Diskussionen. Dies bringt uns zurück zum Thema Verhandlungen.

Eine Verhandlung ist nichts anderes als ein Gespräch, das darauf abzielt, eine Einigung zu erzielen. Mehr nicht. Alles, was Sie über die positive Einwirkung auf Menschen gelernt haben, gilt auch für Verhandlungen. Timing, Framing, Überwindung von Widerständen – all dies. Bislang haben wir Situationen besprochen, in denen Sie eine großartige Idee haben und die andere Person Ja oder Nein sagt, oder in denen Sie einfach nur versuchen, Ihren Standpunkt deutlich zu machen oder einen Kontakt herzustellen. Bei Verhandlungen kommt eine weitere Schicht der Komplexität hinzu; statt eines einfachen Ja oder Nein gibt es das Hin und Her einer Diskussion.

Warum haben die meisten von uns dann eine so starke Abneigung gegen Verhandlungen? Personen, die ich befragt habe, beschreiben sie mit Adjektiven wie »angespannt«, »aggressiv«, »schleimig« und »gnadenlos«. Aber es zeigt sich, dass sie eher ihre Ängste als ihre tatsächlichen Erfahrungen beschreiben, die in der Regel begrenzt sind. Da die meisten wichtigen Verhandlungen hinter verschlossenen Türen stattfinden, beziehen wir unser Wissen darüber im Allgemeinen aus fiktionalen Werken. Und da Romanschriftsteller*innen und Drehbuchschreibende dramatische Übertreibungen mögen, begegnen wir in ihren Geschichten Rabauken, die sich in einem Nullsummenspiel gegenseitig einzuschüchtern versuchen: Ich gewinne, du verlierst, hahahahaha, du Trottel. In Wirklichkeit jedoch sind solche aggressiven Verhandlungen selten. Und wenn es dazu kommt, dann meistens, weil unerfahrene Unterhändler*innen befürchten, den Kürzeren zu ziehen. Dieser Mangel an Erfahrung manifestiert sich auch in meinen Lehrveranstaltungen. Studierende haben wochenlang geübt, wie man andere auf warmherzige und selbstbewusste Weise positiv beeinflusst. Wir werden zu Menschen, zu denen andere Ja sagen wollen. Aber sobald wir paarweise »Probeverhandlungen« führen, werden die meisten Studierenden angespannt, und einige vergessen alles, was sie gelernt haben. Sie schalten auf stur, stellen Ultimaten, lügen und versuchen ihre Partner*innen wie eine Zitrone auszupressen. Oder aber sie kapitulieren und sagen: »Okay, nimm dir alles!« Beides sind Alligatorreaktionen auf eine Bedrohung. Wenn man mit harten Bandagen kämpft, führt dies entweder zu einer Pattsituation oder zur Kapitulation. In einer Pattsituation gewinnt niemand, und eine Kapitulation führt zu fragilen Vereinbarungen, die scheitern könnten. Anders als Sie vielleicht denken, ist die Einschüchterungsstrategie im wirklichen Leben nur selten von Erfolg gekrönt.

Wenn wir die Übung im Anschluss gemeinsam besprechen, sind die Rückmeldungen der »harten Verhandler*innen« mitunter überraschend. Einige nahmen an, dass Unnachgiebigkeit und Täuschung schlichtweg zum Verhandlungsspiel dazugehören. Viele dachten, sie würden defensiv spielen, und versuchten verzweifelt, nicht als Trottel dazustehen. Das ist typisch für unerfahrene Verhandler*innen, und die meisten von uns fühlen sich als Anfänger*innen, weil wir nicht ein Leben lang internationale Friedensabkommen ausgehandelt, in Strafverfahren mit der Staatsanwaltschaft diskutiert oder an Fusionen und Übernahmen mitgewirkt haben. Wir feilschen vielleicht hin und wieder um kleinere Einkäufe, aber wir sind wahrscheinlich nur an einigen wenigen Verhandlungen, bei denen viel auf dem Spiel steht, beteiligt. Und selbst wenn, dann haben wir vielleicht eine Vertretung oder bevollmächtigte Person, die die Verhandlungen in unserem Namen führt. Da ist es nicht weiter verwunderlich, dass die meisten von uns alles daransetzen, nicht als Trottel dazustehen: Wir haben das Gefühl, nicht zu wissen, was wir tun.

Aber so ist es nicht. Erinnern wir uns daran, dass wir verhandeln, seitdem wir in Windeln steckten. Und wir tun es noch immer, ständig, in alltäglichen Gesprächen mit Familienangehörigen, Kolleginnen und Kollegen sowie Vorgesetzten darüber, wie man bestimmte Dinge erreicht und wer sie erledigen sollte: »Du kannst Videospiele spielen, sobald du deine Hausaufgaben gemacht hast«, »Um wie viel Uhr wollen wir uns nach der Arbeit auf einen Drink treffen?«, »Wenn ich dieses neue Projekt übernehme, muss ich damit aufhören, an diesem zu arbeiten, an wen kann ich es abgeben?« Diese Momente fühlen sich nicht wie Verhandlungen an, aber sie sind es.

Selbst wenn wir mit Fremden verhandeln oder Geschäfte abschließen, bei denen Geld im Spiel ist, ist es für gewöhnlich nicht so unangenehm, wie wir es erwarten. Obgleich wir die *Idee*, Verhandlungen zu führen, vielleicht hassen und den Prozess an sich stressig finden, fühlen wir uns anschließend in der Regel gut. Als ich dieselben Personen, die die Verhandlungen im Allgemeinen als »gnadenlos« beschrieben hatten, bat, mir von ihren eigenen jüngsten Verhandlungen zu berichten, sagten 80 Prozent, sie hätten positive Emotionen wie etwa »Zufriedenheit« oder »Ermächtigung« erlebt, und praktisch alle waren zu einer Vereinbarung gelangt.

Die meisten erfahrenen Verhandler*innen bemühen sich um

Lösungen, denen beide Seiten zustimmen können. Wenn es bei den Verhandlungen zum Beispiel um einen Kuchen geht, dann versuchen sie nicht, einen kleinen zu backen, ihn ganz aufzuessen und Ihnen die Krümel übrig zu lassen. Vielmehr backen sie einen großen Kuchen und schneiden ihn in Stücke, sodass jede*r satt und zufrieden weggeht. »Du magst keine Kürbisse. Okay, wie steht's mit Äpfeln? Super, dann werde ich einen Apfelkuchen backen. Könntest du eine Packung Eiscreme besorgen, vielleicht Butter Pecan?«

Sie sind bereits auf dem besten Weg, eine oder einer dieser klugen Verhandler*innen zu werden, auch wenn Sie es noch nicht wirklich wissen. In diesem Kapitel werde ich Ihnen einige Ratschläge geben in Bezug auf gute Vorbereitung, Zusammenarbeit und darauf, wie Sie Leute, die Sie einzuschüchtern versuchen, in die Schranken weisen können, damit Sie nicht wie ein Trottel dastehen. Ich habe Hunderte von Studierenden, Freundinnen und Freunden gecoacht, damit sie bei wichtigen Verhandlungen wie Stellenangeboten, Gehaltserhöhungen, Beförderungen, Geschäftsabschlüssen und größeren Beschaffungen zu Ergebnissen kommen, mit denen sie zufrieden sind. Und selbst bei Scheidungen können gute Verhandlungen dazu führen, dass sich jede*r weniger unglücklich fühlt.

Wenn Menschen zu mir kommen und mich um Rat fragen, wie sie Verhandlungen führen sollen, hoffen sie oftmals, dass ich ihnen eine Art Jedi-Geistestrick zeigen werde, mit dem ich früher einmal geprahlt habe, etwas, mit dem sie sich eine andere Person gefügig machen können. Aber wir wissen bereits, dass das keine gute Idee ist. Wenn Sie es versuchen, werden Sie auf Widerstand stoßen; und wenn Sie damit gewinnen, verursachen Sie Ressentiments. Ja, ich werde Ihnen einige hilfreiche Strategien zur Gesprächsführung präsentieren, aber die wahre

Verhandlungskunst hat weniger mit dem zu tun, was Sie sagen, als vielmehr mit der Einstellung, mit der Sie in Verhandlungen hineingehen, und mit der guten Vorbereitung auf das Gespräch.

Die Zutaten für einen größeren Kuchen zusammenstellen

Die meisten potenziellen Verhandlungen scheitern, noch bevor sie begonnen haben, weil wir nicht erkennen, dass Verhandlungen überhaupt möglich sind. Wenn man anfängt, öfter zu verhandeln, wird einem allmählich klar, dass Verhandlungen *immer* möglich sind. Man hat nicht immer Erfolg, aber man kann es immer versuchen. Man kann Dinge sagen wie: »Ich weiß, dass es vielleicht nicht möglich ist, aber könnten Sie nicht vielleicht ein kleines Wunder vollbringen?« Wenn Sie Menschen mit Wärme und Humor fragen, reagieren sie nicht verärgert.

Wenn Ihnen plötzlich dieses Licht in Bezug auf Verhandlungen aufgeht, überkommt Sie ein Gefühl der Euphorie – und dann vielleicht ein Anflug von Reue wegen all der Gelegenheiten, die unbemerkt an Ihnen vorübergeeilt sind. Bisher sind die meisten von uns den Ratschlägen und Vorbildern unserer Eltern gefolgt, die sehr unterschiedlich ausfallen. Die Verhandlungsbereitschaft ist auch ungleich zwischen den sozioökonomischen Gruppen verteilt. In ihrem Buch *Negotiating Opportunities* beschreibt die Soziologin Jessica Calarco eine einjährige Studie an einer Mittelschule. Sie beobachtete, welche Kinder zusätzliche Hilfe, bessere Noten oder bessere Umstände aushandelten. Sie befragte Eltern auch darüber, was sie ihren Kindern beibrachten, und sie befragte Lehrer*innen, um zu verstehen, wie sie ihre Entscheidungen trafen. Die Ergebnisse sprachen eine deutliche Sprache: Kinder aus Mittelschichtfamilien verhandelten mit ihren Lehrenden siebenmal so oft wie Kinder aus Arbeiterfamilien.[3] Die Lehrer*innen waren bezüglich der Gewährung von Bitten nicht voreingenommen; sie versuchten, wenn möglich, zu jeder Ja zu sagen. Aber wie Calarco schreibt: »Schüler aus der Mittelschicht gaben sich nur selten mit einem ›Nein‹ als Antwort zufrieden. Vielmehr behandelten sie ein ›Nein‹ als den Eröffnungszug von Lehrenden in einem Verhandlungspoker.« Kinder aus Mittelschichtfamilien handelten Bedingungen aus, die es ihnen erlaubten, kreativer zu sein, sich wohler zu fühlen und seltener sanktioniert zu werden. Kinder aus Arbeiterfamilien versuchten aus eigener Kraft klarzukommen, hatten öfter Schwierigkeiten in der Schule und machten häufiger ihre Hausaufgaben nicht vollständig. Laut Calarco bringen Mittelschichteltern ihren Kindern bei, ihre Anliegen selbstbewusst zu vertreten, während Eltern aus der Arbeiterschaft ihren Kindern beibringen, sich respektvoll zu benehmen.

Hier sehen wir, dass Vergünstigungen zumindest teilweise ausgehandelt werden. Um Zugang zu einer Welt von Möglichkeiten und Vorteilen zu erhalten, müssen Sie zunächst einmal wissen, dass Verhandlungen möglich sind. Dann müssen Sie sich damit wohlfühlen. Dies gilt nicht nur für Schulkinder. Als die Unternehmensberatung Accenture eine Studie mit Tausenden von Führungskräften weltweit durchführte, fand sie heraus, dass die größten beruflichen Unzufriedenheiten zu niedrige Vergütung und mangelnde Aufstiegschancen waren – dabei hatte die Mehrheit dieser Führungskräfte nie versucht, eine Gehaltserhöhung oder Beförderung auszuhandeln. (Wenn sie es taten, bekamen 72 Prozent das, was sie verlangten, und 25 Prozent sogar noch mehr.)[4] Es waren intelligente, erfolgreiche Personen. Einige brachten wahrscheinlich ihren eigenen Kindern bei, mit Lehrenden zu verhandeln, aber sie taten nicht das Gleiche mit ihren Vorgesetzten. Die meisten Menschen finden Verhandlungen im Berufsleben beängstigend.

Aber das müssen sie nicht sein. Sobald man einmal erkannt hat, dass alles verhandelbar ist, besteht der nächste Schritt darin, die Nullsummeneinstellung (man kann nur entweder gewinnen oder verlieren) abzulegen, die die Abwehrmechanismen des Alligators aktiviert und bei Verhandlungen das Schlimmste aus uns herausholt – beziehungsweise uns davon abhält, überhaupt zu verhandeln. Wenn wir das kreative Potenzial der magischen Frage richtig nutzen, dann sehen wir Verhandlungen nicht länger als eine Frage von Gewinnen oder Verlieren, sondern als eine Gelegenheit für beide Seiten, Mehrwert zu generieren.

Zusammen einen größeren Kuchen backen

Die Professorin für Verhandlungslehre Kimberly Elsbach verfolgte das Schicksal von Drehbüchern, die im Lauf von sechs Jahren 50 Hollywood-Managern und -Managerinnen vorgestellt wurden, um zu verstehen, was das Besondere an den Präsentationen war, die zu erfolgreichen Vertragsabschlüssen führten. Hollywood-Studios können nur einer kleinen Zahl von Projekten grünes Licht geben, und ein einziger großer Hit kann die Karriere einer Drehbuchautorin oder eines Drehbuchautors begründen, sodass auf beiden Seiten sehr viel auf dem Spiel steht. Der größte Unterschied zwischen erfolgreichen und erfolglosen Präsentationen, den Elsbach fand, war der Umstand, dass Erstere partnerschaftliche Gespräche waren. Beide Seiten stellten Fragen, teilten Ideen und verwendeten »Wir«-

Pronomen. Es ging nicht nur um persönliche Chemie; erfahrene »Verkäufer*innen« setzten diese Dynamik selbst in Gang. Wie es einer von ihnen formulierte: »Du willst sie anregen, du willst ihre Neugier wecken. Und dann willst du, dass sie mit dir im selben Team spielen.« Aus den besten Verhandlungen kommen Sie mit einer Idee heraus, die noch großartiger ist als jene, mit der Sie hineingegangen sind.

Die folgenden drei Fragen können Ihnen helfen, zu dieser besseren Idee, diesem größeren Kuchen zu gelangen.

Die Wertschöpfungsfragen

Sie können Ausschau halten nach Gelegenheiten zur Wertschöpfung, indem Sie vor, während oder nach einer Verhandlung noch bessere Ideen vorbringen. Die Fragen, die Sie sich selbst stellen und die Sie mit der anderen Seite diskutieren sollten, wenn dies sinnvoll erscheint, lauten:

Wie könnte ich noch mehr für mich herausholen?

Wie könnte ich noch mehr für Sie herausholen?

Wer könnte sonst noch profitieren?

Dies sind Einladungen, groß zu träumen. Da Sie sich zunächst in einem privaten Selbstgespräch damit beschäftigen, sollten Sie darin den Wünschen Ihres Alligators freien Lauf lassen (und hören Sie noch nicht auf den Richter, der auf Hindernisse hinweist).

Wie könnte ich noch mehr für mich herausholen? Bei einer beruflichen Verhandlung ist Geld der naheliegendste Wunsch – ein höheres Gehalt, eine Willkommensprämie, die Übernahme der Umzugskosten oder mehr Aktienoptionen. Aber vielleicht könnte Ihr Arbeitgeber ja auch Ihre Studienkredite zurückzahlen! Wäre es nicht super, wenn Ihr neuer Arbeitgeber die Reisekosten für die Wohnungssuche in der neuen Stadt oder auch Ihre Miete übernehmen würde, während Sie nach einem Haus zum Kaufen Ausschau halten? Wenn Sie Ihre Arbeit besser machen, bedeutet dies vielleicht, dass Sie Gelder erhalten, die es Ihnen erlauben, an Konferenzen in Ihrem Fachgebiet teilzunehmen oder auch ein Budget zu bekommen, um mehr Mitarbeiter*innen einzustellen! Vielleicht wären Sie begeistert, wenn Ihr neuer Arbeitgeber die Kosten zum Beispiel eines zweiten Master-Abschlusses tragen würde, sodass Sie Ihre Fachkompetenz noch weiter vertiefen könnten.

Aber beschränken Sie sich nicht auf den Mammon, träumen Sie *groß*. Vielleicht wären Sie zufriedener und produktiver, wenn Sie von zu Hause aus arbeiten würden – und warum nicht von einem Strand auf den Bermudas aus? Oh, und selbstverständlich brauchen Sie die Freitage frei, um jene Kurse zu besuchen, die Sie sich gern von Ihrem Arbeitgeber bezahlen lassen würden. Oder vielleicht bereitet Ihnen bei einem potenziellen Umzug die Unsicherheit, ob Sie eine Vorschule für Ihr Kind finden werden, die größte Sorge; die beste Vorschule hat eine lange Warteliste, aber könnte Ihr neuer Arbeitgeber Ihnen vielleicht einen Platz organisieren? Oder vielleicht braucht Ihr*e Partner*in einen Job. Vielleicht ist es ja Ihr großer Traum, nie mehr zu einem Abteilungsmeeting zu gehen, wenn Ihnen nicht danach ist. Könnte dies möglich sein?

Sie werden nur selten etwas bekommen, worum Sie nicht bitten, und Sie können nicht um etwas bitten, das Ihnen nicht in den Sinn gekommen ist. Also lohnt es sich, Zeit in diese kreative Phase zu investieren. Und es macht Spaß. Sie entscheiden, um welche dieser Dinge Sie bitten und um wie viele, ausgehend von Ihrer konkreten Situation und dem Verlauf des Gesprächs. Vielleicht bringen Sie am Schluss noch eine oder zwei »verrückte« Bitten an, je nachdem, wie es verläuft. Vielleicht denken Sie sich zwei Wünsche aus, die leicht erfüllt werden können. Und Sie können weitere Möglichkeiten erkunden, die Situation für Sie attraktiver zu gestalten, indem Sie einfache Fragen stellen wie: »Welche Alternativen gibt es sonst noch?« und »Gibt es noch etwas, was Sie mir anbieten könnten?«

Meine Studierenden, Freunde und Freundinnen haben erfolgreich all diese Vergünstigungen und viele mehr ausgehandelt. Verhindern Sie »Wunder« nicht dadurch, dass Sie glauben, es könne sie nicht geben.

Träume sind sehr wichtig, aber die besten Verhandlungen basieren auf Kreativität und guter Vorbereitung. Während Sie mit den Wertschöpfungsfragen konventionelle Grenzen sprengen, sollten Sie daher auch Belege sammeln, die Ihre Argumentation untermauern, um Rat in Bezug auf den konkreten Prozess bitten, in dem Sie sich befinden, und sich über die Person informieren, mit der Sie verhandeln werden.

Hier kommt der Richter ins Spiel. Er bereitet Sie darauf vor, dem Widerstand entgegenzutreten, den Sie möglicherweise erfahren werden. Bei einer Verhandlung an Ihrem gegenwärtigen Arbeitsplatz könnte es hilfreich sein, etwas über die Personalbindungsstrategie des Unternehmens in Erfahrung zu bringen – gibt es einen speziellen Geldtopf, um mit konkurrierenden Stellenangeboten gleichzuziehen? Nützliche Vergleichsmaßstäbe bei beruflichen Verhandlungen sind unter anderem die Höhe dessen, was andere in der gleichen Position, demselben Unternehmen oder derselben Branche verdienen. Sie können sich diese Informationen und auch die Ergebnisse früherer erfolgreicher Verhandlungen anderer Personen im Freundeskreis oder bei Verbündeten in der Branche beschaffen, bei Absolventinnen und Absolventen Ihrer Schule, dem Personalvermittler, wenn Sie mit einem zusammenarbeiten, und auch Leuten, die

Sie beim Bewerbungsgespräch kennengelernt haben, wenn Sie sich gut mit ihnen verstehen. Und wenn Sie diese Personen kontaktieren, fragen Sie sie um Rat, wie Sie die Verhandlung am geschicktesten führen sollten. Sie werden vielleicht feststellen, dass diese Menschen erstaunlich offenherzig und hilfsbereit sind.

Jetzt sind Sie bereit, die zweite Wertschöpfungsfrage zu erkunden: *Wie könnte ich noch mehr für mein Gegenüber herausholen?* Diese Frage lässt Sie darüber nachdenken, was *Sie* anbieten könnten, und während des Gesprächs lauschen Sie aufmerksam, um zu verstehen, was der anderen Seite wichtig ist – ihre Werte und, konkreter, ihre Prioritäten und Anliegen. Dies gilt für die Person, mit der Sie sich unterhalten, sowie für die Person oder gegebenenfalls die Organisation, die Ihr Gegenüber repräsentiert. Machen Sie nicht den verbreiteten Fehler zu glauben, der*die Stellvertreter*in hätte immer die gleichen Interessen wie das Unternehmen. Persönlich profitiert diese Person viel weniger von der Vereinbarung, sodass ihr möglichst wenig Aufwand wichtiger sein mag als ein optimales Ergebnis. Gut zu wissen.

Wie die ersten beiden beginnt auch die dritte Wertschöpfungsfrage, *Wer könnte sonst noch profitieren?*, damit, dass Sie zunächst für sich Ideen zusammentragen und dann weitere Informationen während des Gesprächs sammeln. Gibt es Personen, die Sie kennen oder die Ihnen wichtig sind, die profitieren könnten? Personen, die die andere Seite kennt oder die ihr wichtig sind? Gibt es hier für Sie eine Gelegenheit, als Vorbild zu fungieren? Könnten andere Personen auf Ihrer Vereinbarung aufbauen, um noch etwas Besseres zu erreichen?

In praktisch jeder ausgehandelten Vereinbarung sind die zentralen Elemente die gleichen: Träume und Daten. Und wenn

Sie gut vorbereitet sind, können Sie nicht dumm dastehen. Nehmen Sie den Kauf eines Autos, die meistgehasste Verhandlungssituation überhaupt. Sie träumen von Ihrem perfekten Auto, Sie suchen nach Modellen, die die Eigenschaften haben, die Ihnen wichtig sind, Sie recherchieren im Internet, und Sie suchen Autohäuser auf. Und wenn Sie eine klare Vorstellung davon haben, was Sie wollen, suchen Sie nach diesem konkreten Auto zum niedrigsten Preis, den Sie finden können. Bevor Sie in das Geschäft gehen, wissen Sie, was Optionen wie Upgrade-Pakete, Finanzierungen und erweiterte Garantien kosten. Wenn Sie Ihr Traumauto zu einem guten Preis gefunden haben, ist der Rest kinderleicht.

Wenn Sie über eine große Anschaffung verhandeln, machen Sie sich über die Alternativen kundig. Wenn Sie Scheidungsverhandlungen führen, suchen Sie sich einen juristischen Beistand. Wagen Sie es zu träumen – und seien Sie gerüstet. Wenn Sie gut vorbereitet sind, hilft Ihnen dies, gegenüber der anderen Person warmherzig, selbstbewusst, konzentriert und informiert aufzutreten. Erfahrene Verhandler*innen stellen doppelt so viele Fragen und hören doppelt so lange zu wie unerfahrene.[5] Das Gefühl, kreativ zu sein und die Dinge unter Kontrolle zu haben, erhöht die Zufriedenheit. Selbst wenn Ihnen das Wohlergehen der anderen Person gleichgültig wäre – was es natürlich nicht ist –, wäre es klug, sich zu wünschen, dass sie sich wohlfühlt. Zufriedene Menschen sind großzügiger und kreativer, was zu besseren Vereinbarungen und einer höheren Wahrscheinlichkeit führt, dass sie sich an die Abmachung auch halten. In den meisten Fällen erzeugt Großzügigkeit Vertrauen und den Wunsch, sich dafür erkenntlich zu zeigen.[6] (Aber wir werden gleich einige Ausnahmen kennenlernen.)

In einer bedeutenden, realen Verhandlungssituation funktionierten die Wertschöpfungsfragen wie folgt: Es begann mit einer Unterhaltung mit meiner Coachin Mandy Keene – der Person, die mich die magische Frage lehrte.

Als Postdoktorandin erhielt ich meine erste Einladung zu einem Vortrag auf einer Fachkonferenz über Gesundheitsförderung. Obwohl es nicht meine Branche und mein Spezialgebiet war, wollten sie mich. Fantastisch! Ich erklärte mich bereit, die – einzige – Arbeit von mir vorzustellen, die einen Gesundheitsbezug hatte. Mein Kollege Ravi Dhar und ich hatten Leitlinien für die praktische Anwendung verhaltensökonomischer »Stupser« entwickelt, und wir hatten zusammen mit Erin Ratelis und Ro Kichlu ein White Paper veröffentlicht, in dem wir erörterten, wie sich diese Leitlinien anwenden ließen, um das Wohlbefinden von Mitarbeitenden zu fördern.

Nachdem ich mich damit einverstanden erklärt hatte, unsere Arbeit auf der Konferenz vorzustellen, baten mich die Organisierenden, eine zusätzliche Sitzung zum Thema »soziale Einflüsse auf die Gesundheit« abzuhalten, und ich sagte Ja, obwohl ich so gut wie nichts darüber wusste. Bevor ich in die Welt der Wissenschaft eingetreten war, hatte ich mich intensiv in zahlreiche Gebiete einarbeiten müssen, um sie anschließend unterrichten zu können. Datenbankprogrammierung. Italienisch. Wie man Männer aufreißt. Als die Konferenz noch Monate in der Zukunft lag, fühlte es sich gut an, Ja zu sagen. Jetzt, wo die Zeit drängte und ich unvorbereitet war, dachte ich: verdammt! Ich sagte zu Mandy, dass es Tage dauern würde, diese Sitzungen vorzubereiten. Und ich hätte nicht zusagen sollen, da ich durch meine wissenschaftliche Forschung und die Bemühungen, eine Stelle an einer Universität zu ergattern, schon völlig ausgelastet sei.

»Dann hättest du vielleicht die Einladung, jedenfalls die zweite, ausschlagen sollen«, sagte sie mir. »Aber du hast nun mal zugesagt. Kannst du einen Rückzieher machen?«

»Nein. Es ist schon nächste Woche. Ich habe zugesagt, ich stehe im Konferenzprogramm, und eine Absage kommt nicht infrage.«

»Und welche Lehre ziehst du aus diesem Ereignis?«

»Ich erfülle die Verpflichtung … und lerne die Lektion, so etwas nicht noch einmal zu tun?«

»Hm. Könnte das keine *inspirierende* Erfahrung werden? Was könnte bewirken, dass du das Gefühl hast, deine Teilnahme und all deine Vorbereitungen wären der Mühe wert?«

»Eine Professur verschafft mir das nicht, aber vielleicht könnte ich einige Beratungsaufträge an Land ziehen.«

Mandy fragte, wie viele, wenn ich einen Dollar-Betrag angeben sollte. Welches Volumen an Beratungsaufträgen würde diese Investition meiner Zeit als der Mühe wert erscheinen lassen?

»Nun … um eine Menge Geld zu verdienen, müsste ich eine Menge Arbeit reinstecken, und dafür fehlt mir die Zeit. Aber ein aufregender Betrag, der denkbar wäre? Sagen wir 50.000 Dollar.«

Nachdem Mandy mich dazu gebracht hatte, darüber nachzudenken, wie ich noch mehr aus der Situation herausholen könnte, stellte sie die magische Frage: »Was bräuchte es, damit du aus diesem Ereignis Beratungsaufträge im Wert von 50.000 Dollar herausholst?«

Das veränderte meine Sichtweise. »Zunächst einmal bräuchte ich wohl einige Visitenkarten.«

Sie lachte. »Okay. Und wie steht es mit deinen Präsentationen: Wie werden sie dir helfen, die Beratungsaufträge zu ergattern, die du dir wünschst?«

»Nun, ich sollte einen möglichst großen Mehrwert für die Anwesenden generieren.«

»Und wie willst du das tun?« (Sie half mir, eine Umsetzungsabsicht zu entwickeln.)

»Ich habe nicht die geringste Ahnung, vor welchen Herausforderungen die Teilnehmenden stehen oder wie diese Konferenz ablaufen wird, aber meine Kollegin Erin und mein Kollege Ro werden da sein, sodass ich sie fragen könnte.«

Ich begann mit den Vorbereitungen, gab eine Eilbestellung über die Visitenkarten auf, hatte vor der Konferenz ein kurzweiliges und aufschlussreiches Abendessen mit Erin und Ro und arbeitete einen Vortrag aus, der so hilfreich und praktisch wie möglich sein sollte. Ich musste mir noch immer überlegen, was ich in der zweiten Sitzung unterrichten wollte, und Folien anfertigen.

Mit der Hilfe von Erin und Ro war die erste Sitzung ein Erfolg. Als ich anschließend den Flur hinunterging, hörte ich eine Stimme rufen: »Zoe!« Eine Frau aus dem Publikum holte mich ein.

»Ihre Präsentation hat mir sehr gut gefallen, und wir sollten uns einmal unterhalten. Mein Name ist Michelle Hatzis, und ich arbeite für Google. Könnten wir morgen zusammen frühstücken?«

»Also, tut mir leid«, sagte ich. »Ich muss die Sitzung für morgen vorbereiten.«

Sie gab mir ihre Visitenkarte, und als sie sich anschickte wegzugehen, hörte ich Mandys Stimme in meinem Kopf. *Was bräuchte es …?*

»Einen Moment, Michelle. Ich habe es mir anders überlegt. Zusammen frühstücken wäre toll.«

Und es war toll. Michelle war brillant und witzig. Sie war die neue Direktorin des Google-Food-Teams, und sie wollte, dass verhaltenswissenschaftliche Erkenntnisse Eingang in die neuen globalen Leitlinien des Unternehmens fanden. Sie dachte, das von mir erarbeitete Modell könnte genau das sein, was sie bräuchten. Es wäre ein großes Projekt, und so sprachen wir im Lauf der nächsten Wochen immer wieder miteinander, bis Michelle bestätigte, dass sie mich gern als Beraterin engagieren würde. Ein Projekt wie dieses würde mir Prestige und Geld einbringen und etwas im Leben der Menschen bewirken. Es war aus vielen Gründen eine spannende Gelegenheit, aber es wäre auch sehr zeitraubend.

Als ich mir selbst die Frage stellte: *Wie könnte ich aus diesem Projekt noch mehr für mich herausholen?*, wünschte ich mir, dass ich weniger Zeit dafür aufbringen müsste, damit ich mich auf meine wissenschaftliche Forschung konzentrieren könnte. Und es wäre weit besser, wenn wir zusammen an wissenschaftlichen Studien arbeiten könnten, die sich veröffentlichen ließen – was mir bei meiner akademischen Stellensuche helfen würde –, statt an Unternehmensleitlinien. Wäre das möglich?

Als ich mir selbst die Frage stellte: *Wie könnte Michelle noch mehr davon profitieren?*, kam mir die Idee, ob sie vielleicht daran interessiert wäre, zusammen zu forschen. Sie war eine Wissenschaftlerin mit einem PhD, die begeistert von Yale zu sein schien. Wäre sie vielleicht daran interessiert, bei unseren dortigen Forschungsprojekten mitzumachen? Als ich diese Fragen Michelle vortrug, begannen wir eine Reihe von Gesprächen, die zu einer Forschungs- und Beratungspartnerschaft zwischen Google und den Studierenden und Dozierenden des Yale Center for Customer Insights (YCCI) führten, einer von Ravi Dhar geleiteten Denkfabrik. Wir veröffentlichten die Ergebnisse unserer gemeinsamen Forschungsprojekte in Fachzeitschriften, einem Lehrbuch und der *Harvard Business Review.* Ich habe nicht Buch über die Einnahmen aus der Consulting-Tätigkeit geführt, aber ich erhielt durch das YCCI Zuschüsse zu meinem Forschungsbudget. Und ich weiß nicht, ob das Google-Projekt half, aber Yale bot mir im Jahr darauf meinen Traumjob im Lehrkörper an.

Die Antwort auf die Frage *Wer könnte sonst noch profitieren?* lautete: eine Menge Leute. Google zog große Vorteile daraus, dass das Unternehmen mit Yale und nicht nur mit mir zusammenarbeitete – eine Menge kluger Köpfe arbeitete an Lösungen für seine Herausforderungen, sodass das ganze Projekt schneller vorankam. Google schrieb seine neuen Ernährungsleitlinien auf der Basis unseres verhaltensökonomischen Rahmenmodells, sodass sich die damals 50.000 Mitarbeitenden von Google gesünder ernähren konnten. Und Studierende der Universität Yale konnten bei einer Reihe von Forschungsprojekten mit uns zusammenarbeiten; dabei ging es unter anderem um folgende Frage: Wie kann man Menschen dazu bringen, mehr Gemüse zu essen, weniger gedankenlos zu naschen und weniger Einwegwasserflaschen zu kaufen? Die Studierenden gewannen Consulting-Erfahrung und konnten ein Google-Projekt in ihre Lebensläufe aufnehmen. Einige ergatterten sogar Jobs bei Google.

Jenseits von Yale und Google regte die Veröffentlichung einiger unserer Arbeiten in Populärmedien andere Organisationen an, ihre eigenen Ernährungsleitlinien zu überdenken. Und wir wurden zu einem Vorbild einer fruchtbaren Partnerschaft zwischen Industrie und akademischer Welt, was es anderen Organisationen leichter machte, das Gleiche zu tun. Vielleicht denken Sie, dies wäre weitverbreitet, aber das ist es nicht; ich habe nie von einer Partnerschaft gehört, die für beide Seiten so vorteilhaft war wie die unsere. Win, win, win, win, win ... Diese Vorteile nahmen weiter zu. Das Architekturbüro, das die Pausenräume für Google-Mitarbeitende entwarf, beschloss sogar, unsere Erkenntnisse zu nutzen, um Mitarbeitenden anderer Unternehmen zu helfen, sich gesünder zu ernähren. Und da Privat- und Berufsleben miteinander verschmolzen, wurde Michelle zu einer engen Freundin.

Ich hatte das Geldziel, das ich Mandy genannt hatte, jahrelang vergessen. Aber als ich mich schließlich anderen Projekten zuwandte, addierte ich einmal die Zuschüsse zu meinem Forschungsbudget, die ich durch diese Partnerschaft erhalten hatte. Es waren genau 50.000 Dollar. Magie.

Die Wertschöpfungsfragen sind hervorragende Tools für Menschen, die zusammenarbeiten wollen, wie dies Michelle und ich taten. Aber sie können genauso nützlich sein, wenn es ein Problem zu lösen gibt.

Eine meiner Studierenden, Natalie Ma, schuf dadurch ein Problem, dass sie *zu viel* Einfluss ausübte. Sie nutzte die Ehemaligendatenbank von Yale, um Spenden für das Fundraising-Projekt unseres Kurses einzuwerben. Sie wusste nicht, dass die Universität sich das Recht vorbehielt, Ehemalige um Geldspenden zu bitten. Als das Büro für Alumni-Angelegenheiten mir eine freundliche Unterlassungsaufforderung zuschickte, nachdem die Angestellten dort von Natalies Spendeneinwerbung gehört hatten, hätte ich auf den Brief mit einer Entschuldigung und der Zusicherung antworten können, dass dies nicht wieder geschehen würde. Stattdessen wurde ich neugierig. Jede Person im Büro für Alumni-Angelegenheiten ist schließlich höchstwahrscheinlich eine Expertin oder ein Experte im Bereich positiver Beeinflussung.

Ich trank mit zwei leitenden Mitarbeitenden des Büros einen Kaffee, um die Situation zu besprechen. Ich wollte, dass meine Studierenden sich darin üben, um Geld zu bitten, weil es unangenehm ist und zugleich Vertrauen aufbaut. Sie wussten das natürlich zu schätzen. Sie wollten schließlich auch Gelder für die Universität einwerben, aber es war für sie genauso wichtig, dass sich Ehemalige nicht mit Anfragen bombardiert fühlten.

Wir begannen kreative Lösungsmöglichkeiten für das Problem zu diskutieren: Was bräuchte es, um die Situation für uns alle besser zu machen, und wer könnte sonst noch profitieren? Es war eine so partnerschaftliche Diskussion, dass ich mich nicht erinnere, wer als Erstes vorschlug, gemeinsam einen Kaltakquise-Abend mit meinen Studierenden auszurichten, damit diese die Chance hätten, mit Ehemaligen Kontakt aufzunehmen und Gelder für Stipendien aufzutreiben. Studierende würden an einem Abend statt über mehrere Wochen hinweg praktische Erfahrungen beim Einwerben von Geldern sammeln. Ehemaligen würde es vielleicht gefallen, sich mit gegenwärtigen Studierenden über ihre jeweiligen Erfahrungen mit Lehrveranstaltungen und Lehrenden auszutauschen. Diese freundlichen Unterhaltungen würden Ehemaligen das Gefühl vermitteln, stärker einbezogen zu sein, und ihre Spendenbereitschaft erhöhen. Zukünftige Studierende würden Stipendien erhalten, das Büro für Alumni-Angelegenheiten würde seine Ziele erreichen, und ich freute mich auch darauf, einige meiner ehemaligen Studierenden wiederzusehen. Dieses Problemlösungsgespräch fühlte sich nicht so an, als würden wir an einem Problem arbeiten, oder auch nur wie eine Verhandlung.

Als die Studierenden ihre unangemeldeten Anrufe machten, warben sie Zehntausende Dollar ein, und das lief so gut, dass wir dies zu einer festen jährlichen Praxis machten. Es entwickelte sich zu einer Party mit Pizza und Bier und Narwal-Kostümen. Natalie war ein solcher Star, dass ich sie im Jahr darauf bat, meine Lehrassistentin zu werden. Nach dem Abschluss übte sie ihr Verhandlungsgeschick auf einer einjährigen Reise um die Welt und wurde schließlich Leiterin der Geschäftsentwicklung bei einem Biotech-Start-up, wo sie Verhandlungen über Millionen von Dollar an Forschungsinvestitionen führte, mit dem Ziel, Viren zur Bekämpfung von Infektionen zu programmieren. Win, win, win, win, win.

Wie könnte ich noch mehr für mich herausholen?
Wie könnte ich noch mehr für Sie herausholen?
Wer könnte sonst noch profitieren?

Weitere Möglichkeiten, Zusammenarbeit zu fördern

Eine der einfachsten Methoden, den Willen zur Zusammenarbeit zu fördern, besteht darin, der anderen Person Wahlmöglichkeiten zu geben. Selbst wenn Sie denken, die beste Vorgehensweise für eine Person zu kennen, kann diese sich unter Druck gesetzt fühlen, wenn Sie ihr ein bestimmtes Vorgehen nahelegen. Optionen zu haben bedeutet, selbst bestimmen zu können, was den Widerstand der anderen Person abschwächt. Es ist auch schwer, etwas zu beurteilen, wenn man nichts hat, womit man es vergleichen könnte. Ist dies gut? Schlecht? Teuer? Schnell? *Verglichen womit?*

Marketingprofessor Daniel Mochon fand heraus, dass Menschen ein Produkt wie einen Fernseher oder eine Kamera viel eher kaufen wollten, wenn es mit einer Alternative präsentiert wurde, als wenn es nur allein dargeboten wurde. Wenn er nur eine Option anbot, dann entschieden sich, in etlichen Studien, bis zu 97 Prozent der Teilnehmenden, lieber abzuwarten als zu kaufen.[7]

Auch wenn man Alternativen anbietet, kann man eine Empfehlung abgeben. Ein*e Architekt*in könnte sagen: »Hier sind zwei Entwürfe. Ich denke, dass der erste besser ist, weil Sie in den gemeinsamen Bereichen viel Licht bekommen, wie Sie es wollten. Aber der zweite Entwurf gibt Ihnen ein viel größeres Hauptschlafzimmer.« Wenn die andere Person die Vorteile Ihres Vorschlags im Gegensatz zu der schlechteren Option erkennt, hält sie Sie für vertrauenswürdig und hat das Gefühl, die Kontrolle über die Entscheidung zu haben. Außerdem fördern Sie so die Bereitschaft zur Zusammenarbeit und Kreativität; wenn Sie und die andere Person die Optionen gemeinsam betrachten, fällt Ihnen vielleicht sogar noch etwas Besseres ein.

Bei komplexen Verhandlungen, bei denen Einigkeit in zahlreichen Punkten erzielt werden muss, wie etwa bei Preis, Menge, Lieferdatum, Zahlungsbedingungen und so weiter, könnten Sie eine Auswahl von Paketlösungen anbieten, aus denen Ihr*e Partner*in auswählen kann. So könnten Sie zum Beispiel als Architekt*in einen festen Stundensatz oder ein teureres Paket für vollständige Entwürfe und Genehmigungen oder ein viel teureres Paket, das das Projektmanagement des Bauvorhabens einschließen würde, anbieten. Gestalten Sie die Pakete so, dass Sie mit der Buchung jedes einzelnen gleich zufrieden wären. Damit bieten Sie das an, was in der Branche unter der Bezeichnung »mehrere gleichwertige gleichzeitige Angebote« (*Multiple Equivalent Simultaneous Offers*, MESOs) firmiert.[8] Vielleicht entscheidet sich Ihr Kunde oder Ihre Kundin für eine Option, aber selbst wenn er oder sie es nicht tut, wird das anschließende Gespräch die Zusammenarbeit dadurch voranbringen, dass es Ihnen hilft zu verstehen, was ihm oder ihr wichtig ist.

Wenn Sie Optionen des Typs »gut/besser/am besten« oder »klein/mittelgroß/groß« anbieten, hilft es zu wissen, dass Menschen die mittlere Option vorziehen; verglichen mit den Extremen erscheint sie praktisch und leicht zu rechtfertigen.[9] Und mittlere Optionen scheinen auch für typische Situationen oder typische Menschen genau richtig zu sein. Bei einem Experiment in einem naturwissenschaftlichen Museum wurden Besucher*innen gebeten, ein Regencape für sich auszuwählen. Menschen von durchschnittlicher Größe wählten als »mittelgroß« etikettierte Ponchos, unabhängig von der tatsächlichen Größe, obwohl sie die Capes sehen konnten und einige dieser mittelgroßen ziemlich klein waren.[10] In dem Wissen, dass Menschen mittlere Optionen bevorzugen, identifizierten die Wirtschaftswissenschaftler Carl Shapiro und Hal Varian das, was sie *Goldlöckchen-Szenario* genannt haben.[11] Sie schlagen etwas vor, von dem Sie glauben, dass es ideal für die andere Person sein wird, zusammen mit einer Alternative, die weit hinter dem zurückbleibt, was diese Person Ihres Erachtens braucht, und einer weiteren Option, die deren Bedürfnisse Ihrer Einschätzung nach weit übertrifft. Die mittlere Option fühlt sich weder zu groß noch zu klein an: genau richtig. Sie manipulieren die andere Person nicht, um ihr etwas aufzuschwatzen, was sie nicht braucht; Sie ermuntern sie, jetzt zuzuschlagen, statt die Entscheidung hinauszuschieben.

Wie man mit schwierigen Menschen klarkommt

Die meisten Menschen sind offen für Zusammenarbeit und ziehen sie Rivalität vor. Wenn Sie daher eine Verhandlung beginnen, indem Sie Freundlichkeit und Flexibilität demonstrieren, ruft Ihr Verhalten für gewöhnlich eine ähnliche Herzlichkeit und Aufgeschlossenheit bei Ihrem Gegenüber hervor. Aber manchmal ist Ihr Gegenüber schwierig, ganz egal wie Sie mit ihm oder ihr umgehen. Menschen können aus den verschiedensten Gründen schwierig sein, von denen viele harmlos sind. Sie sind verängstigt und defensiv. Sie sind unerfahren, oder sie glauben, bei Verhandlungen kämpfe man nun einmal mit harten Bandagen. Sie sind nicht geizig, aber sie haben ihre finanziellen Möglichkeiten schon vollkommen ausgeschöpft. Und eine Handvoll genießt es, Ihnen eins auszuwischen. Solche Menschen tun kindische Dinge, wie den »Oberhand«-Handschlag, wobei sie ihre Hand so verdrehen, dass sie auf Ihrer liegt, um Dominanz zu signalisieren.

Ganz egal, was diese Person antreibt: Mit jemandem, der nicht dazu bereit ist, können Sie genauso wenig zusammenarbeiten, wie Sie mit einer Hand klatschen können. In einem Fall wie diesem sollten Sie also nicht versuchen, gemeinsam kreativ zu werden oder bei großartigen neuen Ideen zusammenzuarbeiten. Wenn Sie mit einer schwierigen Person verhandeln (falls Sie sich entschließen, es durchzuziehen), kommt es letztlich nur darauf an, dass Sie Ihr Druckpotenzial erkennen und Ihre Wünsche und Grenzen klar kommunizieren. Nichts Kreativeres als das.

Verhandlungsmacht

Verhandlungsmacht ist die Fähigkeit jeder Partei, bei Verhandlungen Druck auf die andere Seite auszuüben. Was hat die eine Partei, was für die andere wünschenswert ist? Worauf muss jede*r verzichten, wenn es keine Vereinbarung gibt? Welche erwünschten Dinge einschließlich immaterieller Vermögenswerte muss jede*r aufgeben, wenn es eine Vereinbarung *gibt*?

In Tina Feys Sitcom *30 Rock* spielt Alec Baldwin Jack, den herrischen Manager eines Fernsehsenders. Adriane Lenox spielt

Sherry, das aus Trinidad stammende Kindermädchen, das für ihn arbeitet. Jack hat Sherry Arbeitsstunden gekürzt, aber Sherry sagt zu ihm, ihr Wochenlohn bleibe gleich.

Jack: Sie verstehen, dass ich verwirrt bin. Ich zahle Ihnen mehr Geld dafür, dass Sie nur noch die Hälfte der Zeit da sind.

(Sherry sagt nichts.)

Jack: … Angenommen, Sie gehen auf den Markt, um Kartoffeln zu kaufen, und ein 4,5-kg-Beutel Kartoffeln kostet … 400 Dollar. Aber dann sagt Ihnen Ihr Lebensmittellieferdienst, dass ein 2,25-kg-Beutel Kartoffeln 400 Dollar kostet. Das würde Sie doch schockieren, oder?

(Sherry sagt nichts.)

Jack: Was ich sagen will, ist, dass wir schätzen, was Sie tun, aber dieser Wochenlohn ist, äh … unverschämt.

Sherry: Und was wollen Sie jetzt tun?

Jack: … Sie glauben, Sie hätten ein Druckmittel gegen mich, aber das ist nicht so. Das Baby ist mir egal. Ich kenne es erst seit ein paar Wochen, und vielleicht bin ich ja gar nicht der Vater?! Anders gesagt, entweder Sie finden sich mit einer Lohnkürzung ab, oder Sie suchen sich einen neuen Job. Wer ist jetzt in der stärkeren Position, Sherry? Sie sind am Zug.

(Das Baby weint. Sherry schickt sich an zu gehen.)

Jack: Bitte, bleiben Sie. Ich schicke jeden in Ihrer Familie aufs College.

Nach außen hin hat Jack mehr Geld, Macht und Status. Er sitzt auch am längeren Hebel in ihrem Arbeitsverhältnis, weil er Sherry entlassen kann. Das ist Verhandlungsmacht, und wie groß sie ist, hängt davon ab, wie sehr sie ihre Stelle will, was wiederum davon abhängt, welche anderen beruflichen Optionen sich ihr bieten und wie zufrieden sie mit der Stelle ist. Aus Gründen, über die wir nur spekulieren können, ist Sherry bereit, eher ihren Job zu verlieren, als eine Lohnkürzung hinzunehmen. Aber Jack will das verhindern. Er ist ein vielbeschäftigter Manager, und wenn sie geht, dann muss er zusehen, wie er mit der Kinderbetreuung klarkommt, außerdem hat er die ganzen Scherereien am Hals, ein vertrauenswürdiges neues Kindermädchen zu finden, und vielleicht eine heftige Auseinandersetzung mit Liddys Mutter. Entgegen dem äußeren Anschein ist Sherry also in der besseren Verhandlungsposition. Und sie gewinnt.

Wenn Sie mit einer schwierigen Person verhandeln beziehungsweise sich auf Verhandlungen vorbereiten, sollten Sie sich auf die Verhandlungsmacht konzentrieren. Was hat diese Person, das Sie gern hätten? Was haben Sie, das die andere Person gern hätte? Was könnte jede Seite verlieren (einschließlich Stolz)? Können Sie bessere Alternativen finden? Wenn Sie das Gefühl haben, keine große Verhandlungsmacht zu besitzen, erwägen Sie die Möglichkeit, dass Sie sich irren. Nach außen hin mag es den Anschein haben, als hätte Sherry keine besonders große Verhandlungsmacht, aber tatsächlich hat sie mehr als genug. Auch wenn sie sich dessen nicht bewusst sein mögen, haben Mitarbeitende durchaus Verhandlungsmacht gegenüber ihren Vorgesetzten, so wie Kinder Druckmittel gegenüber ihren Eltern und Sie Druckmittel gegenüber jeder Person haben, der Sie wichtig sind oder der die Beziehung zu Ihnen oder der potenzielle Deal wichtig ist, aus welchen Gründen auch immer.

Wenn Sie Verhandlungsmacht besitzen, müssen Sie nicht viel tun, und das kommt Ihnen gelegen, wenn Sie mit schwierigen Personen verhandeln. Bereiten Sie sich gut vor, damit Sie wissen, welche externen Optionen Sie haben, was Sie wollen und wo Sie die Grenze ziehen. Sagen Sie dann der anderen Person, was Sie wollen, und lassen Sie es dabei bewenden. Wie es Sherry tat. Dies ist die Macht von Pausen in einer Verhandlung. Sie müssen sich nicht verbiegen oder auf einen Angriff reagieren; Sie müssen nicht wütend werden, und Sie müssen definitiv kein Brainstorming mit der anderen Seite betreiben. Vielleicht finden Sie selbst eine kreative Lösung oder wenden sich an Verbündete, um von ihnen Unterstützung und Rat zu erhalten, aber im Umgang mit einer schwierigen Person sollten Sie die Dinge möglichst einfach halten.

Nein zu sagen, ohne wütend zu werden, kann fast eine spirituelle Übung sein. Manchmal versuche ich, gefasst wie ein freundlicher Brontosaurus zu bleiben: »Tut mir leid, ich kann es einfach nicht«, »Leider ist es nicht möglich«, »Es ist einfach nicht realistisch.« Und manchmal kanalisiere ich meine Frustration in Begeisterung: »Oh, Gott, nein!«, »Sie machen wohl Witze!«, »Ha! Das ist die schlechteste Idee, die ich je gehört habe!« Wenn eine schwierige Person den Ball auf Ihre Füße fallen lässt, werfen Sie ihn in aller Ruhe zurück und halten Sie inne. »Was also wollen Sie tun?« Machen Sie in aller Ruhe Ihre nichtverhandelbaren Kernpunkte deutlich, und überlassen Sie Ihrem Gegenüber die Entscheidung.

Der gesichtswahrende Plan B

Falls Sie nur mit einer einzigen Verhandlungsstrategie vertraut sein sollten, dann ist es wahrscheinlich der »Ultimatum«-Bluff: »Entweder Sie nehmen eine Lohnkürzung hin, oder Sie suchen sich einen anderen Job.« Aber Sie sollten diesen Bluff nicht anwenden. Jack scheiterte damit, und es ist die Methode, die in der Praxis am häufigsten fehlschlägt. Sie kann Ihnen um die Ohren fliegen, weil sie den Stolz der anderen Person und Ihren eigenen bedroht. Wenn Sie jemandem ein Ultimatum stellen, nehmen Sie der Person ihre Wahlfreiheit, indem Sie sie in eine Lose-lose-Situation bringen: Entweder sie verpasst die Gelegenheit, oder sie verliert ihr Gesicht, indem sie Ihnen gegenüber nachgibt. Wir haben bereits erwähnt, wie sehr es Menschen hassen, ihre Freiheit zu verlieren. Von daher sind sie möglicherweise bereit, eine gute Gelegenheit sausen zu lassen, wenn sie sich dazu gezwungen fühlen, sie zu ergreifen. Und Sie fühlen sich möglicherweise gezwungen, Ihren Bluff durchzuziehen, wenn Ihnen Ihr Stolz in die Quere kommt.

Ein Freund erzählte mir von einem schönen Paar Ledersandalen, das er mal beinahe in Griechenland gekauft hätte. Sie waren solche Meisterwerke handwerklichen Könnens, dass er sogar noch mehr gezahlt hätte, als der Schuster verlangte, aber laut seinem Reisehandbuch zahle man in Griechenland für gewöhnlich nicht den vollen Preis. Vielmehr werde erwartet, dass man feilsche. Wenn der Händler mit dem Preis nicht heruntergehen wolle, solle man so tun, als wollte man gehen, und so einen letzten Preisnachlass bewirken. Als mein Freund um einen Rabatt für die Sandalen bat, sagte der Händler, die Preise seien nicht verhandelbar. Mein Freund fragte abermals, aber der Händler blieb unnachgiebig. Anscheinend eine schwierige Person. Mein Freund sagte: »Was soll's, vergessen Sie's«, und begann wegzugehen. Aber sein Bluff wurde mit Schweigen aufgenommen. Aus Stolz ging mein Freund weiter. Dies geschah vor 40 Jahren, aber er erinnert sich noch immer an diese Sandalen.

Die Strategie, die verhindert, dass uns unser Stolz in die Quere kommt, ist der *gesichtswahrende Plan B*. Diese Vorgehensweise demonstriert Stärke in einer Demutspose. Sie verweisen auf eine Alternative – oder Sie lassen Ihr Gegenüber einfach wissen, dass Sie Alternativen haben –, während Sie sagen,

Sie hofften, dass es nicht dazu kommen werde. Und Sie meinen das auch so. Bei dieser Vorgehensweise wird die Alligator-Bedrohungsreaktion Ihres Gegenübers nicht aktiviert. Wenn diese Person Ihrem Vorschlag zustimmt, ist sie großzügig. Sie werden dankbar sein, und die andere Person ist mit sich zufrieden. Wenn sie es nicht kann oder nicht tut, stehen Ihnen noch immer Optionen offen, weil Sie sich nicht in die Klemme gebracht haben.

Sie können den gesichtswahrenden Plan B in praktisch jeder schwierigen Situation anwenden. Ein*e Diplomat*in könnte sagen: »Hören Sie, das kann ich Ihnen unter der gegenwärtigen Regierung anbieten, aber demnächst stehen Wahlen an, und für die Zeit danach kann ich Ihnen einfach nichts versprechen.« Wenn Sie als Kunde oder Kundin eine Erfahrung mit schlechtem Service gemacht haben und der Fehler nicht korrigiert wird, sagen Sie vielleicht (wenn es wahr ist): »Ich bin jemand, der viele Bewertungen online veröffentlicht, und ich poste am liebsten positive Bewertungen. Ich veröffentliche nur selten eine negative Bewertung, aber ich bin jetzt gerade so frustriert, dass ich versucht bin, es zu tun. Können wir nicht bitte eine faire Lösung finden?«

Angenommen, Sie wollen ein externes Stellenangebot als Druckmittel einsetzen, um eine Gehaltserhöhung durchzusetzen. Ein Ultimatum-Bluff könnte Sie dazu zwingen, Ihren Hut zu nehmen. Stattdessen könnten Sie sagen: »Ich habe dieses andere Angebot mit einem großartigen Gehalt, aber ich fühle mich hier wirklich wohl. Wenn Sie mir das gleiche Gehalt anbieten könnten, würde ich definitiv bleiben.« Wenn Ihr Arbeitgeber mit dem Angebot gleichzieht, super. Wenn er es nicht kann oder will, haben Sie noch immer genügend Entscheidungsspielraum. Ganz egal, was passiert, wenn Sie die gesichtswahrende

Plan-B-Strategie anwenden, stehen Ihnen immer noch Optionen offen. Und Optionen sind eine gute Sache.

Viele Menschen, die schwierig zu sein scheinen, sind einfach nicht in der Lage, Ja zu dem zu sagen, worum Sie bitten. Aber wenn Sie mit einem großartigen Frame und mit Herzlichkeit und Aufgeschlossenheit auf sie zugehen, dann *wollen* sie Ja sagen. Und manchmal werden sie Ihnen sogar helfen, auf eine bessere Idee zu kommen. Manus McCaffery, derselbe Student, der sich von der Büroklammer zum Auto »hochtauschte«, führte bemerkenswerte Verhandlungen mit dem Unternehmen Patagonia, die sich auf die gleichnamige geografische Region bezogen. Er und einige Teammitglieder hatten mit einer NGO zusammengearbeitet, die sich für den Naturschutz in Patagonien, Chile, engagiert, das als UNESCO-Weltnaturerbestätte ausgewiesen ist, und während der Semesterferien im Herbst wollten sie dorthin fliegen, um eine Zelttour zu machen. Und so wandte sich Manus an den Geschäftsführer des Patagonia-Ladens in New Haven und sagte zu ihm: »Wir wissen, dass sich Ihr Unternehmen für Naturschutz einsetzt, und das tun wir auch. Das ist das Projekt, an dem wir arbeiten – passenderweise in Patagonien. Könnten Sie uns vielleicht ein paar Sachen umsonst überlassen? Es ist dort wirklich kalt!«

Der Geschäftsführer sagte, er könne ihnen nichts gratis geben, aber er könne ihnen einen Rabatt von über 50 Prozent gewähren. Toll! Und außerdem könnten sie in dem Laden eine Spendenaktion organisieren. Ach, und übrigens kannte der Manager auch jemanden, dem eine Brauerei gehörte und der vielleicht Freibier spenden würde. Manus und sein Team baten weitere lokale Geschäfte, Preise für eine Tombola zu spenden, außerdem bat er Leute aus seinem Freundeskreis, die in einer

Band spielten, dort aufzutreten, und wir alle gingen zu dem Patagonia-Laden, um dort zu feiern. Wir hatten einen Heidenspaß, und natürlich kauften wir auch ein paar Sachen ein, sodass auch der Laden profitierte. Und weil jetzt alle miteinander befreundet waren und Patagonia bereits Manus und sein Team unterstützte, bot jemand aus der Unternehmenszentrale ihnen schließlich doch noch Gratisausrüstung im Wert von 3000 Dollar an. Ein Ergebnis, das alles übertraf, was sich Manus mit seinem wagemutigen Vorstoß ursprünglich erhofft hatte.

Die indirekten, langfristigen Auswirkungen guter Verhandlungen können weit über das hinausgehen, was Sie ursprünglich erwartet hatten, und Sie wissen nie, was aus den Samen Ihrer guten Ideen einmal wird. In dem Dorf in Sambia beschlossen die Frauen, die sich zum ersten Mal auf einem Feld versammelt hatten, als Gloria Steinem sie besucht hatte, sich auch weiterhin zu treffen. Acht Jahre später hatten sich der Gruppe auch Frauen aus benachbarten Dörfern angeschlossen, und sie hatten zwei Kollektive gegründet – eine von Frauen geleitete Hühnerfarm und eine Schneiderei. Sie nannten ihre Gruppe *Waka Simba,* »starke Frauen«.

KAPITEL SIEBENEINHALB

Als Frau verhandeln

Mit 24 Jahren hatte Jennifer Lawrence bereits einen Oscar gewonnen und war von der Zeitschrift *Time* zu einer der 100 einflussreichsten Personen gekürt worden. Sie war begabt, reich, schön, großzügig und auf charmante Weise bodenständig. Fans trugen T-Shirts, die Lawrence zu ihrer persönlichen Inspiration erklärten. Sie hatte es geschafft – und das war zu einem großen Teil ihr eigenes Verdienst. Sie war ein eigensinniges, burschikoses Mädchen gewesen, das sehr kontaktscheu gewesen war. Die Mittelschule hatte sie abgebrochen und war mit 14 Jahren ohne ihre Eltern nach New York City gezogen. Sie wusste, was sie wollte, und sie ließ sich von niemandem aufhalten. Sie hatte jede Menge *temul.*

Angesichts ihres Elans und ihres Erfolgs könnte man erwarten, dass Jennifer Lawrence auch in Verhandlungen bekommt, was sie will. Doch als das E-Mail-System von Sony Pictures im Jahr 2014 gehackt wurde, erfuhr sie, zusammen mit dem Rest der Welt, dass sie für *American Hustle* Millionen von Dollar weniger bekommen hatte als ihre männlichen Filmpartner Bradley Cooper und Christian Bale. Daraufhin veröffentlichte sie online einen offenen Brief.[1] Sie schrieb über ihre Reaktion, nachdem sie von dem Hackerangriff erfahren und begriffen habe, was geschehen sei:

[…] Ich wurde nicht wütend auf Sony. Ich wurde wütend auf mich selbst. Ich habe einfach schlecht verhandelt, weil ich zu früh aufgegeben habe. Ich wollte nicht weiter über Millionen von Dollar streiten, die ich, offen gesagt, aufgrund von zwei Franchises nicht brauche… Damals war das für mich in Ordnung, bis ich die Gehaltsliste im Internet sah und erkannte, dass jeder Mann, mit dem ich gearbeitet hatte, sich definitiv nicht mit der Frage herumgequält hatte, ob man ihn vielleicht für »schwierig« oder »verwöhnt« halten könnte.

Daraus lässt sich viel entnehmen. Wenn ich Workshops über positive Beeinflussung etwa im Vertrieb oder durch öffentliche Reden veranstalte, kommt das Thema Gender nur selten zur Sprache. In Verhandlungsworkshops dagegen kommt Gender *immer* zur Sprache. Und wenn ich einer Gruppe von Frauen beizubringen versuche, wie man erfolgreich verhandelt, kommen wir mit dem Unterrichtsmaterial nur selten durch, weil wir alle so. Viel. Zu. Sagen. Haben. Tiraden, die wir loslassen, Fragen, die wir stellen, Ratschläge, die wir geben, Erfolge, die wir feiern, und Streitigkeiten, die wir analysieren wollen. Setzen Sie sich zu uns.

Nur wenige Frauen verhandeln gern. In meinen Erhebungen sagen 40 Prozent der Männer, dass sie gern oder sehr gern verhandeln, aber nur 17 Prozent der Frauen tun dies. Wie wir gesehen haben, sind Gehaltsverhandlungen eine der stressreichsten Arten von Verhandlungen, sodass es nicht weiter erstaunlich ist, dass Frauen sie weniger mögen als Männer. Die globale Personalvermittlungsagentur Robert Half fand heraus, dass nur 46 Prozent der befragten Frauen verhandelt hatten, wenn sie Stellenangebote erhielten, im Vergleich zu 66 Prozent der Männer – und wir sprechen hier über Fachkräfte, die sich zweifellos der Tatsache bewusst waren, dass Stellenangebote Verhandlungssache sind.[2] Die gute Nachricht lautet allerdings, dass die Verhandlungslücke schrumpft – jüngere Frauen verhandeln im Arbeitsleben viel öfter, als ihre Mütter dies taten.[3] Verhandlungserfahrung hilft, die Lohnlücke zwischen Männern und Frauen zu schließen, und Verhandlungstraining hilft, die Bildungslücke zu schließen.[4] Frauen sind – aus biologischen Gründen – schneller gestresst, und wir neigen eher dazu, »uns zu kümmern und zu helfen« (statt zu kämpfen oder zu fliehen), wenn wir in Panik geraten. Bei einer stressreichen Verhandlung werden sich Frauen dann eher um andere Menschen kümmern und den Frieden bewahren, während Männer eher nach den Sternen greifen – und Streit suchen. Frauen tendieren dazu, Risiken zutreffender einzuschätzen, was ein Grund dafür ist, dass sie als Aktienhändlerinnen an der Wall Street erfolgreicher sind als Männer. Es ist auch der Grund dafür, dass weniger Frauen bereit sind, in der Politik gegen einen Amtsinhaber anzutreten – wir schätzen das Risiko und den Stress ein und gelangen zu dem Schluss, dass es die Mühe vielleicht nicht lohnt.*[5]

Mir ist aufgefallen, dass Frauen in dem Bestreben, Verhandlungen zu vermeiden, unter Umständen direkt eine bestimmte

---

* In politischen Wettstreiten mit einem*einer Amtsinhaber*in gewinnt diese*r in 95 Prozent der Fälle. Bei offenen Vorwahlen – Wettstreiten ohne eine vorherige Person im Amt – treten Frauen häufiger an und gewinnen häufiger. Im Jahr 2020 stellten Frauen 37 Prozent der kandidierenden Personen bei den Vorwahlen der Demokraten und 40 Prozent bei offenen Vorwahlen. Wenn sie bei offenen Vorwahlen gegen Männer antraten, gewannen sie in 73 Prozent der Fälle. Bei den Republikanern stellten Frauen 20 Prozent der kandidierenden Personen bei Vorwahlen und 24 Prozent bei offenen Vorwahlen. Wenn sie bei offenen Vorwahlen gegen Männer antraten, gewannen sie in 50 Prozent der Fälle.

Gehaltssumme nennen. Aus ihrer Sicht ist dies großzügig, und das ist es tatsächlich – sie gehen bis an die äußerste Grenze dessen, was sie für akzeptabel halten. Aber die Schwierigkeit besteht hier darin, dass die andere Person nicht weiß, dass diese Zahl wirklich ihre Schmerzgrenze ist; sie sieht es als einen Ausgangspunkt und deutet die mangelnde Bereitschaft, sich davon wegzubewegen, als Sturheit oder Geiz. Sie ist vielleicht frustriert über die Situation und darüber, dass sie nicht verhandeln kann – vielleicht sogar so frustriert, dass sie weggeht und so verhindert, dass gemeinsam kreative und vielleicht sogar bessere Lösungen gefunden werden. Es ist nicht falsch, wenn Sie auf den Punkt kommen wollen und Ihre verbindliche Mindestgehaltssumme nennen, aber wenn Sie dies tun, kommt es ganz entscheidend darauf an, wie Sie dies kommunizieren – mit Begeisterung, Herzlichkeit, Respekt, all diesem.

Ein Grund dafür, dass uns schon der Gedanke an Verhandlungen unglücklich macht, ist die Furcht davor, verurteilt zu werden, nur weil man fragt oder weil man vielleicht zu viel verlangt. Diese Befürchtungen sind nicht aus der Luft gegriffen; manchmal erleben wir, dass unsere Forderungen auf Widerstand stoßen. Ungefähr zur gleichen Zeit, als Jennifer Lawrence ihren Vertrag aushandelte, wurde Angelina Jolie wegen ihrer Vertragsforderungen ein verzogenes Gör genannt; manchmal werden wir noch mit anderen geschlechtsspezifischen Schimpfwörtern belegt, wenn wir nach Macht streben oder unsere Macht nutzen. Niemand wirft jemals einem Mann vor, sich herrschsüchtig zu verhalten. Dies bedeutet nicht, dass wir nicht um alles bitten können, was wir wollen. Wir sollten es. Es bedeutet lediglich, dass es sexistische Strömungen gibt, die wir navigieren müssen, wie etwa die Erwartung, Frauen müssten herzlich sein, und die Neigung insbesondere von Männern, sich beleidigt zu fühlen, wenn wir einfach nur sagen, was Sache ist, ohne etwas schönzureden. Das macht mich wütend. Ich bin nicht immer herzlich – niemand kann immer herzlich sein, es sei denn, er verstellt sich. Aber ich kann verstehen, dass Menschen von mir erwarten, herzlich zu sein, und wenn ich keine Anzeichen von Wärme zeige, nehmen sie es vielleicht persönlich oder verurteilen mich.

Selbst wenn ich mich freundlich verhalte, bedeutet dies nicht, dass ich leicht zu bequatschen bin. Das meinen Menschen, wenn sie sagen, Freundlichkeit sei keine Schwäche. Das, worum ich bitte, ist vollständig getrennt davon, wie ich mit Menschen umgehe. Ein warmherziger Umgang macht Menschen glücklich, und daran liegt mir normalerweise viel. Und wenn ich warmherzig bin, dann macht mich das auch selbst glücklich. Ich mache meine Grenzen deutlich, und wenn ich Nein sage, versuche ich dies mit Herzlichkeit und auch Verspieltheit zu tun: »Wollen Sie mich auf den Arm nehmen?«, »Das kann ich unmöglich tun!«, »Das geht absolut, absolut nicht«, »Da würde ich mich eher waterboarden lassen.« Aber das bin ich. Sie tun es auf Ihre Weise.

Wenn es darum geht zu entscheiden, worum und um wie viel man bitten soll und was unsere Grenzen sein sollten, sind Frauen im Nachteil. Dies gilt zumindest für das Berufsleben, wo wir in der Regel nicht so viele Freundinnen und Freunde haben wie Männer. Herminia Ibarra hat bei ihren Studien über soziale Netzwerke herausgefunden, dass Männer eher mit Arbeitskollegen Umgang pflegen, während Frauen sich eher mit Freundinnen treffen, die nichts mit ihrem Berufsleben zu tun haben.[6] Wenn Jennifer Lawrence Bradley Cooper und Christian Bale nähergestanden hätte, hätte sie sich vielleicht nicht gescheut zu fragen: »Hey, was bieten sie euch?« Männer, bitte teilt eure Gehaltsinformationen mit uns, wie es Bradley Cooper und viele andere Schauspieler jetzt ihren Kolleginnen versprochen haben. Okay?

Vielen Frauen wird noch immer beigebracht, sie sollten hart arbeiten, ihre Aufgaben erledigen und nach Hause gehen – in der Erwartung, dass sie irgendwann die Anerkennung und die Belohnungen erhalten, die sie verdienen. Die Führungskräfte-Coachin Tara Mohr nennt dies die »Gewohnheiten der braven Schülerin«. In *Playing Big* schreibt sie: »Was, wenn Mädchen in der Schule so gut sind, weil die Schule viele der gleichen Fähigkeiten und Verhaltensweisen verlangt, die von einem ›braven Mädchen‹ erwartet werden: Respekt und Gehorsam gegenüber Autoritätspersonen, Regeln gewissenhaft befolgen, es anderen immer recht machen, und in einem von außen auferlegten Regelwerk erfolgreich sein?« Sie fährt fort: »Die Vorstellung, gute Leistungen seien genug, wird in der Schule verstärkt, weil gute schulische Leistungen keine Eigenwerbung erfordern. Sie erfordern nur, dass man bei den Lehrer*innen eine hochwertige Arbeit abliefert.«[7] Aber Lehrende sind keine Vorgesetzten, und die Schule ist kein Arbeitsplatz. Wir müssen um eine Gehaltserhöhung, eine Beförderung oder die Chance bitten, bei einem coolen Projekt mitzumachen. Wir müssen uns überlegen, wie wir Menschen über die fantastische Arbeit, die wir schon heute vollbringen, informieren, und wir brauchen starke Netzwerke von Männern und Frauen, die einander bei der Arbeit unterstützen.

Wenn Frauen sich genauso hohe Verhandlungsziele setzen wie Männer, erreichen sie genauso viel wie Männer.[8] Dies zeigt, dass das, was Sie bekommen, viel mehr davon abhängt, um *wie viel* Sie bitten, als davon, *wie* Sie Ihre Bitte vortragen – so wichtig dies auch ist. Als Nina Roussille Daten von Tausenden von

Menschen, die auf einer Onlineplattform nach freien Stellen im Ingenieurwesen suchten, auswertete, fand sie heraus, dass »geschlechtsspezifische Unterschiede bei den geforderten Gehältern fast die gesamte Lücke bei den abschließenden Angeboten erklären. Ich fand keine Anhaltspunkte dafür, dass Frauen diskriminiert werden. In Abhängigkeit von ihren Lebenslaufmerkmalen erhalten Frauen sogar geringfügig mehr Angebote als Männer und unter Berücksichtigung der Ergebnisse von Bewerbungsgesprächen erhalten genauso viele Frauen wie Männer ein endgültiges Angebot.«[9] Anders gesagt sind Arbeitgeber, zumindest in diesem Fall, bereit, Frauen genauso viel zu zahlen wie Männern; aber wir müssen auch die Verantwortung übernehmen, um ein genauso hohes Gehalt zu bitten, wie es Männer tun, und zwar so oft, wie es nötig ist.

Bislang haben wir über Situationen gesprochen, in denen eine Verhandlung bereits im Gange ist, aber einer der größten geschlechtsspezifischen Unterschiede bei Verhandlungen ist die Tatsache, dass viel weniger Frauen als Männern überhaupt klar ist, dass sie verhandeln *können*. Zahlreiche Erhebungen, Feldstudien und Experimente haben gezeigt, dass das geschlechtsspezifische Gefälle bei den Verhandlungen am größten ist, wenn die Situation uneindeutig ist. Meine Kollegin Barbara Biasi beobachtete etwas Auffälliges: Nachdem der Bundesstaat Wisconsin seinen Vertrag mit der Lehrergewerkschaft geändert hatte, um gewisse Ermessensspielräume bei der Besoldung von Lehrenden zu erlauben, bekamen Lehrer ein höheres Gehalt als Lehrerinnen, wobei das Gefälle zwischen den Geschlechtern Jahr für Jahr größer wurde. Sobald Männer erkannten, dass sie verhandeln konnten, taten sie dies; Frauen eher weniger.[10]

Als die Marketingprofessorin Deborah Small und ihr Team Versuchspersonen im Labor das Wortsuchspiel Boggle spielen ließen, sagten sie ihnen, dass sie zwischen drei und zehn Dollar bekommen würden. Am Ende des Spiels zählte eine Forscherin die gesammelten Punkte zusammen, überreichte den Teilnehmenden drei Dollar und sagte: »Hier sind drei Dollar. Sind drei Dollar in Ordnung?« (Jede Person, die um mehr Geld bat, bekam es. Die Teilnehmenden konnten bis zu zehn Dollar bekommen, wenn sie um noch mehr Geld baten.) Nur drei Prozent der Frauen – aber 23 Prozent der Männer – baten um mehr Geld.[11]

Linda Babcock, Koautorin des Boggle-Experiments, die auch ein Standardwerk über Gender und Verhandlungen geschrieben hat (*Women Don't Ask*), stellte fest, dass sogar sie geschlechtsspezifische blinde Flecken hatte.[12] Ihr ging auf, dass sie die besten Lehraufträge an männliche PhD-Studenten vergab. Warum? Sie fragten danach.

In unserem eigenen Interesse und in demjenigen der Menschen, die uns wichtig sind, sollten wir wie die PhD-Studenten von Linda Babcock danach fragen. Unabhängig von unserem Geschlecht sollten wir fragen. Aber wenn wir in einer Machtposition sind, müssen wir nicht warten, bis andere uns um etwas bitten. Wenn wir in Führungsrollen sind, können wir dafür sorgen, dass Macht und Geld und Prestige nicht nur denjenigen zukommen, die am lautesten und am häufigsten um etwas bitten. Und wenn wir einer Person eine Bitte gewähren, können wir denjenigen, die sie ebenfalls an uns hätten richten können, das gleiche Angebot machen – genau das tat Linda Babcock, sobald ihr klar wurde, was sie tat. Sie begann die Lehraufträge gerechter zu verteilen.

Vielleicht haben Sie gehört, dass Frauen, wenn sie im Auftrag anderer Personen verhandeln, sich genauso gut und manchmal besser schlagen als Männer.[13] Dieser Erfolg hat nichts mit Uneigennützigkeit, sondern mit unterschiedlichen Vorgehensweisen zu tun. Wenn Frauen für andere verhandeln, setzen sie sich höhere Ziele, sind beharrlicher, selbstsicherer und herzlicher und weniger bedürftig. Wir fühlen uns wohler (weniger gestresst), und wir nehmen die Situation nicht persönlich. Wir sind lockerer, sodass die Verhandler*innen auf der anderen Seite ebenfalls lockerer sind. Aber wir müssen einen Weg finden, dies auch für uns zu tun.

Wenn Sie sich mit der Vorstellung, im Auftrag von anderen zu verhandeln, wohler fühlen, dann versuchen Sie diese als ein Frame zu nutzen, wenn Sie für sich selbst verhandeln. Wenn Sie darüber nachdenken, erkennen Sie, dass es wahr ist: Jedes Mal, wenn Sie Verhandlungen führen, ebnen Sie anderen Frauen den Weg für erfolgreiche Verhandlungen in der Zukunft. Sie werden zu einem Vorbild. Und wenn Sie mehr Geld für sich herausholen, erlaubt Ihnen dies, gegenüber anderen großzügiger zu sein. Wenn Sie mehr Zeit für sich aushandeln, werden Sie öfter Ihre Bestleistung abrufen können, wovon auch andere profitieren.

In dem Jahr nach dem Hackerangriff auf die E-Mails von Sony Pictures kehrte Jennifer Lawrence an den Verhandlungstisch zurück, diesmal für eine führende Rolle in dem Film *Passengers*. Ich weiß nicht, welche Gage sie ursprünglich gefordert hat, aber ich weiß, dass die 20 Millionen Dollar, die sie für sich herausholte, sie zur bestbezahlten Schauspielerin Hollywoods machten, und ich weiß, dass sie acht Millionen Dollar mehr bekam als ihr männlicher Filmpartner. Ich weiß auch, dass sie dem Kosair Children's Hospital in ihrem Heimatstaat Kentucky zwei Millionen Dollar spendete und dass sie zu einer Großspenderin des Fund for the Arts in Louisville wurde.

In der Vergangenheit war Jennifer Lawrence aus Verhandlungen ausgestiegen, weil sie nicht über zwei Millionen Dollar streiten wollte, die sie nicht brauchte. Sie *brauchte* das Geld immer noch nicht, als sie den *Passengers*-Vertrag aushandelte, aber diesmal war sie sich darüber im Klaren, was sie damit bewirken konnte und warum es wichtig war, dass sie der Vorbildfunktion gerecht wurde, die sie für die Millionen von Frauen hatte, die zu ihr aufsahen. Ihre Entscheidung, hart zu verhandeln, war ein Geschenk, das sie sich selbst und vielen anderen Menschen machte.

KAPITEL ACHT

Verteidigung gegen die Dunklen Künste

Eines der interessantesten und gefährlichsten Merkmale eines Hais ist fast unsichtbar. Man muss den Kopf eines Hais schon aus nächster Nähe betrachten, um die dunklen Poren zu erkennen, die seine Schnauze und seine Wangen sprenkeln. Diese Poren führen zu schmalen, gallertgefüllten Kanälchen unter der Haut, die miteinander verbunden sind und sich in Hohlräume entleeren, die sogenannten *Lorenzinischen Ampullen*, die nach dem Arzt benannt sind, der sie im 17. Jahrhundert erstmals beschrieb. Aber Lorenzini wusste nicht, was ihre Funktion ist. Erst in den 1960er-Jahren entdeckten Forschende, dass die Ampullen als ein sechster Sinn fungieren. Sie registrieren elektrische Felder. Alle Lebewesen erzeugen ein elektrisches Feld, und dank der Ampullen können Haie Beutetiere auch dann aufspüren, wenn sie sich im Sand verstecken. Nicht nur Haie besitzen Elektrorezeptoren, aber Haie haben die empfindlichsten Rezeptoren aller Tiere. Ein Weißer Hai kann eine elektromagnetische Spannungsdifferenz von nur einem Millionstel Volt wahrnehmen. Haie werden buchstäblich von Strom angezogen.

In diesem Kapitel erkunden wir die dunkle Seite der Beeinflussung. In dem Maße, wie Ihre Macht und Ihre Sichtbarkeit zunehmen, ziehen Sie die Aufmerksamkeit von Hai-ähnlichen

Personen auf sich, für die Sie sowohl Konkurrenz als auch Beute sind. Sie sind kaltblütig und bereit, Menschen zu schikanieren, zu betrügen, zu manipulieren und zu täuschen, um das zu bekommen, was sie wollen. Einige wollen andere beherrschen, und manche wollen Sex. Aber die meisten sind auf Geld aus.

Geneen Roth[1] und ihr Mann Matt suchten jemanden, der sie zum Thema Finanzen beriet. Geneen war Schriftstellerin und Beraterin für Frauen mit Essproblemen; Matt war ein Vortragsredner auf Firmenveranstaltungen. Sie waren nicht reich, aber sie hatten ein angenehmes Leben, und sie wollten es noch etwas angenehmer machen.

Louis Izarro schien jemand zu sein, der ihnen dabei helfen könnte. Sie trafen sich in seinem Haus inmitten eines Weinanbaugebiets. Er trug edle, maßgeschneiderte Anzüge und Gucci-Schuhe, und er fuhr einen Mercedes mit Wunschkennzeichen. Geneens Alligatorgehirn registrierte diese Details, die ihr sagten: *Das ist ein Mann, der sich in Geldangelegenheiten auskennt.* Matt und sie engagierten ihn als ihren Steuerberater, obwohl er keine amtliche Zulassung hatte. Er setzte Treuhandverträge für sie auf, sodass sie ihr Geld sicher verwahrt wähnten.

Im Lauf der Jahre trafen sie Izarro bei Buchpräsentationen und auf Dinnerpartys, und aus der Geschäftsbeziehung wurde nach und nach eine Art freundschaftliches Verhältnis. Als er daher beiläufig erwähnte, dass er ihnen eine einzigartige Gelegenheit anbieten könne, in ein Technologie-Start-up zu investieren, das noch nicht an die Börse gegangen sei – ein exklusives Angebot für seine beste Kundschaft –, spürte Geneen ein Prickeln. *Er hält uns für besonders.*

»Ich will, dass Sie Ihr ganzes Geld in dieses Projekt investieren, weil es Ihnen Milliarden einbringen wird. Wenn es nicht gut läuft, werde ich Ihnen jeden Cent zurückzahlen, den Sie hineingesteckt haben.«

Plötzlich wurden Geneen und Matt durch eine Geheimtür in eine Welt hineingeführt, in der Menschen über Nacht zu Milliardären wurden. Obgleich es ihnen bislang nicht wichtig gewesen war, möglichst viel Geld anzuhäufen, weckte diese unerwartete Gelegenheit schlummernde Wünsche. Warum sollten sie nicht wie all die anderen Menschen sein, die Zweithäuser, Dritthäuser, Boote und all diese fantastischen Klamotten besaßen? War dies zu gut, um wahr zu sein? Aber wurden nicht auch die Reichen auf diese Weise noch reicher, indem sie ihr Geld geschickt einsetzten, um es zu vermehren? Izarro mochte keine amtliche Zulassung als Vermögensverwalter haben, aber er war ihr Freund. Und er machte ein Angebot ohne Risiko. Um auf Nummer sicher zu gehen, gaben sie Izarro nur ein Viertel ihrer Lebensersparnisse, um sie in das Tech-Start-up zu investieren. Sie müssten keine Milliardäre werden, Multimillionäre täten es auch.

Anderthalb Jahre später, als das Unternehmen kurz vor dem Börsengang stand, versuchten Geneen und Matt Louis Izarro zu erreichen, um die Einzelheiten des Börsendebüts zu besprechen. Aber er war nirgends zu finden. Von Panik ergriffen, überprüften sie all die anderen, kleineren Investments, die er im Lauf der Jahre für sie verwaltet hatte, nur um zu entdecken, dass ihr Geld nie auf diese Konten geflossen war. Louis Izarro hatte sie die ganze Zeit, in der er vorgegeben hatte, ihr Freund zu sein, bestohlen.

Bitter enttäuscht von ihrer Erfahrung mit Izarro und deutlich jenseits der Lebensmitte wollten Geneen und Matt nichts mehr mit protzigen Beratern oder Angeboten, die schnellen Reichtum versprachen, zu tun haben. Sie brauchten etwas Sicheres, mit maßvollen, aber stabilen Erträgen, und ihr wohlhabender und erfahrener Freund Richard schlug ihnen vor, sich an einem Investmentfonds zu beteiligen, den sein Vater Jahre zuvor entdeckt habe. Er entwickle sich überdurchschnittlich gut, und seit seiner Auflegung habe er noch nie Verluste gemacht. Er stehe eigentlich nur dem Freundeskreis und Familienmitgliedern offen, aber Richard wollte, dass sie ebenfalls in den Fonds investieren könnten, nachdem sie durch Izarro so große Verluste erlitten hätten. Und wer könne das Geld schon besser anlegen als der ehemalige Vorstandschef des Nasdaq Stock Market, der zweitgrößten Börse der Welt?

Mit Ausnahme von 5000 Dollar auf einem Girokonto und dem Geld, das sie in ihr Haus gesteckt hatten, vertrauten Geneen und Matt alles, was sie besaßen, Bernie Madoff an. Die Börse brach hin und wieder ein, und Freundinnen und Freunde, die in Publikumsfonds investiert hatten, seufzten dann laut. Aber die Anleger*innen Madoffs waren nie von solchen Schwankungen betroffen. Geneen und Matt erhielten jeden Monat einen mit einem Matrixdrucker erstellten Kontoauszug, der zeigte, dass ihr Fondsvermögen stetig wuchs.

Obwohl diese seriös wirkenden Kontoauszüge beruhigend waren, hatten sie das Gefühl, dass irgendetwas nicht stimmte. Vielleicht waren es die schlechten Erfahrungen mit Izarro, aber als eine Freundin sie um Rat fragte, ob sie ihre Ersparnisse Madoff anvertrauen solle, riet ihr Geneen, sie lieber breit zu streuen. Es sei nicht klug, alle Eier in einen Korb zu legen, sagte Geneen, auch wenn sie selbst genau das getan hatte.

Zweifel sind Geflüster, keine Sirenen. Und Hoffnung kann klares Denken trüben. Im Lauf der Jahre fragte Geneen Richard oft, wie es Madoff schaffte, solche stabilen Erträge zu erwirtschaften, und jedes Mal erging er sich in weitschweifigen Erklärungen über Madoffs äußerst ausgeklügelte Finanzakrobatik. John Oliver meinte einmal scherzhaft: »Wenn du Böses tun willst, wickle es in etwas Langweiliges ein.« Diese Erklärungen waren so langweilig und schwer verständlich, dass Geneens Gedanken unweigerlich abschweiften. »Nachdem ich fünf Minuten lang nur Bahnhof verstanden hatte, konnte ich es nicht erwarten, dass er endlich den Mund hält«, schreibt sie in ihren Memoiren *Lost and Found*. »Ich füllte meine Verständnislücken mit Wunschfantasien, die ich mir zurechtlegte: Bis zu dem Tag seiner Verhaftung glaubte ich, Bernie Madoff wäre ein enger Freund von Richards Vater, und sie hätten zusammen eine kleine – sehr kleine – Investmentgesellschaft gegründet, an der all ihre Familienmitglieder und vielleicht 30 ihrer engsten Freunde und Freundinnen beteiligt seien. Das war ein schönes, aber völlig realitätsfernes Hirngespinst.«

Als FBI-Beamte am 11. Dezember 2008 an die Tür der New Yorker Wohnung von Bernie Madoff klopften, wusste er, warum sie da waren.

»Wir sind hier, um herauszufinden, ob es eine unverfängliche Erklärung gibt.«

»Es gibt keine unverfängliche Erklärung«, antwortete Madoff.

Mindestens 16 Jahre lang und vielleicht Jahrzehnte länger hatte er ein sogenanntes Ponzi-System betrieben, das so gigantisch war, dass seine Vermögenswerte – wenn sie tatsächlich existiert hätten – jede Wall-Street-Bank in den Schatten gestellt hätten. Die FBI-Ermittlungen ergaben, dass 37 000 Anleger*innen aus 136 Ländern insgesamt 65 Milliarden Dollar bei Bernie Madoff investiert hatten (dachten sie). Doch weil das Geld über sogenannte Feeder-Fonds – Fonds, die in andere Fonds investieren – wie denjenigen von Richard hereingeholt wurde (es zeigte sich, dass er ebenfalls ein Opfer, kein Komplize war), konnte den Anlegenden weisgemacht werden, dass sie zu einer kleinen, erlesenen Gruppe gehörten, die das Glück hatten, eine so einmalige Gelegenheit zu erhalten. Madoff hatte sich mit einem geheimnisvollen Nimbus umgeben, der ihm half, Fragen auszuweichen. Wenn jemand zu neugierig war, wollte er dessen Geld nicht. Und wenn Sie einer*eine der Fondsmanager*innen waren, die Bernie Madoff Geld brachten, kassierten Sie saftige Provisionen, damit Sie nicht zu tief gruben.

Zu der Zeit, als Geneen und Matt Madoff ihre Lebensersparnisse anvertrauten, hatte er bereits Hedgefonds, Wohltätigkeitsorganisationen und Großbanken, aber auch Jeffrey Katzenberg, den CEO von DreamWorks Animation, den Holocaust-Überlebenden und Nobelpreisträger Elie Wiesel, den Eigentümer der New York Mets und den Schauspieler Kevin Bacon (der wirklich umfassend vernetzt zu sein scheint) erfolgreich umgarnt. Hätte Madoff alle Gelder auf einmal veruntreut, dann hätte er sich entlarvt. Aber einige Anleger*innen hatten ihre Gelder zwischenzeitlich abgehoben, was dem Fond den Anschein der Seriosität verlieh. Diese Abhebungen waren von neuen Investierenden wie Geneen und Matt abgedeckt worden – genau so funktioniert ein Ponzi-System.

Madoffs Anleger*innen waren keine Dummköpfe. Betrüger*innen suchen sich erfolgreiche Menschen als Opfer aus[2] – die Besserverdienenden, die Hochqualifizierten[3] und sogar diejenigen, die sich gut in finanziellen Dingen auskennen[4] –, weil bei ihnen mehr Geld zu holen ist. Es sind Menschen, die meinen, dass sie wissen, was sie tun, oder zumindest, dass Menschen, denen sie vertrauen, wissen, was sie tun. Aber genau diese Einstellung macht sie anfällig für Manipulationen.

Wir sind sehr schlecht darin, Lügner*innen zu erkennen. Bei Experimenten mit mehr als 15 000 Teilnehmenden fand der Psychologe Paul Ekman heraus, dass Menschen mit einer nur fünf Prozent höheren Treffgenauigkeit als der Zufall Lügen erkennen. Selbst hochqualifizierte Fachleute für Lügenerkennung sind nur zehn Prozent besser als der Zufall, obgleich sie sehr von der Richtigkeit ihrer Einschätzungen überzeugt sind.[5] Selbst Polygrafen sind so unzuverlässig, dass sie nicht als Beweismittel vor Gericht zugelassen sind. Wenn Sie ein Kind haben, sind Sie ziemlich sicher zu wissen, wann es lügt, aber auch diesbezüglich dürften Sie sich irren. Die Hinweise, auf die wir uns beziehen – Anzeichen des Unbehagens –, sind irreführend. Viele Menschen, die die Wahrheit sagen, sind angespannt, und viele Lügner*innen sind vollkommen ruhig. Gerade vor denjenigen, die viel Übung haben, müssen Sie ganz besonders auf der Hut sein. Aus diesem Grund müssen wir nach anderen Anzeichen Ausschau halten.

Jedes Jahr fallen in den Vereinigten Staaten zehn bis 15 Prozent der Erwachsenen auf Betrugsmaschen herein. Aber in praktisch jedem Fall gab es Warnsignale, die sie auf die Gefahr hätten hinweisen können, wenn sie gewusst hätten, worauf sie achten müssen. Hai-Detektoren.

Die Warnsignale der Manipulation

Auch wenn sie sich noch so große Mühe geben, sich nichts anmerken zu lassen, senden Manipulatorinnen und Manipulatoren Warnsignale aus, die bei Ihnen die Alarmglocken schrillen lassen sollten. Aber das erste Warnsignal ist leicht zu übersehen. Manipulative Taktiken sollen Sie in den Alligatormodus versetzen, damit Sie instinktiv reagieren, statt die Situation rational einzuschätzen. (Aus diesem Grund ist es so viel leichter, Warnsignale zu erkennen, wenn eine andere Person das Ziel ist: Sie sind im Richtermodus, und die andere Person steckt im Alligatormodus fest.) Geschickte Manipulationsprofis wissen, wie sie diese Art von Unruhe erzeugen, die Ihren Selbsterhaltungsinstinkt gegen Sie selbst wendet.

Sehen wir uns also die Hinweise darauf, dass Sie das Interesse eines Hais geweckt haben, näher an. Keiner davon ist für sich genommen ein hinreichend belastender Beweis, aber wenn Sie irgendeines dieser Anzeichen sehen, sollten Sie aufmerksam nach weiteren Ausschau halten.

Warnsignal Nr. 1: »Einlullen«

Es ist peinlich, wenn man einem Hai zum Opfer fällt. Was haben Sie sich dabei gedacht, als Sie Ihre Bankdaten einem Fremden gegeben haben? Was haben Sie sich dabei gedacht, als Sie um 22 Uhr zu einem »Geschäftstermin« in sein Hotelzimmer gingen? Oder als Sie Ihr gesamtes Bargeld einem Maschinenbau-Studenten gaben, der seinen Geldbeutel verloren hatte und Lehrbücher kaufen musste? Wir alle kennen Geschichten wie diese, und die Antwort auf die Frage »Was haben Sie sich dabei gedacht?« wird Sie vielleicht überraschen.

Sie haben sich nichts dabei gedacht. Ihre Alarmsirenen haben nicht geheult. Ein Betrüger schilderte Doug Shadel, dem Autor von *Outsmarting the Scam Artists*, seine Strategie. »Bei einem Vertragsabschluss war mein erstes Ziel immer, das Opfer ›einzulullen‹. Damit meine ich, es in jenen Zustand der Benommenheit zu versetzen, in dem es emotional aufgewühlt und so durcheinander ist, dass es nicht mehr weiß, wo oben und wo unten ist. Sobald ich es in diesem Zustand habe, spielt es keine

Rolle, wie schlau oder dumm es ist. Wenn ich es eingelullt habe, setzt sein Verstand aus.«

Dies geschieht immer dann, wenn der Alligator überlastet wird, bevor der Richter eine Chance bekommt einzugreifen. Dieser wahnhafte Zustand erklärt das oftmals bizarre Verhalten, das wir in einer Krise zeigen.

Als ein Polizist sich versehentlich selbst angeschossen hatte, wählte er mehrfach die Auskunftsnummer 411, bevor er schließlich die Telefonistin bat, ihn mit der Notrufzentrale zu verbinden. Am 11. September 2001 haben viele Menschen, als sie bemerkten, dass ihr Hochhaus von einem Flugzeug getroffen worden war, eine kostbare halbe Stunde damit verbracht, Sachen zusammenzusuchen und ihre Familien anzurufen, bevor sie langsam die Treppe hinuntergingen.

Betrüger*innen und andere Manipulatorinnen und Manipulatoren wühlen uns absichtlich emotional auf, damit wir nicht mehr klar denken können. Verschlimmert wird dies durch die Tatsache, dass *man selbst nicht merkt, wenn man eingelullt ist.* Man gleicht einem Betrunkenen, der in blinder Selbstüberschätzung nach dem Autoschlüssel greift – mit getrübtem Verstand, aber ohne sich dessen bewusst zu sein. Entscheidungen, die wir im Nachhinein kaum noch begreifen? Wir haben sie in einem Zustand der Benommenheit getroffen.

Jede heftige Gefühlsaufwallung kann Sie in diesen verwundbaren Zustand versetzen. Einmal wurde ich spätabends durch einen Anruf von einer mir unbekannten Nummer in Mexiko geweckt. Die fremde Person, die offenbar sehr aufgewühlt war, sprach schnell mit starkem Akzent. »Ihr Bruder ist gerade mit dem Auto schwer verunglückt.«

Oh, nein! Mein Herz begann zu pochen. Meine Kehle wurde trocken.

»Er hat das Bewusstsein verloren, sie fahren ihn ins Krankenhaus.«

Wer war schwer verunglückt? Meinte er meine Schwester Mika? Ich dachte, sie wäre bei sich zu Hause in Philadelphia, oder war sie verreist? Ich war verwirrt, verängstigt und wollte unbedingt helfen. Ich sagte: »Ich habe keinen Bruder, aber sagen Sie mir, was …« Die Leitung war tot. Wenn der Betrüger zufälligerweise »Ihre Schwester« gesagt hätte, wäre ich hundertprozentig darauf reingefallen.

Ein weiteres klassisches Mittel, jemanden einzulullen, besteht darin, seine Habgier anzustacheln. Wie Upton Sinclair einmal schrieb: »Es ist schwer, einen Menschen dazu zu bringen, etwas zu verstehen, wenn sein Gehalt davon abhängt, dass er es nicht versteht.« Wenn unsere Gier geweckt ist, lassen wir uns leicht einlullen. Das Gleiche gilt für Wut. »Ob Sie es glauben oder nicht«, prahlte ein Schwindler, »einige meiner besten Verkäufe verdanke ich unzufriedenen Kunden, die mich anriefen, um mich anzubrüllen und sich lauthals zu beklagen, dass man ihnen Lügen über das Produkt erzählt habe. Ich ließ sie Dampf ablassen, bis ihnen die Luft ausging. Dann hatte ich sie so weit. Gefühl ist Gefühl. Wut ist genauso gut wie Begeisterung oder Furcht.«

Man kann Menschen auch auf physische Weise einlullen. Studien haben vor Kurzem bestätigt, was Priester*innen, Schamaninnen und Schamanen, Befehlshaber*innen und Kultführer*innen schon seit Langem wissen – dass Menschen, die synchronisierte, rhythmische Verhaltensweisen wie Trommeln, Marschieren, Tanzen oder Skandieren ausführen, gefügiger werden. Weil sie sich energiegeladen und eng mit der Gruppe verbunden fühlen, sind sie kooperativer. Und der Verstand wird sogar noch stärker vernebelt, wenn rhythmische

Gruppenaktivitäten mit reizüberflutender lauter Musik, Stroboskoplicht oder Schlafentzug verbunden werden. Aufregung, Euphorie, Angst, Verwirrung, Verbundenheit oder spirituelle Verzückung: All diese Zustände erschweren es uns, klar zu denken. Jede*r von uns kann jederzeit durch gezieltes Einlullen zum Opfer werden, ganz gleich, wie schlau wir sind. Da wir wahrscheinlich nicht bemerken, wenn unser Verstand vernebelt ist, möchte ich auf einige weitere Warnsignale eingehen, die darauf hindeuten, dass man von Haien umkreist wird. Eines der sichtbarsten ist eng mit dem Einlullen verwandt: das Drängen zu einer Handlung.

Warnsignal Nr. 2: Zeitdruck

Wenn sich jemand unter Druck gesetzt fühlt, kann er in einen irrationalen Zustand verfallen, der im Deutschen *Torschlusspanik** genannt wird. Der Ausdruck geht auf das Mittelalter zurück, als die Menschen in der Abenddämmerung zurück in ihre Unterkünfte im Donjon einer Burg eilten, da sie Angst hatten, ausgesperrt zu werden, wenn die Tore bei Einbruch der Dunkelheit geschlossen wurden.

Auf die heutige Zeit übertragen, ist Torschlusspanik das, was im Jahr 2020 zur großen Toilettenpapierpanik führte. Als die COVID-Pandemie Lieferketten unterbrach, beeilten sich Menschen auf der ganzen Welt, sämtliches Toilettenpapier zu kaufen, dessen sie habhaft werden konnten (in einigen Fällen solche Mengen, dass es für Jahre reichen wird). Ihr Verhalten alarmierte andere, und die Torschlusspanik breitete sich aus, bis die Ladenregale leer waren. In Sydney und Kalifornien musste die Polizei bei Schlägereien um Toilettenpapier dazwischen-

---

* Dt. im Original.

gehen. In Hongkong stahlen bewaffnete Personen 600 Rollen Toilettenpapier aus einem Supermarkt, während sie die Kassen nicht anrührten.

Das Gefühl, dass die Zeit drängt, entsteht aus der Furcht, nicht genug zu haben, ob es dabei um Zeit, Vorräte oder Chancen geht. Die Angst, etwas zu verpassen, kann uns dazu veranlassen, Dinge zu tun, die uns unter normalen Umständen im Traum nicht eingefallen wären. Neurowissenschaftler*innen haben entdeckt, dass das Gefühl, dringend handeln zu müssen, jene Teile des Gehirns überstimuliert, die uns helfen, den Wert von Dingen für uns einzuschätzen (ich muss dieses Ding haben!), während es jene Regionen dämpft, die uns beim Planen helfen (Budget? Welches Budget?). Wir glauben, dass wir Schlussverkäufe deshalb so verlockend finden, weil sie uns Schnäppchen anbieten, aber was uns noch mehr reizt, ist das von ihnen erzeugte Gefühl, dringend zugreifen zu müssen.

Praktisch jedes auf Abschluss gerichtete Verkaufsgespräch erzeugt in irgendeiner Form Zeitdruck. Eine Verkaufsperson sagt vielleicht etwas wie: »In unserem Unternehmen verhandeln wir nicht über Preise. Aber wir bieten Anreize für Kurzentschlossene. Wenn Sie also heute etwas kaufen, kann ich Ihnen einige Rabatte anbieten. Hört sich das fair an?«

Es hört sich fair an oder auch besser als fair, oder? Aber der Anreiz für Kurzentschlossene ist ein Trick, um den Alligator dazu zu bringen, eine Bauchentscheidung zu treffen, bevor der Richter die Zeit hat, es sich anders zu überlegen. Sie können nicht von sich selbst erwarten, unter Zeitdruck oder wenn Sie Angst haben, etwas zu verpassen, kluge Entscheidungen zu treffen. Ich habe es mir zur Regel gemacht, jede wichtige Entscheidung zu überschlafen, und wenn ich andere darum bitte, eine wichtige Entscheidung zu treffen, rate ich auch ihnen, sie zu überschlafen. Auf diese Weise können wir sicher sein, dass sowohl der Alligator als auch der Richter Ja sagen. Wenn Sie so vorgehen, werden Sie bald feststellen, dass die meisten Taktiken, Sie unter Druck zu setzen, Bluff sind. Wenn diese Menschen Ihnen heute etwas verkaufen wollen, glauben Sie wirklich, dass sie Sie morgen abweisen werden?

Falls Sie selbst in einem »Haifisch«-Moment die Absicht haben sollten, andere unter Zeitdruck zu setzen, sollten Sie wissen, dass dies oft nach hinten losgeht. Bei einem Marktforschungsexperiment, das 310 000 Kaufentscheidungen einbezog, haben Forscher*innen der Abteilung Market Insights von Google Großbritannien herausgefunden, dass Taktiken wie »Nur heute!« und »Nur noch zwei Zimmer übrig« die am wenigsten erfolgreichen von allen getesteten Verhaltensstrategien waren.[6] Und diejenigen, die die Kundschaft am ehesten verärgerten. Die Forscher*innen drückten es höflicher aus, sie sagten, diese »provozieren eine negative Reaktion«.

Warnsignal Nr. 3: Exklusivität

Exklusivität ist mit Zeitdruck verwandt, weil es in beiden Fällen um begrenzte Verfügbarkeit geht, aber es ist eine subtilere Variation des Themas. Je nachdem, wie »würdig« Sie sind – beziehungsweise abhängig von Ihrem Vermögen –, könnten Sie Zugang zu dieser exklusiven Gelegenheit erhalten, die nur den wenigen Auserwählten offensteht. Während die Taktik, Sie unter Zeitdruck zu setzen, an Ihr inneres zweijähriges Kleinkind appelliert (*Das kannst du nicht haben*), richtet sich der Exklusivitätstrick an Ihren inneren Teenager (*Willst du eines von den coolen Kids sein?*). Exklusivität ist das VIP-Abzeichen, die Ivy-League-Universität, das Prominenten-Event, das Diamant-/Platinniveau, der Klub oder das soziale Netzwerk, das eine Empfehlung von einem Mitglied verlangt. Exklusivität verspricht Status. Wenn ein Teil Ihres Unterbewusstseins fragt: *Bin ich es wert?*, antworten exklusive Gelegenheiten: *Ja, wenn.*

Exklusivitätstaktiken werden von Schmeichelei, Ungewissheit, der Angst, etwas zu verpassen, oder all dem zusammen unterstützt. Die Studien über Schmeichelei lassen sich leicht zusammenfassen: Sie beeinflusst Sie wahrscheinlich, auch wenn Sie das Gegenteil denken, auch wenn Sie wissen, dass es dabei Hintergedanken gibt, und auch wenn der Schmeichler nur ein Computer ist, der Ihnen sagt, wie wunderbar Sie sind. Unsicherheit bezüglich unseres Status macht uns besonders anfällig für den Exklusivitätstrick. Und die Angst, etwas zu verpassen, gießt Öl ins Feuer.

Mit 600 Dollar pro Pfund ist *Kopi Luwak* der teuerste Kaffee der Welt. Er wird auf den Hügeln Indonesiens angebaut, die auch die Heimat des Fleckenmusangs oder Luwaks sind. Diese Schleichkatze ist ein hellbraun gefärbtes Tier, das wie eine Kreuzung aus Hauskatze und Opossum aussieht. Luwaks fressen gern Kaffeekirschen – die Frucht mit der Kaffeebohne im Innern. Wenn Kaffeekirschen den Verdauungstrakt eines Luwaks passieren, sind die unverdaulichen Bohnen einer speziellen Kombination von Enzymen ausgesetzt, die angeblich dafür sorgt, dass die Bohnen weniger Säure enthalten, wenn sie ausgeschieden werden. Diese Bohnen werden gesäubert, geröstet, aufgebrüht und schluckweise getrunken.

Ja, der teuerste Kaffee der Welt wird aus Schleichkatzenkacke hergestellt.[7] Es mag sich unappetitlich anhören, aber wenn Sie ein Tourist im Hochland von Westjava wären und einem Verkaufsgespräch lauschen würden, hätte ein Teil von Ihnen das Gefühl, dass SIE DIESEN SCHLEICHKATZENKAFFEE UM JEDEN PREIS HABEN MÜSSEN! Für diejenigen, die im

Hochland von Westjava leben, ist *Kopi Luwak* nur ein weiteres bescheuertes überteuertes Produkt, das Touristen kaufen. (Ja, ich habe ihn auch gekauft. Nein, er hatte keinen besonders erlesenen Geschmack. Und ich erfuhr später, dass die Tiere misshandelt werden und dass 80 Prozent des *Kopi Luwak* sowieso gefälscht sind.)

Bernie Madoff war unter anderem deshalb so erfolgreich darin, Menschen das Geld aus der Tasche zu ziehen, weil er nicht jede*n in seinen Kundenkreis aufnahm. Man benötigte eine persönliche Empfehlung. Bei sektenartigen Gemeinschaften – ob im Wirtschaftsleben, im religiösen Bereich oder im Bereich der Persönlichkeitsentwicklung – nimmt Exklusivität die Form eines teuren, begrenzten Zugangs zu einer charismatischen Führungsfigur an. Ein Klausurtreffen in kleinem Kreis kann Zehntausende von Dollar kosten. Die jährliche Mitgliedschaft in dem VIP-Kreis kann mehr als 100 000 Dollar kosten. Viele dieser Organisationen wenden Vertriebstaktiken mit hohem psychologischem Druck an, um Anhänger*innen dazu zu ermuntern, Geld auszugeben, das sie nicht haben, indem sie Kreditkarten ausreizen oder an ihre Altersrücklagen gehen. Gurus werden sagen, dass es eine freie Entscheidung dieser Personen ist, aber wenn sie eine manipulative Kombination aus Einlullen und Exklusivitätsversprechen gegen diejenigen einsetzen, die besonders anfällig dafür sind, dann sage ich, dass dies nicht der Fall ist. Die Anziehungskraft der Exklusivität kann ein wenig nachlassen, wenn wir Zeit zum Nachdenken bekommen, aber sie erlischt nicht unbedingt vollkommen. *Oh, hallo, Ego. Da bist du ja.* Wenn Sie das Zerren spüren, sollten Sie in Ihrer Umgebung nach einem Raubtier Ausschau halten.

Warnsignal Nr. 4: zu gut, um wahr zu sein

Wie Maria Konnikova in *Täuschend echt und glatt gelogen* schreibt: »Wir alle kennen den Satz: ›Wenn es zu schön ist, um wahr zu sein, dann ist es das wahrscheinlich auch.‹ ... Doch wenn es um unsere eigene Person geht, neigen wir dazu, uns an dieses ›wahrscheinlich‹ zu halten.«[8]

Behauptungen, die zu schön sind, um wahr zu sein, gehen oft mit dem Bestreben einher, Zeitdruck zu erzeugen. Wenn Sie mehr Zeit hätten nachzudenken, würden Sie die Schwachstellen erkennen. In der britischen Fernsehserie *The Real Hustle* folgt ein Team mit versteckter Kamera einer Gruppe von Schauspielenden, die ein ahnungsloses Publikum mit bestimmten Tricks hinters Licht führen. In einer Episode, »Black Money«, verkauft ein zungenfertiger Sprecher mit Farbe besprühte Zettel an Menschen, die sich auf einem Flohmarkt um ihn scharen. Schließlich winken sie mit Geldscheinen und drängen sich gegenseitig weg, weil ein jeder unbedingt möglichst viele Zettel kaufen will.

Ihnen, dem*der Beobachter*in im Richtermodus, kommt dieser Schwindel besonders lächerlich vor. Der Menge aber wurde gesagt, die nationale Münzanstalt habe zu viele Geldscheine gedruckt, und da die Vernichtung von Zahlungsmitteln eine Straftat sei, malten sie die überschüssigen Geldscheine schwarz an, um sie unbrauchbar zu machen. Nachdem sie einen mit diesen Geldscheinen beladenen Lkw entführt hätten, hätten ihre neuen Eigentümer einen Weg gefunden, um sie mithilfe eines Spezialsprays und einer Walze zu säubern. Der Straßenhändler demonstriert das Verfahren, wobei er direkt vor Ihren Augen einen schwarz bemalten Zettel in eine Zehn-Pfund-Note verwandelt – und Sie können *zehn* dieser entwerteten Geldscheine zusammen mit der chemischen Lösung und der

Walze *für nur zehn Pfund* kaufen. Sie haben richtig gehört: entwertete, aber leicht wiederherstellbare Banknoten im Wert von 100 Pfund – also das Zehnfache dessen, was Sie dafür bezahlen. Aber Sie sollten sich beeilen, denn diese Männer müssen ihr schwarzes Geld sofort entladen.

Eine intelligente Person würde wohl kaum auf diese Geschichte hereinfallen, oder? Aber Betrugsmaschen, bei denen es buchstäblich um Geldwäsche geht, sind überall auf der Welt erfolgreich durchgeführt worden. Opfer solcher Gaunereien erstatten deswegen nur selten Anzeige, weil es ihnen verständlicherweise peinlich ist, und manchmal, wie in diesem Fall, auch deshalb, weil sie bei dem zwielichtigen Geschäft mitgemacht haben.

Aus sicherer Distanz lässt sich leicht erkennen, dass das Angebot des so überzeugend klingenden Marktschreiers, der die Menge in Begeisterung versetzt, zu schön ist, um wahr zu sein. Wenn die Diebe einen Lkw voller entwerteter Geldscheine und die Mittel, um sie wiederherzustellen, hätten, warum in aller Welt würden sie diese dann mit einem Rabatt von 90 Prozent verkaufen? Und warum würden sie ihre Straftat auch noch öffentlich eingestehen? Das Szenario ist vollkommen unplausibel, aber es entfaltet sich sehr schnell – und die Opfer sehen handfeste Beweise: wie aus mit Farbe besprühten Geldscheinen wieder makellose Zehn-Pfund-Noten werden. Ganz zu schweigen von der sozialen Ermunterung: Viele andere Personen (die vielleicht in den Schwindel eingeweiht sind) reißen sich ebenfalls um das Angebot.

Warnsignal Nr. 5: Halbwahrheiten

Lügen sind offensichtliche Hinweise, dass man mit Scherereien rechnen muss. Menschen, die ein lässiges Verhältnis zur Wahrheit haben, haben auch ein lässiges Verhältnis zur Moral. Ein Yoga-Guru sagte mir einmal, er könne innerhalb von zehn Minuten von einem Ende von Los Angeles ans andere fahren, weil »gewöhnliche Zeitgesetze nicht für jemanden gelten, der sich in einem höheren spirituellen Zustand befindet«. Später erfuhr ich, dass ihm etliche Frauen sexuelle Belästigung vorgeworfen hatten; ich vermute, dass er sich nicht nur über die Gesetze der Zeit erhaben fühlte.

Marketingprofis sind mitverantwortlich für die Vorstellung, dass man es mit der Wahrheit nicht so genau nehmen muss. In dem Film *Elf* spielt Will Ferrell einen Mann, der von Elfen am Nordpol großgezogen worden ist. Kurz nach seiner Ankunft in New York City fällt ihm ein Schild außerhalb eines Imbisses auf, und er rennt hinein und ruft begeistert aus: »Sie haben es geschafft! Glückwunsch! ›Beste Tasse Kaffee der Welt.‹ Großartige Leistung von Ihnen allen, freut mich sehr, Sie kennenzulernen!«

Seine Naivität ist witzig, weil wir es gewohnt sind, solche Werbesprüche zu ignorieren. Jede*r weiß, dass ein Schild, auf dem die beste Tasse Kaffee der Welt angepriesen wird, nichts zu bedeuten hat. Aber wenn Sie darüber nachdenken, begreifen Sie, dass es durchaus etwas zu bedeuten hat. Es bedeutet nämlich, dass jemand, der derartige Aussagen macht, sich nicht darum schert, ob sie wahr sind oder nicht.

Manche Formulierungen lassen mich unwillkürlich aufhorchen: »Ich verspreche«, »die reine Wahrheit und nichts als die Wahrheit«, »Das ist hundertprozentig wahr«, »(großes) Ehrenwort!« und »Ich werde offen und ehrlich zu Ihnen sein«. Warum hält es diese Person für nötig, etwas zu versprechen, zu beglaubigen oder Ihnen ihre Aufrichtigkeit zu verkünden? Sie muss davon ausgehen, dass Sie misstrauisch sind. Das ist kein gutes Zeichen. Sie sollten auf der Hut sein, wenn man Ihnen mit Halbwahrheiten oder unaufgeforderten Versprechen kommt.

Warnsignal Nr. 6: magisches Denken über Geld

Viele Coaches im Bereich Persönlichkeitsentwicklung und spirituelle Führer*innen sind der festen Überzeugung, unsere Gedanken seien für alles verantwortlich, was in unserem Leben geschieht. Wenn wir beispielsweise eine positive Einstellung zu Reichtum hätten und uns vorstellten, im Überfluss zu leben, dann würden wir eher zu Geld kommen; wir würden Reichtum förmlich anziehen. Für protestantische Christinnen und Christen ist dies das »Wohlstandsevangelium«, für spirituell Suchende ist es das »Gesetz der Anziehung«.

Diese Lehren werden durch individuelle Erfahrungsberichte scheinbar bestätigt. Diejenigen, die im Überfluss leben, sind begierig darauf, ihre Geschichten zu teilen, weil ihr materielles Glück ein gutes Licht auf sie wirft. Sie sind spirituell, »woke«, tüchtig und werden von Gott geliebt. So werden Sie von Menschen hören, die einst völlig pleite waren, aber ihren Glauben dadurch bewiesen, dass sie ihre Kreditkarte weglegten, und eine höhere Macht kam ihnen zu Hilfe. Gleichzeitig sind diejenigen, die arm oder überschuldet bleiben, nicht gewillt, sich öffentlich zu äußern, denn ihr Scheitern bedeutet, dass sie unwürdig sind und von der höheren Macht nicht geliebt werden.

Barbara Ehrenreich schreibt in ihrem Buch *Smile Or Die:*

> *»Als meine Schwester aus New York zu ihrem Urlaub eintraf, ließ sie eine handgenähte Ledertasche auf meine Klavierbank fallen und fragte: ›Siehst du die tolle Tasche, die*

ich für mich manifestiert habe?‹ Die DVD Das Geheimnis – The Secret *habe sie in der Auffassung bestärkt, dieses Produkt stehe ihr zu. Sie brauche es sich nur zu nehmen, und so habe sie es mit ihrer American-Express-Karte gekauft.«*[9]

Wenn Sie in Situationen, in denen Sie ermuntert werden, sich von hohen Geldbeträgen zu trennen, auf das Gesetz der Anziehung stoßen, sollten Sie innehalten. Selbst wenn Sie die Prämisse akzeptieren, sollten Sie sich bewusst machen, dass Ihre Überzeugung Sie zum leichten Opfer von Menschen machen könnte, die nur ihren eigenen Vorteil im Sinn haben.

Wie die anderen Warnsignale, die wir erörtern, ist auch dies kein eindeutiger Beweis. Aber es ist eine Aufforderung, sich die Sache näher anzusehen und sicherzustellen, dass alles rechtmäßig ist. Wenn es – wie so oft – um Exklusivitätsversprechen geht, dann sollten Sie sich fragen, ob es wirklich notwendig ist, sofort den »Platinstatus« zu erreichen. Und vielleicht wäre es nicht schlecht, wenn Sie das Geld auf Ihrem Konto hätten, *bevor* Sie Ihre Karte durchziehen.

Warnsignal Nr. 7: Ihr entschiedenes Nein wird ignoriert

Habe ich Sie weiter oben ermuntert, beharrlich und ein freundlicher Brontosaurus zu sein? Ja, das habe ich getan. Aber ein freundlicher Brontosaurus ist im Umgang mit anderen höflich, beziehungsweise er erkundigt sich, ob er später noch einmal nachfragen darf. Wenn ein freundlicher Brontosaurus gebeten wird, wegzugehen oder keine Bitten mehr zu stellen, tut er das. Wenn Sie auf jemandes Bitte mit einem entschiedenen Nein antworten, sollte diese Person Sie in Ruhe lassen. Wenn sie hartnäckig bleibt, wissen Sie, dass sie sich nicht darum schert, was Sie wollen, und das ist ein sehr ernstes Warnsignal. Wenn

Sie keine klaren Ansagen gemacht und versucht haben, auf die Gefühle des Gegenübers Rücksicht zu nehmen, fragen Sie sich vielleicht, ob es zu einem Missverständnis gekommen ist. Vielleicht fühlen Sie sich verantwortlich dafür. Aber wenn Sie jemand nach einem unmissverständlichen Nein noch immer behelligt, ist dies ein ernst zu nehmendes Warnsignal.

Warnsignal Nr. 8: emotionales Wechselbad

Ein Wechselbad von Freundlichkeit und Grausamkeit ist eine psychologisch besonders missbräuchliche Form des Umgangs mit einem anderen Menschen. Wenn Sie eine enge Beziehung zu jemandem haben, der sich Ihnen gegenüber so verhalten hat – vielleicht ein Elternteil, ein Partner oder eine Vorgesetzte –, dann sind Sie mit dieser toxischen Mischung aus Hoffnung und Furcht vertraut. *Wenn ich diesmal alles richtig mache, dann wird es vielleicht gut laufen.* Wenn die andere Person Sie durchweg schlecht behandelt, dann wissen Sie wenigstens, was Sie erwartet. Sie können sich darauf einstellen. Aber wenn Sie es nicht wissen, dann können Sie nie richtig entspannen, und permanenter Stress kann Sie gefügig machen: Sie akzeptieren das als den neuen Normalzustand. Viele Menschen, die in missbräuchlichen Beziehungen feststecken, erkennen nicht, worum es sich in Wahrheit handelt.

Manchmal geht das Wechselbad der Gefühle von zwei Menschen aus, die zusammenarbeiten: die »Guter Bulle, böser Bulle«-Taktik, die Sie aus vielen Filmen kennen. Das ist keine gängige Strategie in polizeilichen Vernehmungen mehr, sofern sie dies jemals war; schon in den 1940er-Jahren galt sie als überholt. Aber bei organisierten Betrügereien und in manipulativen Vertriebssituationen ist sie noch immer weit verbreitet. Werbeveranstaltungen für Ferienwohnrechte sind berüchtigt dafür, dass Teilnehmer*innen dabei stark unter Druck gesetzt werden. Und so war ich neugierig, einmal selbst bei einer mitzumachen. Bei einem Strandurlaub wurde meiner Begleitung und mir ein kostenloser Tauchausflug versprochen, wenn wir an einer Präsentation für ein Ferienwohnrecht in einer exklusiven Wohnanlage teilnehmen würden. Warum nicht? Vor der Vertriebsveranstaltung plauderte ein freundlicher Verkaufsvertreter bei einem netten Frühstück mit uns. Nach der Präsentation machten wir einen Rundgang durch die schöne Ferienanlage, und Carlos versuchte uns zu überreden, das Angebot anzunehmen. Wir lehnten höflich ab. Er ging mit dem Preis herunter. Wir lehnten noch immer ab. Es war keine wirklich unangenehme Situation. Wir hätten jetzt gern den Tauchausflug gemacht.

Aber sie waren noch nicht bereit, uns die Pässe zu geben. Als Carlos' Vorgesetzter dazustieß, um zu sehen, wie es lief, sagte ihm Carlos, dass wir nicht interessiert seien. Der Mann beäugte mich wie ein Falke ein Streifenhörnchen und setzte sich auf Carlos' Stuhl auf der anderen Seite des Tischs. Er nahm uns in die Mangel, warf uns vor, gierig und falsch zu sein, nie die Absicht gehabt zu haben, das Angebot ernsthaft in Erwägung zu ziehen, zu versuchen, einen kostenlosen Tauchausflug zu ergaunern.

Er hatte natürlich nicht ganz unrecht, aber wir beteuerten das Gegenteil – genau, wie er es beabsichtigt hatte. Indem er uns Vorhaltungen machte, zwang er uns dazu, uns selbst zu verteidigen. *Selbstverständlich seien wir an der Ferienanlage interessiert. Ja, es sei ein perfekter Ort zum Ausspannen, und ein Ferienwohnrecht sei eine großartige Möglichkeit, ihn zu einem günstigen Preis zu genießen.* Dies bedeutete nicht nur, dass wir die Vorteile des Ferienwohnrechts aufzählen mussten, vielmehr würden wir vielleicht einfach aus schlechtem Gewissen doch noch unterschreiben. Dennoch sagten wir Nein. Er warf seinen Kuli quer durch den Raum und stürmte wütend davon.

Carlos, der die ganze Zeit, sichtlich unangenehm berührt, dagestanden hatte, entschuldigte sich vielmals und bat uns, nur noch eine Minute zu warten. Er trottete hinter seinem Chef her. Als er zurückkam, entschuldigte er sich erneut für seinen Chef, der einen schrecklichen Tag gehabt habe. Er schenkte uns als Versöhnungsangebot eine Decke und eine Flasche Rum. Dann nannte er uns einen niedrigeren Preis, als er bislang jemals habe anbieten können, weil sein Chef sich so schlecht fühle. Und Carlos sagte uns, es würde ihm wirklich den Tag retten, wenn wir dieses großartige Angebot annehmen würden.

In manchen Situationen ist der böse Bulle ein Feindbild, das nicht einmal wirklich existiert. Die Person, mit der Sie sprechen, würde Ihnen liebend gern geben, was Sie wollen, aber es hängt nicht allein von ihr ab. Ich arbeitete einmal für einen Kleinunternehmer, auf dessen Visitenkarte »Stellvertretender Geschäftsführer« stand. »Wer ist dann der Geschäftsführer?«, fragte ich. »Es gibt keinen«, antwortete er. »Ich will einfach nur, dass mich jeder für den guten Kerl hält.«

Immer wenn ein »nicht so guter Kerl« im Bild oder vielleicht auch knapp außerhalb des Bildrahmens ist, ist der gute Kerl vielleicht nicht das, was er zu sein scheint.

Warnsignal Nr. 9: ein komisches Gefühl

Gavin de Becker, einer der weltweiten Topexperten für persönliche Sicherheit (und persönliche Gewalt), versichert, praktisch jedes der Hunderte von Opfern persönlicher Straftaten, die er interviewte, hätten ein komisches Gefühl gehabt, das ihnen ermöglicht hätte, wohlbehalten davonzukommen.[10] Ihr Alligator signalisierte: *Hier stimmt etwas nicht*, aber dann wollten sie es nicht wahrhaben und erklärten es weg. Wir finden Entschuldigungen, weil wir nicht schlecht über andere denken wollen, und lieber sterben wir, als unhöflich zu werden. Manchmal buchstäblich.

Diese Gefühle des Unbehagens können Lebensretter sein, aber sie sind auch anfällig für Fehler und schlimme Vorurteile. Unser unbewusstes Alarmsystem soll uns und unsere Sippe vor Gefahren schützen, aber es kann auch überbeschützend sein. Wir lernen, unsere komischen Gefühle zu ignorieren, weil sie sich sehr oft als falsch erweisen. Die knarrende Treppe mitten in der Nacht? Es ist nur Ihr Kind, das sich ein Glas Wasser holt. Wenn Sie also das nächste Mal durch ein Geräusch im Haus geweckt werden, denken Sie, dass es vermutlich nichts ist, und schlafen weiter.

Wir hören Horrorgeschichten von beiden Seiten dieser Trennlinie. Ein komisches Gefühl, das ignoriert wird, kann tödliche Folgen haben, aber auch eine Überreaktion kann zu einer Tragödie führen. Manchmal ist es schwer einzuschätzen, ob der instinktive innere Alarm eine echte Gefahr oder lediglich eine vorurteilsverzerrte Urangst signalisiert. *Nicht wie ich! Keiner von uns!*

Ein britischer Diplomat, der meinen Kurs als Gasthörer belegte, schilderte ein Erlebnis im Anschluss an die Terroranschläge am 7. Juli 2005 in London. Bei Bombenexplosionen in drei U-Bahn-Stationen und einem Doppeldeckerbus waren 52 Menschen ums Leben gekommen und 700 verletzt worden. Da die Londoner*innen nicht wussten, ob die Gefahr vorüber war, waren sie extrem angespannt. Der Diplomat fuhr U-Bahn, als ein gut gekleideter, nahöstlich aussehender Mann, der eine Gebetskappe trug, mit einer Reisetasche in denselben Wagen einstieg. Der Fremde setzte sich hin, schlug ein Exemplar des

Koran auf und begann zu beten. Der Diplomat spürte, wie sein Blutdruck in die Höhe schoss. *Was ist in der Reisetasche? Warum betet er? Ist er ein Selbstmordattentäter, der gleich einen Anschlag verüben wird? Sollte ich den Zugführer alarmieren? Sollte ich die Notbremse ziehen? Was, wenn ich mich irre? Was, wenn er einfach nur fromm ist?*

Der Diplomat schlug nicht Alarm, aber er stieg aus, bevor er seinen Zielbahnhof erreichte. Er war verwirrt und beschämt. Er erkannte auch die Ironie der Situation: Er war selbst ein gut gekleideter, nahöstlich aussehender Mann, der einen klobigen Aktenkoffer statt einer Reisetasche mit sich führte. Auch *er* hätte anderen Menschen ein komisches Gefühl bereiten können.

Ich habe kein Patentrezept dafür, wie sich innere Stimmen, deren Warnungen begründet sind, von den unbegründeten unterscheiden lassen. Dies ist tiefes, unergründliches Alligatorterrain. Wir haben keine bewusste Kontrolle über unsere instinktiven Reaktionen und Ängste. Wir alle sind auf die eine oder andere Weise voreingenommen, und auch wenn wir lernen können, uns einige unserer Vorurteile bewusst zu machen, können wir sie nicht kontrollieren. Kontrollieren können wir nur das, was wir aus diesen Ahnungen *machen*. Wir können unterscheiden zwischen unseren Reaktionen auf Menschen, die sich um ihre eigenen Angelegenheiten kümmern, und auf jene, die versuchen, sich in unsere einzumischen.

Immer wenn Sie der Verdacht beschleicht, dass jemand Sie manipulieren will, oder wenn Sie eines der anderen hier aufgeführten Warnsignale bemerken, sollten Sie nach weiteren Ausschau halten. Oder sagen Sie einfach so entschieden wie nötig Nein und meiden Sie weitere Kontakte. Und denken Sie immer daran, dass niemand die ganze Zeit gegen Leute mit bösen Absichten immun ist, nicht einmal Menschen, die hervorragend darin ausgebildet sind, ihnen zu widerstehen. Wenn der Alligator überlastet ist, ist der Richter schwer zu erreichen. Machen Sie sich deshalb keine Vorwürfe. Aber mit ein wenig Übung können Sie die Warnsignale um sich herum feinfühliger wahrnehmen und Ihren sechsten Sinn für Haie, die Sie umkreisen, stärken.

KAPITEL ACHTEINHALB

Engel und Dämonen

Marie war die coolste Person, die ich jemals kennengelernt habe. Ich war 16, sie war zwei Jahre älter, und wir beide verbrachten, ohne unsere Eltern, ein Jahr in Italien, wo wir bei Gastfamilien wohnten. Ich war ein Fan französischer Filme, und Marie sah so aus, als würde sie in einem davon die Hauptrolle spielen. Sie gab sich keinerlei Mühe, im Zentrum der Aufmerksamkeit zu stehen, sie tat es einfach. Wenn sie einen ansah, fühlte man sich nackt. Und natürlich war sie schön. Strahlende Katzenaugen mit dichten, dunklen Wimpern. Ihr langes, glänzendes Haar trug sie offen. Volle Lippen und ein krummer Zahn, der irgendwie perfekt war. Sie war nicht dünn, aber es war ihr egal, was andere darüber dachten. Oder über sie.

In den Vereinigten Staaten mochten meine Freundinnen, Freunde und ich Gleichgültigkeit gegenüber der Welt vortäuschen, in Wirklichkeit aber achteten wir sehr auf jede Reaktion jeder Person auf alles, was wir taten. Bis zu dem Zeitpunkt, als ich Marie kennenlernte, war mir diese obsessive Selbstüberwachung nicht einmal bewusst gewesen. Das Bemerkenswerte an ihr war, dass sie einfach sie selbst war. Ich wollte auch so sein wie Marie, aber ich sah ein, dass es unmöglich war, zu sich selbst zu finden, indem man versuchte, so zu sein wie jemand anders. Ich begann zu rauchen, nur weil Marie so cool aussah, wenn sie den Kopf neigte, um den Rauch von mir wegzublasen, ohne den Blickkontakt zu brechen.

Anlässlich des amerikanischen Thanksgiving im November traf sich eine Gruppe von Austauschstudierenden in Ancona, um den Feiertag im Haus unserer amerikanischen Freundin zu begehen. Ihre Gastfamilie war nicht da, und so bereiteten sie und ich unseren allerersten Truthahn zu. Nur eine riesige Keule, die stundenlang im Ofen war und schrecklich schmeckte. Aber unser niederländischer Freund hatte ein paar Flaschen Wein mitgebracht, sodass wir mehr als genug zu trinken hatten. Wir stellten pantomimisch Betrunkene nach, indem wir gegenseitig unsere Hände in die Ärmel unserer Sweater schoben. Wir kicherten wie Kinder.

Am späten Nachmittag sagten Marie und ich *ciao* zu den anderen, und wir gingen, beschwipst und schlotternd, eine Meile zur Bushaltestelle. Wir warteten und warteten auf den Bus, der längst hätte da sein sollen, und wir zogen an Maries Zigaretten, in der illusorischen Hoffnung, uns so aufwärmen zu können. Just als wir besprachen, was wir jetzt tun sollten, hielt ein dunkler Mercedes ruhig vor uns an. Die getönte Scheibe auf der Beifahrerseite ging herunter, und das Gesicht eines gut aussehenden Mannes kam zum Vorschein.

»Sieht aus, als wenn ihr frieren würdet«, sagte er lächelnd. »Wohin wollt ihr?«

Er sprach mit einem starken, nicht italienischen Akzent. Gewelltes schwarzes Haar, sonnengebräunte Haut und strahlend weiße Zähne.

»Wir warten auf einen Bus zum Bahnhof.«

Der gut aussehende Mann sagte etwas zu seinem Begleiter und grinste uns dann an.

»Das liegt auf unserem Weg.« Als er ausstieg, um die Fondtür aufzumachen, verbeugte er sich ritterlich. »Bitte einzusteigen.«

Marie und ich wechselten einen Blick – und zuckten mit den Schultern. Die Männer flirteten mit uns, aber Marie hatte die Avancen mit nur einem Blick zurückgewiesen. Der Bahnhof war nur zehn Minuten entfernt, der Bus würde vielleicht gar nicht mehr kommen, und es war so verdammt kalt. Wir stiegen ein.

Der Fahrer grüßte uns, schien aber kein Italienisch zu verstehen. Er trug eine Sonnenbrille und konzentrierte sich auf die Straße. Der gut aussehende Mann plauderte mit uns, er fragte, von wo wir seien und wie lange wir schon in Italien seien. Statt zu antworten, als wir fragten, woher sie seien, forderte er uns auf zu raten. Unsere Vermutungen brachten ihn zum Lachen. Er sagte, wir seien schön, und scherzte: »Aber vielleicht nicht so schlau? Nein, nein, ihr seid sehr schlau.«

Marie bemerkte als Erste, dass etwas nicht stimmte. »Wir müssen zum Bahnhof.« Der Bahnhof lag im Stadtzentrum, aber der Fahrer war in die Küstenstraße eingebogen.

»Dies ist der Weg zum Bahnhof«, versuchte uns unser gut aussehender Freund zu beruhigen.

»Nein«, entgegnete Marie, »ist es nicht. Wir müssen einen Zug erreichen und nach Hause kommen.«

Er jaulte wie ein junger Hund. »Okay, tut mir leid. Ich gebe zu, dass ich meinen Freund gebeten habe, die landschaftlich schöne Straße zu nehmen, aber wir bringen euch zum Bahnhof. Wisst ihr, wir sind hier im Urlaub, und wir finden die Italiener so unfreundlich. Aber ihr beide, ihr seid so nett. Ich hoffe, es ist euch nicht unangenehm, ein paar Minuten mit uns zu plaudern, wo ihr doch auch Besucher hier seid. Wir sind harmlos.«

Ich wurde nervös. Während Marie sagte, dass unsere Gastfamilien auf uns warteten, fiel mir auf, dass der Griff an Maries

Tür fehlte. Und an meiner ebenso. Ich drückte auf den Knopf, um das Fenster herunterzulassen und um Hilfe zu rufen, aber das Fenster war verriegelt. Ich berührte Maries Bein und suchte Blickkontakt zu ihr. Sie folgte meinem Blick zur Tür.

»Wo verdammt noch mal ist der Griff?«

Unser Entführer begann zu erklären, das Auto komme frisch aus der Werkstatt, die Mechaniker seien nicht fertig geworden …

Marie fiel ihm ins Wort. »Halt verdammt noch mal sofort an und lass uns raus.«

Er entschuldigte sich für das Missverständnis, er hoffe, wir hätten keine Angst. Aber ich fragte mich mittlerweile voller Angst, was sie mit uns vorhatten und ob nicht alles noch viel schlimmer würde, wenn wir sie verärgerten.

Marie dagegen bekam einen Wutanfall. Sie schlug gegen den Vordersitz und brüllte aus voller Lunge: »HALTET SOFORT AN! HALTET AN! HALTET SOFORT AN, IHR MONSTER!«

Unser Entführer gab die Charmeoffensive auf. »Beruhig dich, du durchgeknallte Schlampe!«

Marie brüllte und trat gegen den Sitz, während der Fahrer in seiner Sprache fluchte und von der Landstraße abbog. Marie war außer sich, und ich war schwer beeindruckt. Der Fahrer fuhr rechts ran, und der andere Mann, der jetzt gar nicht mehr gut aussehend war, stieg aus, um uns die Tür aufzumachen. »Du bist ja völlig irre!«

Wir stiegen aus, und ich schnappte wie ein Fisch auf dem Trockenen nach Luft.

Es gibt bei der Tierdressur eine Vorsichtsregel: »Alles, was ein Maul hat, beißt.« Sie sollten nie davon ausgehen, dass ein Tier Sie nicht verletzen kann, nur weil es klein oder niedlich ist. Es war für mich unvorstellbar, dass man gegenüber einem Fremden – und zumal erwachsenen Männern – laut werden konnte. Selbst voller panischer Angst wollte ich noch nett sein. Etwas anderes wäre mir nie in den Sinn gekommen. Aber Marie war ein Honigdachs, ein Drache, ein Dämon. Sie brachte mir bei, dass auch ich ein Tier mit einem Maul war.

Als Ripley zehn Jahre alt war, frühstückten wir einmal auf der Terrasse eines Hotelrestaurants. In unserem Bereich war sonst niemand. Ein Mann kam mit seinem Tablett auf uns zu, grüßte uns und machte eine Bemerkung über das Wetter. Ich stimmte ihm zu, dass es herrlich sei. Er versuchte, ein Gespräch anzuknüpfen, aber ich reagierte kurz angebunden. Ich erwartete, dass er die universelle, höfliche Aufforderung wegzugehen, kapieren würde.

»Darf ich mich vielleicht zu Ihnen setzen?«

»Nein danke. Wir möchten unter uns bleiben.«

Er begann sich hinzusetzen. »Keine Sorge, ich bin harmlos. Ich unterhalte mich einfach gern mit kleinen Mädchen.«

Ich stand auf, streckte die Hand in einer Stoppgeste aus und sagte mit lauter Stimme: »Sie können sich nicht zu uns setzen. Wir haben Sie nicht eingeladen, und WIR WOLLEN SIE HIER NICHT. GEHEN SIE!«

Er nannte mich eine durchgeknallte Schlampe und ging. Ripley war überrascht und beeindruckt. Sie weiß jetzt, dass auch sie laut werden kann und dass ihr Leben nicht in Gefahr sein muss, ehe sie einem Fiesling sagt, er solle sie in Ruhe lassen.

Nett zu sein bedeutet nicht, sich nicht zur Wehr zu setzen. Und eine Beschützerin zu sein bedeutet nicht, wie ein Engel auszusehen.

KAPITEL NEUN

Groß träumen

Je weiter Sie auf dem Weg, eine einflussreiche Person zu werden, voranschreiten, umso mehr nähern Sie sich dem Punkt, an dem Sie sich vielleicht höhere Ziele setzen als je zuvor. Sie sehen sich aufmerksam in der Welt um Sie herum um und fragen sich: *Wie könnte man das noch besser machen?* Und dann kommt Ihnen eine Idee. Vielleicht wird sie nicht durch das Schlagen von Töpfen und Pfannen Ihre Aufmerksamkeit auf sich ziehen oder Sie durch ein missbilligendes »Ts, ts« darauf hinweisen, was Sie mit Ihrem einen wilden und kostbaren Leben anfangen sollten. Vielleicht wird sie so still sein wie ein Glühwürmchen. Aber Sie spüren die Magie und die Kraft. *Wer, ich?*

Vielleicht wird Ihre größere, bessere Idee etwas Kreatives sein – das Buch, das nur Sie schreiben können, das nächste Einhorn-Start-up, der Film, der die Welt verändern wird. Vielleicht ist Ihr großer Traum eine Stiftung, eine Plattform, eine Bewegung. Vielleicht ist es die Bereitschaft, das Risiko einzugehen, das wohlgeordnete Leben, das Sie für sich selbst aufgebaut haben, hinter sich zu lassen und zu entdecken, was Ihnen das Gefühl gibt, lebendig zu sein. Vielleicht ist Ihr großer Traum, ein Problem anzupacken, das so groß ist, dass es Ihrer würdig ist: für soziale Gerechtigkeit sorgen; die Klimakrise bewältigen; sicherstellen, dass alle Zugang zu sauberem Wasser, medizinischer Versorgung und Bildung haben. Vielleicht greifen Sie nach den Sternen oder wollen unerforschte Meerestiefen erkunden.

Wenn Sie diesen Traum verfolgen, werden Sie auf ernst zu nehmende äußere und innere Gegner*innen stoßen. Und Sie werden jedes Einflusstool, das Ihnen zur Verfügung steht, benötigen. Es wird aufreibend – und zugleich tief befriedigend werden. Während die Erforschung des guten Einflusses eine Wissenschaft ist, ist die praktische Umsetzung eine Kunst.

Lassen wir Tunesien noch einmal Geschichte schreiben

Ende 2010 litt Tunesien, an der Küste Nordafrikas gelegen, im 23. Jahr unter der diktatorischen Herrschaft von Zine El Abidine Ben Ali. 30 Prozent der jungen Tunesier*innen waren arbeitslos; viele waren zudem verschuldet, zu arm, um zu heiraten, und belastet mit der Verantwortung, ihre Familien zu unterstützen. Einer von ihnen war ein junger Mann namens Mohamed Bouazizi, der ohne behördliche Genehmigung Äpfel verkaufte. Als seine Waage von den Behörden beschlagnahmt wurde, war er so verzweifelt, dass er beim Gouverneur vorsprechen wollte, aber er wurde abgewiesen. In der Straße vor dem Amtssitz des Gouverneurs, vor einer Menge entsetzter Zuschauer*innen, übergoss sich Bouazizi mit Benzin und zündete sich an. »Wovon soll ich jetzt leben?«, schrie er.

Dies war das Fanal des Arabischen Frühlings.

5000 Menschen nahmen an der Beisetzung Bouazizis teil. Die anschließenden Proteste hatten immer größeren Zulauf, und der Aufstand breitete sich aus. Aus 5000 wurden 10 000, die Massen strömten auf die Straßen, besetzten die städtischen Plätze und forderten den Rücktritt von Präsident Ben Ali. Am 14. Januar floh Ben Ali außer Landes, und sein Nachfolger wurde in der ersten wirklich demokratischen Wahl in der arabischen Welt bestimmt. Die Proteste in Tunesien inspirierten Proteste und Revolten in der gesamten Region; die Menschen in Ägypten, Libyen und dem Jemen erzwangen den Rücktritt ihrer Diktatoren. Menschen kamen zusammen, um offen ihre Meinung zu äußern und Reformen zu fordern. Die Welt sah zu und hielt den Atem an.

Eine der Personen, die die Berichterstattung in den Medien wie gebannt verfolgten, war ein deutsch-algerischer Strategieberater namens Belabbes Benkredda. Belabbes (sprich: Bell-ah-BESS), dessen Vater ein Freiheitskämpfer in der algerischen Revolution gewesen war, wurde in Deutschland geboren und wuchs hier auf. Ein Rebell zu sein bedeutete hier sich die Haare lang wachsen zu lassen und in einer Grunge-Band zu spielen, was er tat. Belabbes studierte in Großbritannien Internationale Beziehungen und ergatterte einen bequemen Posten in Dubai, wo er als Spindoctor für die Regierung arbeitete. Vor dem Arabischen Frühling hatte er die intellektuelle Herausforderung durch seine Arbeit und die Annehmlichkeiten des Expat-Lebensstils genossen. Aber als er die Geburtsstunde der Demokratiebewegung miterlebte, hörte er eine Stimme, die ihm zuflüsterte: *Was machst du da eigentlich?* Die arabische Demokratie war jung, zerbrechlich und benötigte jegliche Hilfe, die sie bekommen konnte.

Belabbes kündigte seinen Job und gründete eine gemeinnützige Organisation namens Munathara Initiative, die es sich zum Ziel setzte, bürgerschaftliches Engagement durch Debatten zu fördern – *munathara* bedeutet im Arabischen »Debatte«.

Er ging an seine Ersparnisse, kontaktierte alle Personen, denen er in der Vergangenheit einen Gefallen erwiesen hatte, und bat sie, sich jetzt zu revanchieren, und innerhalb von 30 Tagen strahlte Munathara die erste Sendung aus. Im Lauf der nächsten Jahre expandierte die Organisation im arabischen Raum. Sie sponserte Diskussionstrainings-Workshops für Frauen, junge Menschen und benachteiligte Minderheiten. Ihre Fernsehsendungen, bei denen Gewinner*innen von Online-Debattierwettbewerben gegen Prominente antraten, hatten Millionen von Zuschauerinnen und Zuschauern.

Der Erfolg brachte Höhen und Tiefen mit sich. Belabbes wurde mit einem Demokratiepreis ausgezeichnet, der ihm von Madeleine Albright überreicht wurde, aber zugleich machte die Regierung der Vereinigten Arabischen Emirate, die von Meinungsfreiheit nicht viel hielt, seine Organisation dicht. Daraufhin verlegte er den Sitz der Organisation nach Tunesien.

Ich begegnete Belabbes, als er eingeladen wurde, an dem selektivsten Führungskräfteprogramm der Universität Yale, genannt World Fellows, teilzunehmen. Er nahm als Gasthörer an meinem Seminar teil. Er saß weit hinten, in seinem Blazer mit Einstecktuch, und lauschte konzentriert, ganz so, wie es hoch einflussreiche Menschen oft tun. Als wir uns außerhalb des Unterrichts besser kennenlernten, erkannte ich, dass er ein Visionär und ein Geistesverwandter war. Das Einstecktuch täuschte: Er war ein sehr witziger Typ, der jeden Akzent parodieren konnte. Außerdem war er ein großartiger Vater. Da wir beide geschieden waren, ließen wir unsere gleichaltrigen Töchter an Halloween gemeinsam von Haustür zu Haustür ziehen, um Süßigkeiten zu verlangen. Nach der Arbeit spielten wir Tischtennis. Wir plauderten endlose Stunden und verliebten uns schließlich ineinander. Was ich an Belabbes ganz besonders bewundere, ist die Tatsache, dass er sich hochfliegende Ziele setzt. Dies ist die Geschichte eines Traums, der wahr wurde.

Im Jahr 2019 war Tunesien noch immer die einzige wirkliche Demokratie in der arabischen Region, und die zweiten Wahlen standen bevor. So bot sich eine beispiellose Gelegenheit, sowohl in Tunesien als auch in der weiteren Region Normen für einen freien und fairen Wahlprozess festzulegen. Debatten könnten dabei eine wichtige Rolle spielen. Ich war in der Nähe von Washington, D.C., aufgewachsen und hatte Demokratie und Präsidentschaftsdebatten als etwas Selbstverständliches betrachtet. Selbstverständlich ging man wählen, und selbstverständlich sah man sich Debatten an, auch wenn man bei uns nur die Wahl zwischen zwei Parteien hatte. Nach der Revolution in Tunesien hatten sich *70* politische Parteien gebildet – und man musste nicht einmal einer angehören, um für ein Amt zu kandidieren. Aber wie würden die Bürger*innen ohne Debatten überhaupt erfahren, wer antrat, geschweige denn in der Lage sein, sie zu vergleichen? Alligatoren würden dem Weg des geringsten Widerstandes folgen und für ein vertrautes Gesicht stimmen; ohne Debatten würde die Wahl in Tunesien durch den Bekanntheitsgrad der Kandidierenden entschieden.

Belabbes fragte sich: *Was bräuchte es, um eine Reihe von im Fernsehen übertragenen Präsidentschaftsdebatten zu organisieren?* Er hatte das noch nie zuvor getan – auch wenn man fairerweise sagen muss, dass dies auch noch niemand sonst in der arabischen Welt getan hatte. Als er auf diese bedeutende Idee kam, hörte er auch eine schroffere Stimme in sich flüstern: *Für wen hältst du dich eigentlich?* Eine Zeit lang fühlte er sich gelähmt und unfähig zu handeln. Aber dann nahm er all seinen

Mut zusammen und fragte sich, wie er es immer tut: *Wie könnte man es noch besser machen?* Politische Echokammern waren ein Problem in den Vereinigten Staaten, aber das war nichts verglichen mit Tunesien, wo 13 Fernsehsender Nachrichten ausstrahlten und eine fünfköpfige Familie womöglich fünf verschiedene Kanäle schaute, sodass ein jedes Familienmitglied eine andere Sichtweise und andere Tatsachen erfuhr. Es gab keine gemeinsame politische Realität, nicht einmal eine einfache Spaltung, wie wir es in den Vereinigten Staaten haben. Belabbes fragte sich: *Was bräuchte es, damit Debatten von allen Sendern gleichzeitig übertragen würden?* Das hatte es noch nie gegeben, aber warum nicht?

Belabbes' großer Traum hatte praktisch keinerlei Erfolgsaussichten. Er müsste Menschen und Organisationen, die zuvor noch nie auch nur im geringsten Maße zusammengearbeitet hatten, bitten, ihr Ego an der Tür abzulegen und miteinander zu kooperieren. Er müsste den politischen Parteien, der Regierung und den Medien klarmachen, wie wichtig Debatten sind. Und ehe er damit auch nur anfangen könnte, bräuchte er Geld für das Projekt.

Das deutsche Außenministerium hatte Munathara in der Vergangenheit unterstützt, aber das lag Jahre zurück, und die Kontaktpersonen von Belabbes waren nicht mehr da. *Einfach fragen, einfach fragen, einfach fragen.* Er griff zum Telefon und machte einen unangemeldeten Anruf. Bei der Zentrale bat er darum, mit dem Referat, das für kulturelle Angelegenheiten im Nahen Osten und Nordafrika zuständig war, verbunden zu werden. Der Anruf wurde durchgestellt. Belabbes erläuterte kurz die historische Chance, aber um niemanden zu erschrecken, begann er mit einem kleinen Schritt und warb für ein kleineres Projekt – im Fernsehen übertragene Parlamentsdebatten. Er fragte, was es bräuchte, um Hilfe zu bekommen, und wundersamerweise schlug man ihm vor, einen Antrag einzureichen. Er begann in aller Eile, ein 20-seitiges Dokument zusammenzuschustern, in dem er seinen Traum darlegte.

Um auch nur eine kleine Chance zu haben, Geldgeber*innen, Politiker*innen, Regierungsbeamte und Partnersender dazu zu bewegen, ihre Kräfte zu bündeln, brauchte Belabbes ein bestechendes Frame. Ihm fiel diese Formulierung ein: *»Lassen wir Tunesien noch einmal Geschichte schreiben.«* Es war eine einmalige Gelegenheit: mit der ersten im Fernsehen übertragenen Serie von Wahlkampfdebatten in der arabischen Welt Geschichte zu schreiben. Aber es war zu schaffen. Tunesien hatte schon einmal als Geburtsstätte des Arabischen Frühlings Geschichte geschrieben; wenn man eine erfolgreiche demokratische Revolution hinbekommt, dann bekommt man doch bestimmt auch eine Debatte hin. Und das Wort »lassen« gab dem Ganzen eine geheimnisvolle, spannende Note: Würden sie es wirklich hinbekommen?

Nach zahlreichen Überarbeitungen von Belabbes' Förderantrag erklärte sich das Auswärtige Amt bereit, das Projekt zu finanzieren. Dieses grüne Licht veranlasste andere einflussreiche Personen dazu, ebenfalls mitzumachen. Fadwa Zidi, eine Fernsehjournalistin und Produzentin bei den Middle East Broadcasting Networks, war so begeistert, dass sie aus Dubai anreiste und ihren Urlaub damit verbrachte, bis in die Nacht hinein zu arbeiten, um Produktionspläne zu erstellen. Am Ende ihres zweiwöchigen Aufenthalts hatten sie und Belabbes einen John-Sculley-/Steve-Jobs-Moment, als ihr aufging, welche Gelegenheit sie verpassen würde, wenn sie zurückflöge. Er konnte ihr noch kein Gehalt zahlen, aber sie blieb, weil sie an den Traum glaubte. Sie wurde schließlich Chief Operating Officer und ausführende Produzentin von Munathara und allen Debattenprogrammen der Organisation. Die Debatten wären – so sie denn stattfänden – zweifellos spektakuläre Ereignisse.

Belabbes warb bei der tunesischen Wahlkommission, der nationalen Rundfunkbehörde und bei dem Vorsitzenden des Verbands der Privatsender für »Lassen wir Tunesien noch einmal Geschichte schreiben«. Er warb beim schweizerischen Außenministerium und bei der Open Society Foundation für die großartige Idee gleichzeitiger Präsidentschaftsdebatten. Er wurde von Menschen beraten, die Wahldebatten in den Vereinigten Staaten, Chile und Jamaika organisierten. Er erhielt die Unterstützung eines berühmten politischen Satirikers, der ihm Beratung anbot und so lange gegen widerstrebende Verbündete stichelte, bis sie nachgaben. Allen Widrigkeiten zum Trotz kam eine Koalition zusammen.

Je größer die Begeisterung der Mitwirkenden wurde und je mehr Energie und Leidenschaft Belabbes in das Projekt investierte, umso mehr konnte er gewinnen. Und verlieren. Wenn man es wagt, groß zu träumen, öffnet man sein Herz sehr weit. Als es den Anschein hatte, als könnte nichts aus seinem Traum werden, machte ich mir immer größere Sorgen. Jeder Tag war ein Wechselbad der Gefühle. Der kränkelnde tunesische Präsident starb, was einen Schatten der Ungewissheit auf die Wahl warf und dann dazu führte, dass sie zwei Monate vorgezogen wurde. Dies ließ den Zeitplan so eng werden, dass Belabbes Presseerklärungen veröffentlichen musste, bevor alle Vereinbarungen in trockenen Tüchern waren – eine Taktik, die sich als ebenso riskant wie effektiv erwies.

Als aus den ursprünglich angepeilten zwei Debatten eine Folge von sieben Präsidentschafts- und Parlamentsdebatten mit Anschlussveranstaltungen im Frühjahr wurde, schnellten die Kosten von 300.000 Dollar auf 1,4 Millionen Dollar in die Höhe. Irgendwie war es Belabbes gelungen, Finanzierungszusagen für die Ausgaben zu bekommen, aber bislang waren diese Gelder noch nicht geflossen, und Auftragnehmer*innen mussten eingestellt und Werbemaßnahmen bezahlt werden. Belabbes schöpfte den Verfügungsrahmen seiner Kreditkarte aus, und wir verflüssigten unsere Altersrücklagen, um die Ausgaben vorübergehend abzudecken. Dann, just als es schien, als würden die verschiedenen Partnersender an einem Strang ziehen, versuchte einer auszuscheren und die Debattenidee zu stehlen. Aber sobald Belabbes Wind davon bekam, setzte er eine Pressekonferenz an, um die »offiziellen« Debattenpläne öffentlich bekannt zu geben, woraufhin der Konkurrent beschloss, wieder ein Verbündeter zu werden.

Als die Planung für die Debatten in Fahrt kam, zeichnete sich auch ab, wer kandidieren würde. 26 Personen, darunter zwei Frauen, ein amtierender Ministerpräsident, ein Verteidigungsminister und ein ehemaliger Staatspräsident, traten an. Belabbes und sein Team mussten jede und jeden Einzelnen dazu bringen, ihre beziehungsweise seine Teilnahme an einer ersten Debattenrunde und dann, nach dem ersten Wahlgang, an einer abschließenden Debatte für die beiden Bestplatzierten verbindlich zu bestätigen. Der Nutzen für die Kandidaten und Kandidatinnen war offensichtlich: öffentliche Bekanntheit und die Gelegenheit, das eigene Wahlprogramm vorzustellen. Die potenziellen Kosten lagen aber auch auf der Hand. Wenn man bereits eine bekannte Person war, würde man in geringerem Maße profitieren – und vielleicht sogar an Zustimmung einbüßen, wenn man nicht versiert in Debatten war. Also arbeitete Belabbes einen gesichtswahrenden Plan B aus: die Regel des leeren Podiums. *Es wäre sehr unangenehm, ein leeres Podium mit Ihrem Namen darauf zu haben, und wir hoffen, dass es nicht so weit kommt. Schließen Sie sich uns an.*

Die Strategie ging auf, und 24 der 26 Kandidierenden erklärten sich bereit teilzunehmen. Alle außer den beiden, die verhindert waren. Ein Kandidat war außer Landes geflohen, um sich der Verhaftung zu entziehen. Ein anderer, der Favorit, saß wegen des Verdachts der Geldwäsche und Steuerhinterziehung im Gefängnis. Er war ein Medienmogul namens Nabil Karoui, auch scherzhaft »Nabil Macaroni« genannt, wegen der Lebensmitteltüten, die er mit großem Trara armen Familien überreichte, wobei er diese Akte der Großzügigkeit auf seinem Fernsehkanal ausstrahlte.

Wenn Tunesien wirklich noch einmal Geschichte schreiben würde, sollte die Welt davon erfahren. Also wandte Belabbes seine Aufmerksamkeit der internationalen Presse zu. Presseerklärungen führten zu Interviews, die zu weiteren Interviews und zu Schlagzeilen führten, die sein überaus ambitioniertes Frame aufgriffen. Belabbes war jeden Tag im Fernsehen, wo er für die Veranstaltungsreihe warb. Allerdings wurden die Debatten selbst nur auf Arabisch ausgestrahlt. Wenn man diese Sprache nicht beherrschte, musste man auf die offiziellen Übersetzungen warten, die einen Tag später veröffentlicht wurden. Aber der Moment der Wahrheit für Nachrichten ist immer der Moment, in dem sie entstehen. Und so engagierten Belabbes und Fadwa die besten Französisch- und Englisch-Dolmetscher*innen des Landes und luden Diplomat*innen sowie ausländische Korrespondent*innen ein, um die kandidierenden Personen aus der Nähe zu erleben und die übersetzten Debatten in Echtzeit zu verfolgen. Livestreams würden im Internet veröffentlicht, wo jede*r darauf zugreifen könnte, und die Debatten könnten in Echtzeit kommentiert werden.

Als die erste Präsidentschaftsdebatte am 7. September 2019 ausgestrahlt wurde, saßen die Tunesier*innen in ihren Wohnungen, in Cafés, Shishabars und Friseursalons vor den Fernsehgeräten und verfolgten das Ereignis mit gespannter Aufmerksamkeit. Vor Public-Viewing-Gelegenheiten im Stadtzentrum von Tunis bildeten sich dichte Menschentrauben, die sich bis auf die Straßen erstreckten. Die Zuschauer*innen sahen, wie die Kandidierenden ihre Plätze hinter acht durchsichtigen Stehpulten auf der schimmernden blauen und roten Bühne einnahmen. Die britische Botschafterin Louise de Souza und der französische Botschafter Olivier Poivre d'Arvor gesellten sich zu Belabbes' Watch Partys, ebenso Journalistinnen und Journalisten von CNN, BBC, Agence France-Press und Hunderte weitere Personen. Nachrichtensender aus der ganzen Welt übertrugen das historische Ereignis. Drei Millionen Tunesier*innen – mehr als die Hälfte der Wahlberechtigten – und weitere Millionen in der übrigen arabischen Welt lauschten den Argumenten der Kandidierenden.

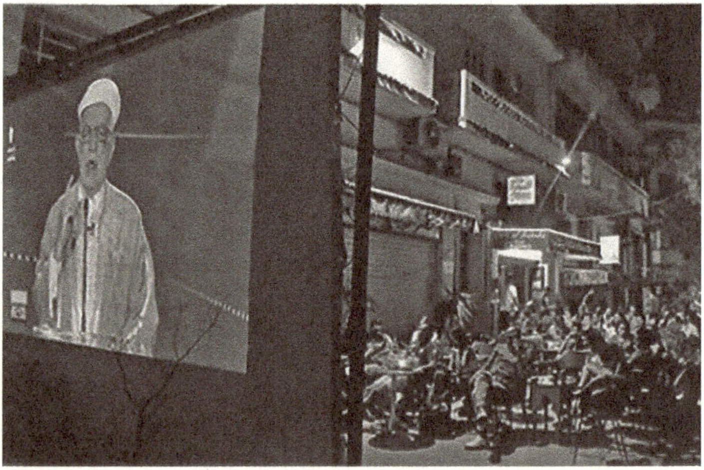

Insbesondere ein Kandidat fesselte die Aufmerksamkeit der Zuschauenden – ein Professor für Verfassungsrecht namens Kais Saied. Er war ein unabhängiger Kandidat, der seinen Wahlkampf von seiner Wohnung aus führte. Saied sprach ein steifes, förmliches Hocharabisch statt den tunesischen Dialekt, und sein ernstes, strenges Auftreten trug ihm den Spitznamen »Robocop« ein. Im ersten Wahlgang erreichte Saied 18 Prozent der Stimmen, während Karoui nur 16 Prozent bekam. Die beiden Männer standen sich dann im zweiten Wahlgang gegenüber.

Zu diesem Zeitpunkt wurde der Traum, der so illusionär angemutet hatte, nicht nur Wirklichkeit, vielmehr schien es so, als würde die Wirklichkeit den Traum *noch übertreffen*. Nabil Karoui, der noch immer im Gefängnis saß, drohte damit, die Wahlergebnisse anzufechten; er behauptete, die Tatsache, dass er daran gehindert worden sei, an der ersten Folge der Debatten teilzunehmen, habe ihn seinen Favoritenstatus gekostet. Dies traf vermutlich zu. Also erklärte sich Kais Saied einverstanden, so lange keinen Wahlkampf zu machen, wie Karoui hinter Gittern blieb. Angesichts der Tatsache, dass die Debatten und auch die Wahl jetzt in der Schwebe hingen, veröffentlichte Belabbes einen Meinungskommentar, in dem er sich für die Freilassung Karouis aussprach, während Fadwa Alternativpläne für die Übertragung der Debatte aus dem Gefängnis erarbeitete.

Karoui wurde schließlich am 9. Oktober endgültig freigelassen. Die abschließende Zweierdebatte sollte am 11. Oktober stattfinden, am letzten Wahlkampfabend vor den Wahlen nur 48 Stunden später. Dies bedeutete, dass die Debatte einen enormen Einfluss darauf haben würde, wer der nächste Präsident der Republik werden würde.

Es war leicht, die Debatte zwischen Karoui und Saied zu verfolgen, da es nichts anderes zu sehen gab – sie wurde auf sämtlichen Fernseh- und Radiosendern übertragen. Es war das meistgesehene Fernsehereignis in der tunesischen Geschichte. Sechseinhalb von elf Millionen Bürgerinnen und Bürgern schalteten ein, nicht eingeschlossen diejenigen, die die Debatte im Radio verfolgten oder sich Livestreams im Internet ansahen, oder auch die Millionen, die das Ereignis auf panarabischen Sendern in Ägypten, Marokko, Libyen, Irak und Algerien oder auf Kabelkanälen weltweit verfolgten. Zum Vergleich: Kein Fernsehereignis in der amerikanischen Geschichte hat jemals einen so großen Teil der Bevölkerung erreicht – auch wenn Neil Armstrongs erste Schritte auf dem Mond dem nahe kamen.

Von Beginn der Debatte an war klar, dass Saied besser vorbereitet und überzeugender war. Obwohl er steif war, strahlte seine Förmlichkeit Autorität aus. Karoui antwortete weitschweifig und aus dem Stegreif. Er stolperte über seine eigenen Worte, und seine politischen Aussagen waren vage. Als Karouis Ehefrau, Salwa Smaoui, erkannte, dass der schwache Auftritt ihres Mannes ihn die Präsidentschaft kosten könnte, platzte sie in die Suite hinein, in der Fadwa und das Produktionsteam die Liveübertragung kontrollierten. Smaoui und ihr Anwalt verlangten, die Sendung müsse sofort abgebrochen werden. Das Team sagte Nein. Daraufhin fragte Smaoui, ob sie ihrem Mann eine Notiz überreichen könne, aber sie lehnten ihre Bitte ab. Die Sendung ging weiter. Karouis Auftritt wurde nicht besser.

Zwei Tage später, am 13. Oktober, wählten die Tunesier*innen Kais Saied in einem politischen Erdrutsch mit 73 Prozent der Stimmen zum neuen Präsidenten. Nabil Karoui gestand seine Niederlage ein und schickte ein Glückwunschschreiben. Tunesien hatte Geschichte geschrieben – ein weiteres Mal. Die Probleme des Landes wurden dadurch nicht auf wundersame Weise gelöst, aber angeregt von diesen Debatten richtete Algerien bald seine eigenen ersten Fernsehdebatten aus, und Wähler*innen in anderen arabischen Ländern begannen zu fragen: *Warum nicht wir? Warum nicht hier?*

Belabbes Benkredda verwirklichte seinen scheinbar unerreichbaren Traum, indem er viele der Ideen und Strategien anwendete, die wir besprochen haben. Er nutzte Ablehnung und Widerstände als Chance, handelte Vereinbarungen aus, erkannte und bändigte Rabauken und Betrüger*innen, schuf Mehrwert, machte es allen so leicht wie möglich, nutzte Momente der Wahrheit, zeigte Charisma und hatte ein überzeugendes Frame. Aber die meiste Zeit war er sich gar nicht bewusst, irgendwelche Einflusstools anzuwenden, weil sie ihm durch Übung in Fleisch und Blut übergegangen waren. Alligator statt Richter. In vielen kritischen Augenblicken wandte er überhaupt keine Tools an; er träumte einfach groß, äußerte kühne Bitten und war ein freundlicher Brontosaurus. Manchmal musste er nicht einmal fragen. Er war zu einer Person mit einer Idee geworden, zu der die Menschen Ja sagen wollten; sie wandten sich von selbst an ihn und fragten: »Wie kann ich helfen?« Der Erfolg seines großen Traums basierte auf harter Arbeit, einer Vielzahl von Verbündeten und einer guten Portion Glück, wie es Träume immer tun.

Der Erfolg verlangte von ihm auch, sich wieder einmal die Frage zu stellen: *Bin ich es wert?* Je größer man träumt und je erfolgreicher man wird, umso wahrscheinlicher wird es, dass innere Hindernisse auftauchen, die einen blockieren. Erfolg kann einen verunsichern. Sie befürchten, dass Sie nie wieder eine großartige Idee haben werden. Dass Ihr Erfolg sich nur einem glücklichen Zufall verdankt. Auch dies gehört mit dazu. Ich spüre diese Zweifel jedes Mal, wenn ich etwas Größeres anpacke, als ich je zuvor getan habe, und ich weiß, dass einige der intelligentesten, erfolgreichsten Leute, die ich kenne, mit den gleichen Zweifeln ringen. Ich finde Trost in einer Anekdote des Schriftstellers Neil Gaiman über die Angst vor Größe. Vielleicht schöpfen auch Sie Kraft daraus.

*Vor ein paar Jahren hatte ich das Glück, zu einem Treffen bedeutender und hervorragender Personen eingeladen zu werden: Künstler*innen und Wissenschaftler*innen, Schriftsteller*innen und Entdecker*innen. Und ich befürchtete, sie könnten jeden Moment erkennen, dass ich nicht hierhergehörte, in diesen Kreis von Personen, die wirklich Bedeutendes geleistet hatten.*

An meinem zweiten oder dritten Abend dort stand ich hinten im Saal, in dem ein musikalisches Begleitprogramm stattfand, und ich begann mit einem sehr netten, höflichen älteren Herrn über verschiedene Dinge zu plaudern, unter anderem darüber, dass wir den gleichen Vornamen hatten. Und dann zeigte er auf den Saal voller Menschen und sagte so etwas wie: »Wenn ich all diese Menschen sehe, frage ich mich, was zum Teufel ich hier mache. Sie haben erstaunliche Dinge vollbracht. Ich ging nur dorthin, wo man mich hinschickte.« Und ich sagte: »Ja. Aber Sie waren der erste Mensch auf dem Mond. Ich glaube, das ist nichts Geringes.«

Ich fühlte mich etwas besser. Denn wenn sich Neil Armstrong wie ein Hochstapler fühlte, dann tat das vielleicht jeder. Vielleicht gab es gar keine Erwachsenen, sondern nur Menschen, die hart gearbeitet und auch Glück gehabt hatten und die leicht überfordert waren. Alle von uns geben ihr Bestes, und mehr können wir nicht erhoffen.

Wenn Sie andere Menschen positiv beeinflussen möchten und dabei experimentieren und Risiken eingehen, gibt es keine Erfolgsgarantie. Das wissen Sie bereits. Zu viele Faktoren entziehen sich Ihrer Kontrolle. Aber Sie können sich entscheiden, so zu sein wie Neil Gaiman, Neil Armstrong, Belabbes, Davis, Derren, Ethan, Gloria, Jennifer, Jia, Manus, Marie, Natalie, Prince, Shaquille, Stanislav, Sukari oder irgendjemand anders, den Sie bewundern. Sie können sich nach Kräften bemühen und Ihre positive Energie zum Leuchten bringen.

KAPITEL NEUNDREIVIERTEL

Du, ich, wir

In dem Maße, wie sich unsere Lebenswege kreuzen, miteinander verflechten, auseinanderstreben und sich erneut miteinander verbinden, bilden wir ein größeres Ganzes, ein ausgedehntes, lebendiges Netz der gegenseitigen Beeinflussung. Sie sind schon jetzt Teil dieser kollektiven Kraftmaschine. Die Wurzel des englischen Wortes »influence« ist das lateinische Verb *influere*, »hineinfließen«. Wie ein Fluss. Wie eine Strömung. Wir werden von anderen Menschen beeinflusst und beeinflussen unsererseits andere, die ihrerseits wiederum andere beeinflussen und so weiter. Manchmal wissen Sie, wer Sie aufgerichtet oder Ihnen großartige Ideen eingegeben hat, manchmal nicht. Leichte Stupser hier und da, Opfer von tapferen und engagierten Personen, freundliche Taten von weniger hingebungsvollen Mitmenschen, Unfälle und Schicksalsschläge: Sie alle verbinden uns.

Dieses Netz zu erkennen ist so, wie wenn man mit einem Buch beginnt, in dem man das Abenteuer, das man erleben will, selbst auswählt. Sie können den Helden oder die Heldin spielen oder eine Nebenrolle als Handlanger*in, als Verbündete*r die Stellung halten oder einfach die Situation aussitzen. Sie können auch Ihre Meinung ändern. Nicht jede großartige Idee eignet sich für Sie. Aber wenn Sie sich entscheiden, sie anzupacken, sollten Sie Ihr Bestes geben.

Nur wenige historische Wendepunkte verdanken sich den Taten einer Heldin oder eines Helden. Niemand kam in einem Umhang angeflogen oder schwang sich an einem Faden Spinnenseide herbei, um die Welt im Alleingang zu retten. Vielmehr gab es eine Heerschar von Engeln, die die Botschaft verbreiteten: »Wir werden Folgendes tun.« Oder sie haben sich einfach der Herausforderung gestellt und das Notwendige getan. Im Jahr 1943 haben die dänischen Bürger*innen gemeinsam 99 Prozent ihrer jüdischen Nachbarinnen und Nachbarn vor dem Holocaust bewahrt. Mitten in der Nacht setzten sie sie in kleinen Fischerbooten nach Schweden über, wo sie in Sicherheit waren. Und die »Cajun Navy« rettete im Jahr 2005 zehntausend ihrer Nachbarinnen und Nachbarn vor dem Hurrikan Katrina, einem der schlimmsten Hurrikans in der Geschichte der USA. Wie Rebecca Solnit in *Hoffnung in der Dunkelheit* schreibt: »Hunderte von Bootsbesitzern retteten Menschen – alleinerziehende Mütter, Kleinkinder, Großväter –, die auf Dachböden, auf Dächern, in überfluteten Wohnanlagen, Krankenhäusern und Schulgebäuden gestrandet waren … Keiner dieser Menschen sagte: *Ich kann sie nicht alle retten.* Alle sagten: *Ich kann jemanden retten, und das ist eine so bedeutende und wichtige Aufgabe, dass ich mein Leben dafür riskieren und mich den Behörden widersetzen werde, um sie zu erfüllen.* Und das taten sie.«[1]

Sie müssen nicht alle Schlachten schlagen. Aber ich hoffe, dass die Tools und Ideen in diesem Buch Ihnen helfen werden, für Ihre »Schlacht« Verbündete zu gewinnen, die Ihre Erfolgschancen verbessern und den Prozess angenehmer machen werden. Margaret Mead sprach über die Macht des Einflusses, als sie sagte: »Zweifle nie daran, dass eine kleine Gruppe nachdenklicher, engagierter Bürger*innen die Welt verändern kann;

tatsächlich ist dies die einzige Art und Weise, in der die Welt jemals verändert wurde.«[2]

Gemeinsam und mit Träumen, die hinreichend groß sind, können wir Wunder wirken. Wir können den Klimawandel umkehren. Wir können das Kastensystem beseitigen, das Generationen von Menschen in Armut, Krankheit und Erniedrigung eingesperrt hat. Wir können gemeinsam Heilverfahren für unsere schlimmsten Krankheiten entwickeln. Wir können der Dunkelheit mit vereinten Kräften entgegentreten und unsere Ängste überwinden.

Wir müssen nicht die *ganze* Welt ändern. Oder sie retten. Aber jede*r von uns kann etwas für jemanden bewirken. Sie können in Ihrer Gemeinde helfen. Sie können Einfluss auf Entscheidungsträger*innen nehmen, damit diese Maßnahmen ergreifen, die das Leben für Erwerbstätige, für Schüler*innen oder für die Bewohner*innen Ihrer Stadt erleichtern. Sie können die Mitglieder Ihrer Kirche, Moschee oder Ihres Tempels mobilisieren, damit sie Bedürftige beschützen und sich um sie kümmern. Sie können bei einem Konflikt in Ihrer Familie vermitteln. Sie können ein Vorbild, ein*e Mentor*in, ein*e Lehrer*in sein.

Wenn Sie dieses Buch hilfreich gefunden haben, dann hoffe ich, dass Sie das, was Sie gelernt haben, mit anderen teilen. Bringen Sie ihnen ein Tool bei. Erzählen Sie eine Geschichte. Diskutieren Sie über eine Idee. Und vielleicht finden Sie eine Minute Zeit, um mich wissen zu lassen, wie Sie Ihren Einfluss praktisch anwenden. Nichts würde mir mehr Freude machen, als Ihre Lieblingsgeschichten zu hören. Manus und Tom, die es durch sukzessives »Hochtauschen« von der Büroklammer zum Auto brachten, Stanislaw Petrow, der *njet* sagte, Belabbes, der unangekündigte Anrufe machte, Jackie, die die Donuts in Form der olympischen Ringe zubereitete, Jennifer Lawrence, die für ihre Überzeugungen etwas aufs Spiel setzte und den Lohn ihres Wagemuts mit anderen teilte – all dies sind Geschichten, die uns Mut machen. Starke, verletzliche Menschen, die sagen: *Vielleicht gemeinsam, vielleicht dies.* Auch Sie können mithilfe des Buches andere inspirieren. Sie und ich müssen keine einsamen Pioniergestalten sein, die, jede*r für sich allein, Holz kleinhacken, Ferienhütten bauen und unsere Zäune reparieren. Wir müssen es nicht allein durchziehen. Ich kann nicht für Sie sprechen, aber ich würde dies gar nicht wollen.

An kalten Wintertagen genießen Ripley und ich die mollige Wärme eines offenen Kamins und heiße Schokolade, aber unser glücklichster Wintermoment kam an dem Tag, an dem ein Postauto unweit unseres Hauses im Schnee stecken blieb und wir anhielten, um zu helfen. Wir riefen ein paar Fußgänger*innen herbei, und schon bald blieben weitere stehen, um uns zu helfen. Der Schnee war tief, und die Reifen des Postautos drehten durch, ohne den geringsten Halt zu finden. Menschen aus nahen Häusern brachten Schaufeln und Pappkartons. Zehn von uns arbeiteten zusammen. Wir schoben so fest wir konnten. Einige von uns fielen in den Schneematsch, als unsere Stiefel den Halt verloren, aber wir standen wieder auf. Und schließlich bekamen wir dieses Postauto wieder auf die Straße. Der Postbote winkte uns dankend aus dem Fenster zu und fuhr weiter, um die Post zuzustellen. Mit glühenden Gesichtern klatschten wir uns alle ab. Wir arbeiteten nicht deshalb nach Kräften zusammen, weil es Spaß gemacht hätte, sich in der Kälte und Nässe körperlich anzustrengen; wir arbeiteten deshalb nach Kräften zusammen, weil die Entscheidung, als Team zu arbeiten, *trotz* Kälte und Nässe dazu führte, dass die Anstrengung Spaß machte.

Das gemeinsame Spielen von Erwachsenen wird oft »Arbeit« genannt, auch wenn wir es nicht immer so sehen. Manchmal haben wir Erfolg, und manchmal zerreißt es uns das Herz. Manchmal sind wir inspiriert, unser Timing ist perfekt, das Glück ist auf unserer Seite, und die Pforten des Himmels öffnen sich vor uns. Und die ganze Zeit schweben die Keime unseres Einflusses davon wie Büschel von Löwenzahnsamen, die vom Wind an Orte verweht werden, die jenseits unseres Gesichtskreises liegen. Ob wir es beabsichtigen oder nicht – wir säen Samen. Wir schreiben Geschichte.

Lassen Sie uns befreundet sein

Es war eine Freude, dieses Buch für Sie zu schreiben. Wenn seine Lektüre Ihnen Spaß gemacht hat, dann hoffe ich, dass Sie Ihre großartigen Ideen in die Tat umsetzen. Und ich würde sehr gern wissen, wie es Ihnen dabei ergeht.

Es gibt viele Möglichkeit, wie wir miteinander in Kontakt treten können, angefangen mit zoechance.com. Ich biete einen kostenlosen Massive Open Online Course mit praxisnahen Fallbeispielen an, die auf einem Teil des Materials in diesem Buch basieren, einen Newsletter mit eigenen und fremden Tipps und Anregungen rund um das Thema Einfluss, weltweite Veranstaltungen, Workshops in Yale und weitere großartige Ideen und Kooperationsprojekte, die gerade ausgebrütet werden.

Wenn Sie helfen würden, diese Ideen zu verbreiten, wäre ich Ihnen sehr, sehr dankbar! So könnten Sie etwa auf den sozialen Medien beschreiben, wie Sie Gutes bewirken – und sei es nur ein erster kleiner Schritt. Bitte taggen Sie mich, und benutzen Sie den Hashtag #influenceisyoursuperpower, damit ich mit Ihnen feiern kann. Eine Buchbesprechung, selbst eine kurze, wäre toll! Falls Sie dieses Buch gern für Ihre Organisation oder Ihr Team anschaffen würden, kann ich einen Rabatt für Sie arrangieren. Vielleicht haben Sie noch andere Ideen. Und wenn Sie mich gern zu einem Vortrag einladen oder mir ein Consulting- oder Medienprojekt oder eine Forschungszusammenarbeit anbieten würden, dann kontaktieren Sie mich über zoechance.com. Ich bin ziemlich beschäftigt, aber ich kann gut Nein sagen :-)

Und wenn Sie mir gern persönlich mitteilen würden, was dieses Buch Ihnen gebracht hat, dann können Sie mich erreichen unter friends@zoechance.com.

Alles Liebe, Zoe

PS: Das ist Ripley (und ihr widerstrebender Freund Gavin).

Verzeichnis der Tools und Techniken

Diskussionsfragen

Wie so viele Dinge im Leben macht auch dieses Buch mehr Spaß, wenn es mit Freundinnen und Freunden geteilt wird. Nachstehend zehn Fragen als Einstieg in die Diskussion einiger der Ideen.

1. Warum ist zwischenmenschlicher Einfluss eine Superkraft?
2. Was ist für Sie der Unterschied zwischen Einfluss und Manipulation?
3. Falls Sie schon eines der Tools aus diesem Buch ausprobiert haben, wie die 24-stündige »Nein«-Challenge oder die magische Frage: Wie ist es gelaufen? Was haben Sie gelernt?
4. Welche Strategie aus diesem Buch würden Sie gern ausprobieren?
5. In welchen Situationen fällt es Ihnen schwer, um etwas zu bitten oder für Ihre Belange einzutreten? Beim Sprechen über Geld? In einer romantischen Beziehung? Mit bestimmten Menschen? In welchen Situationen fällt es Ihnen leicht?
6. Was bedeutet Zurückweisung für Sie? Wie könnten Sie diese reframen?
7. Was sind Ihre Erfahrungen mit Bitten um Gehaltserhöhungen oder Beförderungen? Gibt es irgendetwas, was Sie in Zukunft gern anders machen würden?
8. Haben Sie irgendeine der »Dunkle Künste«-Situationen in

Kapitel 8 nachvollziehen können? Was ist geschehen, und welchen Rat würden Sie anderen Menschen geben?

9. Wenn Sie einflussreicher sein könnten, als Sie es bereits sind, was würden Sie tun?
10. Erlegen Sie sich selbst verbindlich auf, etwas, was Sie aus diesem Buch oder aus diesem Gespräch gelernt haben, regelmäßig zu praktizieren.

Danksagungen – aus tiefstem Herzen

Dieses Buch wurde von einem ganzen Team von Heldinnen und Helden zu Ihnen gebracht, die jeweils ihre eigenen besonderen Fähigkeiten besitzen.

Ein Dankeschön geht an unser Schreib- und Redaktionsteam. Wir haben uns vorgenommen, alles Notwendige zu tun, um das beste Buch zu schreiben, das uns möglich war – und das haben wir getan. Als wir dachten, es fast geschafft zu haben, war es doch nicht gut genug, und wir begannen noch einmal von vorn. Wir hätten durchdrehen können, aber stattdessen holten wir gegenseitig das Beste aus uns heraus. Hilary Redmon, dein Führungsstil verkörpert die Botschaft dieses Buches. Du hast liebevoll hohe Ansprüche an uns gestellt, uns Zeitfenster geöffnet, bei Random House für Begeisterung gesorgt und dich wie eine Chirurgin an Wochenenden auf Operationen vorbereitet, um sorgfältige Schnitte zu machen und Wunden mit dünnen Fäden zu vernähen. Du bist die Lektorin, von der Autorinnen und Autoren träumen. Ann Marie: »Soll ich auf die Schnelle mal einen Entwurf schreiben?« Healy, du bist die einzige furchtlose Schriftstellerin, die ich kenne. Deine bedingungslose Liebe hielt unser Projekt zusammen, während die Welt um uns herum zerfiel. Und mit »Liebe« meine ich nicht nur deine Herzenswärme, sondern auch deine Arbeit – trotz Homeschooling und Umzügen und Todesfällen und Familienurlauben. Du hast das »Weit über allen Erwartungen« schon vor langer Zeit hinter dir gelassen. Namaste. Peter Guzzardi, unser Zaubermeister, du hast Ordnung ins Chaos gebracht, hast für Lichtblicke in der Dunkelheit gesorgt, Fäden entwirrt, schwierige Fragen gestellt und unser Manuskript mit einem magischen Tuch poliert. Du hast aus vollstem Herzen hart und lange gearbeitet, und du hast mir das schönste Geschenk gemacht, das ein*e Autor*in bekommen kann: Du hast mich gelehrt, wie man wirklich schreibt.

Ein Dankeschön an meine Agentinnen Alison MacKeen und Celeste Fine, die guten Feen, die jahrelang mit mir zusammengearbeitet haben und die alle anderen derart in Begeisterung versetzten, dass ich mich wie eine Hochstaplerin fühlte. Ihr wusstet schon vor mir, worüber ich eigentlich schreiben sollte, habt mir geholfen, das Exposé wasserdicht zu machen, und habt mich unablässig unterstützt. Ihr habt mein Leben verändert.

Ein Dankeschön an das brillante Recherche- und Faktencheck-Team: Sarah Jeong, Sophie Kaldor und Ana Victoria. Ihr habt die anstrengende und »schmutzige« Arbeit des Ausgrabens erledigt, dabei neue Edelsteine freigelegt und das Falsche von dem Wahren geschieden, sodass wir dieses Buch auf eine solide wissenschaftliche Grundlage stellen konnten. Ihr seid schon dabei, die Welt zu verändern – Sarah dadurch, dass sie Stimmen der Ureinwohner*innen in der neuseeländischen Nachhaltigkeitspolitik Gehör verschafft; Sophie dadurch, dass sie auf dem Gebiet der Psychologie des Extremismus Pionierarbeit leistet, und Ana dadurch, dass sie den öffentlichen Diskurs am Obersten Gerichtshof von Costa Rica beeinflusst. Ihr seid eine Inspiration für alle und insbesondere für mich. Ich freue mich darauf, eure Bücher zu lesen.

Danke, Rodrigo Corral, für das Cover. Ich liebe deine Arbeit.

Danke auch den Beraterinnen, Beratern und Mitarbeitenden, die mir vielfältige Anregungen gegeben haben. Danke, Catherine MacCoun, für die Gespräche über »negative Beeinflussung«, aus denen Kapitel 8 hervorgegangen ist. Danke, Dedi Felman, für deine umfassende redaktionelle Beratung bei der Erstellung des Exposés. Danke, Eamon Dolan, für unsere kurze, aber tiefgreifende Zusammenarbeit und für den Anstoß dazu, dass ich heute anders über das »Nett-Sein« denke. Danke, Ryan Holiday, dafür, dass du mich von der Idee, ein dickes Buch zu schreiben, abgebracht hast. Wegen dir habe ich wieder von vorn angefangen. Shane Frederick, danke für die gründliche Prüfung der wissenschaftlichen Grundlagen in Kapitel 2 und dafür, dass du deinen Einfluss auf mich geltend gemacht hast, um mich dazu zu bringen, sowohl in diesem Buch als auch im Leben hohen wissenschaftlichen Ansprüchen zu genügen.

Danke auch an Angela Duckworth, Art Markman, Ashley Merryman, Charles Duhigg, Mike Norton und Nick Christakis – ich habe eure Ratschläge nach Kräften befolgt. Danke, Joe Kavanagh, für deine Ideen, die mir geholfen haben, dieses Buch erfolgreich abzuschließen. Danke, Chevon Hicks; das Wasserspritzpistolen-Konzept gefällt mir noch immer. Danke den anderen Schreibenden von BLING für die Weisheit, die Freundschaft und den Schwung. Ein Dankeschön an das Brainstorming-Team – Bun Lai, Emily Gordon, Mason Rabinowitz, Nity Kanuri und Slate Ballard – für eure großartigen Ideen zu meinen Ideen.

Danke den Einflussprofis, die der Meinung waren, diese Ideen verdienten es, bekannt gemacht zu werden – und die daran mitwirken. Danke, Nicole Dewey, Rachel Rokicki, Rachel Parker und Melanie DeNardo, dafür, dass ihr eure Brillanz und eure Begeisterung dafür eingesetzt habt, dem Projekt öffentliche Aufmerksamkeit zu sichern. Danke, Ayelet Gruenspecht, Emani Glee und Barbara Fillion, für euren klugen Rat und euer geschäftliches Gespür – und dafür, dass ihr mir beigebracht habt, wie man ein Buch vermarktet. Ein Dankeschön an das Vertriebsteam von Random House dafür, diese Bücher in die Hände der Leser*innen gebracht zu haben. Danke, Tom Perry, für deinen strategischen Rat, deine tatkräftige Unterstützung und deinen Vorbildcharakter. Danke dem Fun Team für eure begeisterte Mundpropaganda.

Danke dem internationalen Team von Agentinnen und Agenten, die dieses Buch in so viele Länder gebracht haben, dass ich sie nicht mehr zählen kann. Denise Cronin, Donna Duverglas, Jessica Cashman, Joelle Dieu, Rory Scarfe und Toby Ernst – ihr habt wahre Wunder gewirkt. Susanna Abbott und andere internationale Verleger*innen: Eure vielfältigen und großen Hoffnungen haben mich eingeschüchtert und mich dazu motiviert, mein Bestes zu versuchen. An das Yale-Coursera-Team, das diese Ideen in unserem globalen Onlinekurs zum Leben erweckt hat – Belinda Platt, Sara Eppinger, Thom Stylinski und Rick Leone: Wow, was für ein Geschenk, mit euch arbeiten zu dürfen.

Danke, Stephanie Dunson, kluge und sanftmütige Schreibcoachin, dafür, dass du mich zu »gärtnern« gelehrt hast. Danke auch den anderen Freundinnen und Freunden, die das Schreiben zu einem Vergnügen gemacht haben: Amy Dannenmueller, Ann Marie Healy, Ashley Merryman, Christa Doran, Christine Chmielewski, David Chance, David Tate, Doina Moulin, John Gonzalez, Kyle Jensen, Margo Steiner, Marianne Pantalon, Natalie Ma und Teresa Chahine. Danke, Teri und Tom vom Cedarhurst Cafe, für den nichtoffiziellen Co-Working-Space und den ganzen Kaffee.

Danke für die Extrahilfe, Jaidree Braddix, Tangela Mitchell und Erin Wynne. Danke für eure akribische redaktionelle Bearbeitung, Muriel Jorgensen und Louise Collazo.

Danke den Studierenden, Lehr- und Kursassistentinnen und -assistenten von Mastering Influence and Persuasion dafür, dass ihr diese Idee zusammen mit mir im Team ausgearbeitet habt. Ich habe mehr von euch gelernt als ihr von mir. Danke, Stephen Dionne, ein Operationsmanager der Extraklasse.

Ein Dankeschön an die Giganten, deren Arbeit mich inspiriert hat. Ohne euch gäbe es nichts.

Ich schulde auch denjenigen Dank, die nicht an diesem Projekt mitarbeiteten, die mich jedoch tiefgreifend beeinflusst haben.

Danke denjenigen, die sich um mein Leben kümmerten, sodass ich mich dem Schreiben widmen konnte. Karen Chance, Mutter, spirituelle Lehrerin, enge Freundin und Miterziehende – du hast das möglich gemacht. Und unsere Gespräche über das Buch – sie haben hier Eingang gefunden. Mandy Keene, Coachin, Cheerleaderin, Lehrerin und langjährige Freundin, du hast einen so großen Anteil an meinem Glück und meinem Erfolg. Die magische Frage war nur der Anfang. Xiomara Sacaza, danke dafür, dass du Ordnung ins Chaos gebracht und mir gezeigt hast, was Glaube an den Erfolg bedeutet.

Ich bin jeder Person dankbar, die mir hilft, meine Ideen jenseits des Buches bekannt zu machen. Danke dem Stern-Speaking-Team dafür, dass ihr an mich geglaubt habt, bevor ich es tat, und danke dem Kommunikationsteam der Yale School of Management dafür, dass ihr zu den ersten Lesenden des Manuskripts gehört habt und dass ihr meinen Unterricht mit der Welt teilt. Danke den Mentorinnen und Mentoren, die mich dazu inspirierten, mir hohe Ziele zu setzen und dabei Spaß zu haben –

ich werde mich bei anderen dafür revanchieren. Danke an Katie Orenstein und das OpEd Project: Ich werde für immer dankbar dafür sein, dass die Public Voices Fellowship mir dabei geholfen hat, meine Stimme zu finden.

Danke, Andrew Metrick, Edi Pinker, Gal Zauberman, Jim Baron, Nathan Novemsky, Ravi Dhar und Ted Snyder, dafür, dass ihr mir geholfen habt, aus meinem Job eine Berufung zu machen, sodass ich dieses Buch schreiben und mehr von dem tun konnte, was ich liebe.

Danke all den Freundinnen, Freunden und Familienmitgliedern, die mich lehren, liebenswürdig und zugleich einflussreich zu sein. Christy, Jess, Jen, Molly, Taly, Talula und Teresa (abermals) dafür, dass ihr mich in Schwung gehalten und mich immer wieder zum Lachen gebracht habt. Dad, Jaye, Mika und Shane (abermals) für eure unverbrüchliche Liebe und Unterstützung. Lulu: bis ans Ende des Multiversums und wieder zurück! Amira, ich wollte deine Stiefmutter sein, seitdem wir uns kennenlernten. Belabbes, Chefberater, größter Träumer, wahre Liebe – ich würde dich eine Million Mal wieder heiraten.

Danke, liebe Leserin, lieber Leser, dafür, dass Sie sich mit diesen Ideen auseinandersetzen. Wenn sie Ihnen dabei helfen, Ihren guten Einfluss noch wirkungsmächtiger auszuüben beziehungsweise anderen dabei zu helfen, dann haben sich unsere Mühen mehr als ausgezahlt.

Bildnachweis

Stroop-Test – bearbeitet von Mapping Specialists Ltd.
Von der Büroklammer zum Auto – Yale School of Management
Katze, Fisch, Vogel, Schlange – Nobukyuki Kawai
Tink, der Hundewelpe – Niv Weisenberg
Polarisierungsverzerrung – Daten: Moore-Berg et al., *PNAS* 2020; ursprüngliche Grafik von Beyond Conflict und Verbesserungen von Mapping Specialists Ltd., Abdruck mit Genehmigung von Beyond Conflict.
Debatten-Watch-Party in Tunis – Zoubeir Souissi/Reuters
Ripley und Gavin – Ashley McNamara
Foto der Autorin – Ian Christmann

Anmerkungen

Ich habe diese wissenschaftlichen Anmerkungen mit größtmöglicher Sorgfalt und Detailgenauigkeit erstellt. Ich habe bereits viele berühmte Experimente in dem Manuskript weggelassen, weil neue Daten die ursprünglichen Ergebnisse in Zweifel gezogen haben, aber zweifellos werden sich die Ergebnisse einiger von mir zitierter Studien nicht reproduzieren lassen. Und selbstverständlich werden zukünftige Forschungen uns helfen, das Phänomen des zwischenmenschlichen Einflusses noch besser zu verstehen. Aus diesem Grund werde ich diese Anmerkungen von Zeit und Zeit unter zoechance.com aktualisieren.

Kapitel Eins

1 Dies sind die Ergebnisse einer Erhebung, die ich mit Teilnehmenden aus mehreren Ländern durchgeführt habe. Ich fragte einige von ihnen, welche Wörter ihnen einfielen, wenn sie das Wort »Einfluss« hörten. Die meisten (73 Prozent) nannten positiv besetzte Wörter wie »Führungskraft«, »mächtig« und »hilfreich«. Aber als ich sie nach »Beeinflussungsstrategien« und »Beeinflussungstaktiken« fragte, nannten die meisten von ihnen (57 Prozent und 83 Prozent) negative Schlagwörter wie »manipulativ«, »hinterlistig«, »unter Druck setzend«, »hinterhältig« und »aggressiv«.

2 Auch wenn ich nicht mit allem einverstanden bin, was in diesen Büchern steht, sind sie doch brillant. Bob hat viele der berühmtesten Studien über Beeinflussung durchgeführt. Bevor er sein Buch schrieb, hat

er eine Zeit lang verdeckt als Autoverkäufer gearbeitet. Chris ist ein ehemaliger FBI-Verhandlungsführer bei Geiselnahmen. Robert B. Cialdini, *Influence, New and Expanded: The Psychology of Persuasion* (New York: Harper Business, 2021); Chris Voss und Tahl Raz, *Kompromisslos verhandeln. Die Strategien und Methoden des Verhandlungsführers des FBI* (München: Redline Wirtschaft, 2017).

3 Nalini Ambady, Debi LaPlante, Thai Nguyen, Robert Rosenthal, Nigel Chaumeton und Wendy Levinson, »Surgeons' Tone of Voice: A Clue to Malpractice History«, *Surgery* 132, Nr. 1 (2002): 5–9, https://doi.org/10.1067/msy.2002.124733.

4 John Antonakis, Marika Fenley und Sue Liechti, »Can Charisma Be Taught? Tests of Two Interventions«, *Academy of Management Learning and Education* 10, Nr. 3 (2011): 374–96, https://doi.org/10.5465/amle.2010.0012.

Kapitel Eineinhalb

1 Jack M. Weatherford, *Genghis Khan and the Making of the Modern World* (New York: Crown, 2004).

2 Traurigerweise ist der schwerwiegendste Fehler, den PhD-Studierende machen, ihre Entscheidung zu promovieren – 50 Prozent von ihnen brechen ab, weil das Aufbaustudium nicht ihren Erwartungen entspricht. Robert Sowell, Ting Zhang und Kenneth Redd, *Ph. D. Completion and Attrition: Analysis of Baseline Program Data from the Ph. D. Completion Project*, Council of Graduate Schools, 2008, https://cgsnet.org/phd-completion-and-attrition-analysis-baseline-program-data-phd-completion-project.

Kapitel Zwei

1 Alfred N. Whitehead, *An Introduction to Mathematics* (New York: Henry Holt, 1911).

2 Wenn es eine Bibel der Verhaltensökonomik gibt, dann ist es Daniel Kahnemans Buch *Schnelles Denken, langsames Denken* (München: Siedler Verlag, 2012).

Wenn Sie lieber in einem journalistischen Format über Kahnemans Arbeit lesen wollen, dann eignet sich dafür auch dieses Buch des Autors von *Moneyball:* Michael Lewis, *Rebellen des Denkens: Wie Daniel Kahneman und Amos Tversky die Psychologie revolutionierten* (München: Goldmann Verlag, 2018).

Und wenn Sie sich über den gegenwärtigen Stand des wissenschaftlichen Denkens über System 1 und System 2 informieren wollen, dann könnte Sie der folgende Artikel interessieren. Keith Stanovich und Richard Westen waren die Forscher, die als Erste die Begriffe System 1 und System 2 prägten und die andere Zwei-Prozess-Theorien in diesem Rahmen zusammenführten: Jonathan St. B. T. Evans und Keith E. Stanovich, »Dual-Process Theories of Higher Cognition: Advancing the Debate«, *Perspectives on Psychological Science* 8, Nr. 3 (2013): 223–41, https://doi.org/10.1177%2F1745691612460685.

3 J. Ridley Stroop, »Studies of Interference in Serial Verbal Reactions«, *Journal of Experimental Psychology* 18, Nr. 6 (1935): 643–62, https://doi.org/10.1037/h0054651.

4 Colin M. MacLeod und K. Dunbar, »Training and Stroop-like Interference: Evidence for a Continuum of Automaticity«, *Journal of Experimental Psychology: Learning, Memory, and Cognition* 14, Nr. 1 (1988): 126–35, https://doi.org/10.1037/0278-7393.14.1.126.

5 John A. Bargh und Tanya L. Chartrand, »The Unbearable Automaticity of Being«, *American Psychologist* 54, Nr. 7 (1999): 462–79, https://doi.org/10.1037/0003-066X.54.7.46.

6 Diese Studie ist von Verhaltenswissenschaftlern und -wissenschaftlerinnen kontrovers diskutiert worden. Die berichteten Ergebnisse sind dramatischer, als man es bei einer Replikationsstudie erwarten würde, aber das Muster wiederholte sich, als die Forschenden ihre Analysen in einer Widerlegungsreaktion ein weiteres Mal durchführten. (Wenn Sie mit Verhaltenswissenschaften vertraut sind, wissen Sie, dass es nicht ungewöhnlich ist, dass die veröffentlichten Ergebnisse von Experimenten die allgemeine, reale Beziehung zwischen zwei Variablen überzeichnen. Tatsächlich ist es die Norm.)

Der ursprüngliche Aufsatz: Shai Danziger, Jonathan Levav und Liora Avnaim-Pesso, »Extraneous Factors in Judicial Decisions«, *Proceedings of the National Academy of Sciences* 108, Nr. 17 (2011): 6889–92, https://doi.org/10.1073/pnas.1018033108.

Die Kritiker*innen: Keren Weinshall-Margel und John Shapard, »Overlooked Factors in the Analysis of Parole Decisions«, *Proceedings of the National Academy of Sciences* 108, Nr. 42 (2011): E833, https://doi.org/10.1073/pnas.1110910108.

Andreas Glöckner, »The Irrational Hungry Judge Effect Revisited: Simulations Reveal That the Magnitude of the Effect Is Overestimated«,

Judgment and Decision Making 11, Nr. 6 (2016): 601–10. (Glöckner zweifelt mit guten Gründen an der Stärke des Effekts) http://journal.sjdm.org/16/16823/jdm16823.pdf.
Die Antwort der Forschenden (»Die ursprünglichen Ergebnisse werden in jeder Auswertung bestätigt; die Reihenfolge der Fälle und die Essenspause bleiben robuste Prädiktoren der Bewährungsentscheidung«): Shai Danziger, Jonathan Levav und Liora Avnaim-Pesso, »Reply to Weinshall-Margel and Shapard: Extraneous Factors in Judicial Decisions Persist«, *Proceedings of the National Academy of Sciences* 108, Nr. 17 (2011): E834, https://doi.org/10.1073/pnas.1112190108.

7 Nalini Ambady und Robert Rosenthal, »Half a Minute: Predicting Teacher Evaluations from Thin Slices of Nonverbal Behavior and Physical Attractiveness«, *Journal of Personality and Social Psychology* 64, Nr. 3 (1993): 431–41, https://doi.org/10.1037/0022-3514.64.3.431.

8 Nalini Ambady, Mary Anne Krabbenhoft und Daniel Hogan, »The 30-Sec Sale: Using Thin-Slice Judgments to Evaluate Sales Effectiveness«, *Journal of Consumer Psychology* 16, Nr. 1 (2006): 4–13, https://doi.org/10.1207/s15327663jcp1601_2.

9 Nalini Ambady, Debi Laplante, Thai Nguyen, Robert Rosenthal, Nigel Chaumeton und Wendy Levinson, »Surgeons' Tone of Voice: A Clue to Malpractice History«, *Surgery* 132, Nr. 1 (2002): 5–9, https://doi.org/10.1067/msy.2002.124733.

10 Nalini Ambady und Robert Rosenthal, »Thin Slices of Expressive Behavior as Predictors of Interpersonal Consequences: A Meta-Analysis«, *Psychological Bulletin* 111, Nr. 2 (1992): 256–74, https://doi.org/10.1037/0033-2909.111.2.256.

11 Alexander Todorov, Anesu N. Mandisodza, Amir Goren und Crystal C. Hall, »Inferences of Competence from Faces Predict Election Outcomes«, *Science* 308, Nr. 5728 (2005): 1623–26, https://doi.org/10.1126/science.1110589.
Noch erstaunlicher ist die Tatsache, dass die Einschätzungen von Kindern genauso präzise sind. Als schweizerischen Kindern Gesichterpaare gezeigt wurden und sie auswählen sollten, wen sie als Kapitän*in ihres Bootes bevorzugen würden, sagten ihre Auswahlen 71 Prozent der Ergebnisse bei den Stichwahlen der französischen Parlamentswahlen zutreffend vorher. Es bestand kein Zusammenhang zwischen der Treffgenauigkeit und dem Alter. John Antonakis und Olaf Dalgas, »Predicting

Elections: Child's Play!«, *Science* 323, Nr. 5918 (2009): 1183, https://doi.org/10.1126/science.1167748.

12 Alligator-fokussierte Entscheider*innen sind zufriedener mit ihren Entscheidungen und haben das Gefühl, dass sich darin ihr wahres Selbst ausdrücke. Sam J. Maglio und Taly Reich, »Feeling Certain: Gut Choice, the True Self, and Attitude Certainty«, *Emotion* 19, Nr. 5 (2019): 876, https://doi.org/10.1037/emo0000490. Und sie sind eher bereit, diese Entscheidungen zu verteidigen: Sam J. Maglio und Taly Reich, »Choice Protection for Feeling-Focused Decisions«, *Journal of Experimental Psychology: General* 149, Nr. 9 (2020): 1704–18, https://doi.org/10.1037/xge0000735.

13 Ambady und Rosenthal, »Thin Slices of Expressive Behavior as Predictors of Interpersonal Consequences: A Meta-analysis«, *Psychological Bulletin* 111, Nr. 2 (1992): 256–274, https://doi.org/10.1037/0033-2909.111.2.256.

14 Dies ist ein faszinierendes Buch über die Neurobiologie von Risiko, Stress und Entscheidungsfindung. John Coates, *The Hour Between Dog and Wolf: How Risk Taking Transforms Us, Body and Mind* (New York: Penguin, 2012).

15 Paul Rozin und April E. Fallon, »A Perspective on Disgust«, *Psychological Review* 94, Nr. 1 (1987): 23–41, https://doi.org/10.1037/0033-295X.94.1.23.

16 In diesem coolen Buch geht es eigentlich um die neurowissenschaftlichen Grundlagen von Taschenspielertricks. Stephen Macknik, Susana Martinez-Conde und Sandra Blakeslee, *Sleights of Mind: What the Neuroscience of Magic Reveals About Our Everyday Deceptions* (New York: Henry Holt, 2010).

17 Kristine R. Ehrich und Julie R. Irwin, »Willful Ignorance in the Request for Product Attribute Information«, *Journal of Marketing Research* 42, Nr. 3 (2005): 266–77, https://psycnet.apa.org/record/2005-09529-008.

18 Zoe Chance, Michael I. Norton, Francesca Gino und Dan Ariely, »Temporal View of the Costs and Benefits of Self-Deception«, *Proceedings of the National Academy of Sciences* 108, Nr. 3 (2011): 15655–59, https://doi.org/10.1073/pnas.1010658108.

Zoe Chance und Michael I. Norton, »The What and Why of Self-deception«, *Current Opinion in Psychology* 6 (2015): 104–7, https://doi.org/10.1016/j.copsyc.2015.07.008.

Zoe Chance, Francesca Gino, Michael I. Norton und Dan Ariely, »The Slow Decay and Quick Revival of Self-deception«, *Frontiers in Psychology* 6 (2015): 1075, https://doi.org/10.3389/fpsyg.2015.01075.

19 Eldar Shafir, »Choosing versus Rejecting: Why Some Options Are Both Better and Worse Than Others«, *Memory and Cognition* 21, Nr. 4 (1993): 546–56, https://doi.org/10.3758/BF03197186.

20 Sie können in dieser erfolgreichen Kampagne auch Bewegtbilder von anderen Tieren sehen. Die ursprüngliche Idee, die Populationsgröße durch Pixel darzustellen, stammt von Yoshiyuki Mikami, Nami Hoshino und Kazuhiro Mochizuki von Hakuhodo C&D im Auftrag des World Wildlife Fund.

21 Michael S. Gazzaniga, »Cerebral Specialization and Interhemispheric Communication: Does the Corpus Callosum Enable the Human Condition?«, *Brain* 123, Nr. 7 (2000): 1293–1326, https://doi.org/10.1093/brain/123.7.1293.

Kapitel Zweieinhalb

1 Für eine detaillierte Beschreibung des »5 pro Tag«-Fiaskos – und selbst der wissenschaftlich fundiertesten Bemühungen, Gewohnheiten zu verändern – vgl. Wendy Wood, *Good Habits, Bad Habits: Gewohnheiten für immer ändern* (München: Piper, 2022).
Oder die kürzere Fassung hier: Wendy Wood und David T. Neal, »Healthy Through Habit: Interventions for Initiating and Maintaining Health Behavior Change«, *Behavioral Science and Policy* 2, Nr. 1 (2016): 71–83, https://doi.org/10.1353/bsp.2016.0008.

2 Jenny Hope, »Millions Spent on 5-a-Day Mantra but Now We're Eating Even LESS Vegetables«, *Daily Mail,* 9. April 2010, https://www.dailymail.co.uk/health/article-1264937/Millions-spent-5-day-mantra-eating-LESS-vegetables.html.
Sarah Stark Casagrande, Youfa Wang, Cheryl Anderson und Tiffany L. Gary, »Have Americans Increased Their Fruit and Vegetable Intake? The Trends Between 1988 and 2002«, *American Journal of Preventive Medicine* 32, Nr. 4 (2007): 257–63, https://doi.org/10.1016/j.amepre.2006.12.002.

3 Dieses Buch über Erziehungsforschung ist so interessant, dass ich es einer ganzen Reihe von Freundinnen und Freunden mit kleinen Kindern geschenkt habe. Po Bronson und Ashley Merryman, *NurtureShock: New Thinking About Children* (New York: Twelve, 2009).
Die ursprüngliche McMaster-Studie: Helen Thomas, »Obesity Prevention Programs for Children and Youth: Why Are Their Results So Modest?«, *Health Education Research* 21, Nr. 6 (2006): 783–95, https://doi.org/10.1093/her/cyl143.

4 Matthew Dixon, Nick Toman und Rick DeLisi, *The Effortless Experience: Conquering the New Battleground for Customer Loyalty* (New York: Portfolio/Penguin, 2013).
Für eine kürzere Fassung vgl. Matthew Dixon, Karen Freeman und Nicholas Toman, »Stop Trying to Delight Your Customers«, *Harvard Business Review* (Juli–August 2010), zuletzt aufgerufen am 13. März 2021, https://hbr.org/2010/07/stop-trying-to-delight-your-customers?registration=success.

5 Peter Henderson, »Some Uber and Lyft Riders Are Giving Up Their Own Cars: Reuters/Ipsos Poll«, Reuters, 25. Mai 2017, https://www.reuters.com/article/us-autos-rideservices-poll/some-uber-and-lyft-riders-are-giving-up-their-own-cars-reuters-ipsos-poll-idUSKBN18L1DA.

6 Frank J. Schwebel und Mary E. Larimer, »Using Text Message Reminders in Health Care Services: A Narrative Literature Review«, *Internet Interventions* 13 (2018): 82–104, https://doi.org/10.1016/j.invent.2018.06.002

7 *Building Behavioral Design Capacity in Financial Health,* Ideas 42, 13. Dezember 2019, http://www.ideas42.org/blog/project/behavioral-design-project.

8 Katie A. Kannisto, Marita H. Koivunen und Maritta A. Välimäki, »Use of Mobile Phone Text Message Reminders in Health Care Services: A Narrative Literature Review«, *Journal of Medical Internet Research* 16, Nr. 10 (2014): E222, https://doi.org/10.2196/jmir.3442.

9 Elyse O. Kharbanda, Melissa S. Stockwell, Harrison W. Fox, Raquel Andres, Marcos Lara und Vaughn I. Rickert, »Text Message Reminders to Promote Human Papillomavirus Vaccination«, *Vaccine* 29, Nr. 14 (2011): 2537–41, https://doi.org/10.1016/j.vaccine.2011.01.065.

10 William Humphrey Jr., Debbie Laverie und Alison Shields, »Exploring the Effects of Encouraging Student Performance with Text Assignment Reminders«, *Journal of Marketing Education* 43, Nr. 1 (2021): 91–102, http://dx.doi.org/10.1177/0273475319836271.

11 Alissa Fishbane, Aurelie Ouss und Anuj K. Shah, »Behavioral Nudges Reduce Failure to Appear for Court«, *Science* 370, Nr. 6517 (2020): 1–10, https://doi.org/10.1126/science.abb6591.

12 Katherine L. Milkman, Julia A. Minson und Kevin G. M. Volpp, »Holding the *Hunger Games* Hostage at the Gym: An Evaluation of Temptation Bundling«, *Management Science* 60, Nr. 2 (2014): 283–99, https://doi.org/10.1287/mnsc.2013.1784.

Kapitel Drei

1 Dieser geschichtsträchtige Vorfall wurde erst 1998 bekannt, als Stanislaw Petrows Vorgesetzter, Generaloberst Jurij Wsjewolodowitsch Wotinzew, seine Memoiren veröffentlichte. Petrow zufolge hat Wotinzew ihn für sein Verhalten »weder gelobt noch getadelt«, aber er ging im Jahr darauf vorzeitig in den Ruhestand. Im Jahr 2013 wurde ihm der Dresden-Preis verliehen, und er verstarb im Jahr 2017. Der preisgekrönte Dokumentarfilm über ihn, *The Man Who Saved the World* (Statement Film, 2014), unter der Regie von Peter Anthony ist überaus sehenswert. http://themanwhosavedtheworldmovie.com.

2 Elwyn Brooks White, *Letters of E. B. White* (New York: Harper & Row, 1976).

3 Adam Grant, *Geben und Nehmen: Erfolgreich sein zum Vorteil aller* (München: Droemer, 2013).

4 A. Grant, persönliche Mitteilung, 5. Juli 2021.

5 Es gibt kein besseres Buch über die gesellschaftlichen Folgen von Stress und Erschöpfung als Sendhil Mullainathan und Eldar Shafir, *Knappheit – Was es mit uns macht, wenn wir zu wenig haben* (Frankfurt/M.: Campus Verlag, 2013).

6 Robert F. Lusch und Ray R. Serpkenci, »Personal Differences, Job Tension, Job Outcomes, and Store Performance: A Study of Retail Managers«, *Journal of Marketing* 54 (1990): 85–101, https://doi.org/10.1177%2F002224299005400106.

7 Naomi I. Eisenberger und Matthew D. Lieberman, »Why Rejection Hurts: A Common Neural Alarm System for Physical and Social Pain«, *Trends in Cognitive Sciences* 8, Nr. 7 (2004): 294–300, https://doi.org/10.1016/j.tics.2004.05.010.

8 Sie können das herzerwärmende Video hier ansehen: Jia Jiang, *Rejection Therapy Day 3 – Ask for Olympic Symbol Doughnuts. Jackie at Krispy Kreme Delivers!* (2012), zuletzt aufgerufen am 13. Juni 2021, https://www.youtube.com/watch?v=7Ax2CsVbrX0.
Mehr über seine Zurückweisungserfahrungen können Sie lesen in Jia Jiang, *Rejection Proof: How I Beat Fear and Became Invincible Through 100 Days of Rejection* (New York: Harmony, 2015).

9 Vgl. Kapitel 8. Coates beschreibt auch Resilienzforschung an Mäusen und Studien über »abgehärtete« Menschen. John Coates, *The Hour Between Dog and Wolf: How Risk Taking Transforms Us, Body and Mind* (New York: Penguin, 2012).

10 Diese Zahl habe ich von mehreren Verkaufstrainerinnen und -trainern sowie Verkaufsleiterinnen und -leitern gehört. Ich habe allerdings keine wissenschaftliche oder sonstige anerkannte Quelle dafür gefunden – falls Sie eine haben, lassen Sie es mich wissen.

11 Susan Cain, *Still: Die Bedeutung von Introvertierten in einer lauten Welt* (München: Riemann, 2011).

Kapitel Dreieinhalb

1 Jessica McCrory Calarco, *Negotiating Opportunities: How the Middle Class Secures Advantages in School* (New York: Oxford University Press, 2018).

2 Linda Babcock und Sara Laschever, *Women Don't Ask: Negotiation and the Gender Divide* (Princeton, N. J.: Princeton University Press, 2003).

3 David A. Frederick, H. Kate St. John, Justin R. Garcia und Elisabeth A. Lloyd, »Differences in Orgasm Frequency Among Gay, Lesbian, Bisexual, and Heterosexual Men and Women in a U. S. National Sample«, *Archives of Sexual Behavior* 47 (2018): 273–88, https://doi.org/10.1007/s10508-017-0939-z.
Man kann gar nicht überschätzen, was man mit einem »bloßen« Fragen beim Einwerben von Geldern und karitativen Spendensammeln erreichen kann. Wenn zum Beispiel Fachanwälte und -anwältinnen für Erbrecht einfach nur nachfragten, ob ihre Klientel ein karitatives Vermächtnis errichten wolle, verdoppelte und verdreifachte sich manchmal die Zahl der Vermächtnisse. Michael Sanders und Sarah Smith, »A Warm Glow in the After Life? The Determinants of Charitable Bequests« (Working Paper no. 14/326, Centre for Market and Public Organization, University of Bristol, Bristol, UK, Juni 2014), http://www.bristol.ac.uk/media-library/sites/cmpo/migrated/documents/wp326.pdf.
Hugh Radojev, »Over 80 Per Cent of Public Donate to Charity Because They Are Asked, Says Survey«, *Civil Society News*, 12. Mai 2017.

4 Jaewon Yoon, Grant Donnelly und Ashley Whillans, »It Doesn't Hurt to Ask (for More Time): Employees Often Overestimate the Interpersonal Costs of Extension Requests« (Working Paper no. 19-064, Harvard Business School, Cambridge, Mass., 2019), https://www.hbs.edu/ris/Publication%20Files/19-064%20(3)_5758eb4a-6e1c-47dc-a4af-c21a958460d7.pdf.

5 Francis J. Flynn und Vanessa K. Bohns, »Underestimating One's Influence in Help-Seeking«, in Douglas T. Kenrick, Noah J. Goldstein und Sanford L. Braver, *Six Degrees of Social Influence: Science, Application, and the*

Psychology of Robert Cialdini (New York: Oxford University Press, 2012), 14–26, https://doi.org/10.1093/acprof:osobl/9780199743056.003.0002.
Vanessa Bohns hat viele weitere interessante Studien über Fehlwahrnehmungen im Zusammenhang mit Fragen und Helfen und über Fehlwahrnehmungen unseres eigenen Einflusses durchgeführt. Vanessa K. Bohns, *You Have More Influence Than You Think* (New York: W. W. Norton, 2021).

6 Jo Cutler und Daniel Campbell-Meiklejohn, »A Comparative fMRI Meta-Analysis of Altruistic and Strategic Decisions to Give«, *Neuroimage* 184 (2019): 227–41, https://doi.org/10.1016/j.neuroimage.2018.09.009.
Lena Rademacher, Martin Schulte-Rüther, Bernd Hanewald und Sarah Lammertz, »Reward: From Basic Reinforcers to Anticipation of Social Cues« in M. Wöhr und S. Krach (Hg.) *Social Behavior from Rodents to Humans, Current Topics in Behavioral Neurosciences*, vol. 30 (Cham, Dänemark: Springer, 2015), 207–21, https://doi.org/10.1007/7854_2015_429.

7 Ricky N. Lawton, Iulian Gramatki, Will Watt und Daniel Fujiwara, »Does Volunteering Make Us Happier, or Are Happier People More Likely to Volunteer? Addressing the Problem of Reverse Causality When Estimating the Wellbeing Impacts of Volunteering«, *Journal of Happiness Studies* 22 (2021): 599–624, https://doi.org/10.1007/s10902-020-00242-8.
Francesca Borgonovi, »Doing Well by Doing Good: The Relationship Between Formal Volunteering and Self-reported Health and Happiness«, *Social Science and Medicine* 66, Nr. 11 (2008): 2321–34, https://doi.org/10.1016/j.socscimed.2008.01.011.
Stephanie L. Brown, Randolph M. Nesse, Amiram D. Vinokur und Dylan M. Smith, »Providing Social Support May Be More Beneficial Than Receiving It: Results from a Prospective Study of Mortality«, *Psychological Science* 14 (2003): 320–27, https://doi.org/10.1111%2F1467-9280.14461.
Stephen G. Post, »Altruism, Happiness, and Health: It's Good to Be Good«, *International Journal of Behavioral Medicine* 12 (2005): 66–77, https://doi.org/10.1207/s15327558ijbm1202_4.

8 Elizabeth W. Dunn, Lara B. Aknin und Michael I. Norton, »Spending Money on Others Promotes Happiness«, *Science* 319, Nr. 5870 (2008): 1687–88, https://doi.org/10.1126/science.1150952.
Lara B. Aknin, Christopher P. Barrington-Leigh, Elizabeth W. Dunn, et al., »Prosocial Spending and Well-being: Cross-cultural Evidence for a Psychological Universal«, *Journal of Personality and Social Psychology* 104, Nr. 4 (2013): 635, https://doi.apa.org/doi/10.1037/a0031578.

Elizabeth W. Dunn, Claire E. Ashton-James, Margaret D. Hanson und Lara B. Aknin, »On the Costs of Self-interested Economic Behavior: How Does Stinginess Get Under the Skin?«, *Journal of Health Psychology* 15, Nr. 4 (2010): 627–33, https://doi.org/10.1177%2F1359105309356366.

9 Lara B. Aknin, J. Kiley Hamlin und Elizabeth W. Dunn, »Giving Leads to Happiness in Young Children«, *PLoS One* 7, Nr. 6 (2012): E39211,https://doi.org/10.1371/journal.pone.0039211.

10 Selbstverständlich würden Sie unverschämte Bitten nicht wiederholt an dieselbe Person richten. Aber das wissen Sie bereits.

11 Robert B. Cialdini, Joyce E. Vincent, Stephen K. Lewis, Jose Catalan, Diane Wheeler und Betty Lee Darby, »Reciprocal Concessions Procedure for Inducing Compliance: The Door-in-the-Face Technique«, *Journal of Personality and Social Psychology* 31, Nr. 2 (1975): 206–15, https://doi.org/10.1037/h0076284.

Die Replikationsstudie aus dem Jahr 2020: Oliver Genschow, Marieka Westfal, Jan Crusius, Leon Bartosch, Kyra Isabel Feikes, Nina Pallasch und Mirella Wozniak, »Does Social Psychology Persist over Half a Century? A Direct Replication of Cialdini et al.'s (1975) Classic Door-in-the-Face Technique«, *Journal of Personality and Social Psychology* 120, Nr. 2 (1975): E1–E7, https://doi.org/10.1037/pspa000026.

12 KerryAnn O'Meara, Alexandra Kuvaeva, Gudrun Nyunt, Chelsea Waugaman und Rose Jackson, »Asked More Often: Gender Differences in Faculty Workload in Research Universities and the Work Interactions That Shape Them«, *American Educational Research Journal* 54 (2017): 1154–86, https://doi.org/10.3102/0002831217716767.

Kapitel Vier

1 James W. Pennebaker, *The Secret Life of Pronouns: What Our Words Say About Us* (New York: Bloomsbury Press, 2011).

Wenn Sie keine Lust haben, ein ganzes Buch über Pronomen zu lesen, finden Sie hier eine Zusammenfassung einiger Forschungsergebnisse von Pennebaker: James W. Pennebaker, »The Secret Life of Pronouns«, *New Scientist* 211, Nr. 2828 (2011): 42–45, https://doi.org/10.1016/S0262-4079(11)62167-2.

Diese Macht- und Statuseffekte sind höchst kontextspezifisch. So haben diese Forscher*innen zum Beispiel herausgefunden, dass Menschen, die in Onlineforen weniger Posts veröffentlichten – und folglich innerhalb dieser Gemeinschaft einen niedrigeren Status hatten und ihn auch so empfanden –, häufiger »ich« benutzten. Amanda Dino, Stephen Reysen und Nyla R. Branscombe, »Online Interactions Between Group Members Who Differ in Status«, *Journal of Language and Social Psychology* 28, Nr. 1 (2009): 85–93, https://doi.org/10.1177%2F0261927X08325916. Pronomen der ersten Person sind nicht der einzige linguistische »Hinweis« auf einen niedrigen Status – der Gebrauch fachsprachlicher Ausdrücke ist ein weiterer. Zachariah C. Brown, Eric M. Anicich und Adam D. Galinsky, »Compensatory Conspicuous Communication: Low Status Increases Jargon Use«, *Organizational Behavior and Human Decision Processes* 161 (2020): 274–90, http://dx.doi.org/10.1016/j.obhdp.2020.07.001. Und unter Akademikern und Akademikerinnen gilt dies auch für den Gebrauch von »Dr.« oder »PhD« in einer E-Mail-Unterschrift. Cindy Harmon-Jones, Brandon J. Schmeichel und Eddie Harmon-Jones, »Symbolic Self-Completion in Academia: Evidence from Department Web Pages and Email Signature Files« *European Journal of Social Psychology* 39, Nr. 2 (2009): 311–16, https://doi.org/10.1002/ejsp.541.

2 David M. Markowitz, »Academy Awards Speeches Reflect Social Status, Cinematic Roles, and Winning Expectations«, *Journal of Language and Social Psychology* 37, Nr. 3 (2018): 376–87, https://doi.org/10.1177%2F0261927X17751012.

3 Ewa Kacewicz, James W. Pennebaker, Matthew Davis, Moongee Jeon und Arthur C. Graesser, »Pronoun Use Reflects Standings in Social Hierarchies«, *Journal of Language and Social Psychology* 33, Nr. 2 (2014): 125–43, https://doi.org/10.1177%2F0261927X13502654.

4 Stephanie Rude, Eva-Maria Gortner und James Pennebaker, »Language Use of Depressed and Depression-vulnerable College Students«, *Cognition and Emotion* 18, Nr. 8 (2004): 1121–33. https://www.tandfonline.com/doi/abs/10.1080/02699930441000030.

5 Eric Lofholm, *The System: The Proven 3-Step Formula Anyone Can Learn to Get More Leads, Book More Appointments, and Make More Sales* (Rocklin, CA: Eric Lofholm International, 2013), 59.

6 Diana I. Tamir und Jason P. Mitchell, »Disclosing Information About the Self Is Intrinsically Rewarding«, *Proceedings of the National Academy of Sciences* 109, Nr. 21 (2012): 8038–43, https://doi.org/10.1073/pnas.1202129109.

7 Karen Huang, Michael Yeomans, Alison Wood Brooks, Julia Minson und Francesca Gino, »It Doesn't Hurt to Ask: Question-Asking Increases

Liking«, *Journal of Personality and Social Psychology* 113, Nr. 3 (2017): 430–52, https://psycnet.apa.org/doi/10.1037/pspi0000097.

8 Arthur Aron, Edward Melinat, Elaine N. Aron, Robert Darrin Vallone und Renee J. Bator, »The Experimental Generation of Interpersonal Closeness: A Procedure and Some Preliminary Findings«, *Personality and Social Psychology Bulletin* 23, Nr. 4 (1997): 363–77, https://doi.org/10.1177%2F0146167297234003.

9 Dennis P. Carmody und Michael Lewis, »Brain Activation When Hearing One's Own and Others' Names«, *Brain Research* 1116, Nr. 1 (2006): 153–58, https://doi.org/10.1016/j.brainres.2006.07.121.
Ihr Gehirn zeigt selbst im Schlaf eine einzigartige Reaktion auf Ihren Namen: Fabien Perrin, Luis García-Larrea, François Mauguière und Hélène Bastuji, »A Differential Brain Response to the Subject's Own Name Persists During Sleep«, *Clinical Neurophysiology* 110, Nr. 12 (1999): 2153–64, https://doi.org/10.1016/S1388-2457(99)00177-7.

10 Casey A. Klofstad, Rindy C. Anderson und Stephen Nowicki, »Perceptions of Competence, Strength, and Age Influence Voters to Select Leaders with Lower-pitched Voices«, *PloS One* 10, Nr. 8 (2015): E0133779, https://doi.org/10.1371/journal.pone.0133779.

11 Cara C. Tigue, Diana Borak, Jillian O'Connor, Charles Schandl und David Feinberg, »Voice Pitch Influences Voting Behavior«, *Evolution and Human Behavior* 33 (2012): 210–16, https://doi.org/10.1016/j.evolhumbehav.2011.09.004.

12 Casey Klofstad, Rindy Anderson und Susan Peters, »Sounds like a Winner: Voice Pitch Influences Perception of Leadership Capacity in Men and Women«, *Proceedings of the Royal Society B: Biological Sciences* 279, Nr. 1738 (2012): 2698–704, http://dx.doi.org/10.1098/rspb.2012.0311.

13 Der Journalist Robert Stein schreibt über seine Begegnung mit den »beiden Marilyns«: die stille, schüchterne, nicht einmal hübsch anzusehende Marilyn Monroe hinter den Kulissen und die öffentliche Sexbombe. »Aus der Nähe betrachtet, war ihr Gesicht blass und zerbrechlich, ohne den Technicolor-Glanz, und ihre Augen hatten nichts von dem Selbstbewusstsein, das sie auf der Leinwand ausstrahlen.« In der U-Bahn wurde sie von niemandem erkannt, aber auf der Straße »zog sie den Mantel aus, schüttelte ihr Haar auf und bog den Rücken durch, um sich in Pose zu werfen. In Windeseile war sie umringt, und etliche Minuten wurde sie in beängstigender Weise umdrängt, ehe sie wieder in den Mantel gehüllt war und sich schiebend und stoßend aus der anwachsenden Menge

herausgelöst hatte.« Robert Stein, »Do You Want to See Her?«, *American Heritage* 56, Nr. 6 (November/Dezember 2005), https://www.americanheritage.com/do-you-want-see-her. Olivia Fox Cabane erzählt diese Geschichte und weitere bemerkenswerte. Olivia Fox Cabane, *Das Charisma-Geheimnis: Wie jeder die Kunst erlernen kann, andere Menschen in seinen Bann zu ziehen* (München: mvg Verlag, 2017).

14 Es wird vielfach als »Tatsache« hingestellt, dass Menschen öffentliches Reden mehr fürchteten als den Tod – selbstverständlich stimmt das nicht. Einige Studien, bei denen die Befragten ihre Ängste auf einer Liste ankreuzen sollten, kamen zu dem Ergebnis, dass »öffentliches Reden« öfter angekreuzt wurde als alles andere. Aber wir fürchten uns in der Regel nur dann vor etwas, wenn wir direkt damit konfrontiert sind (daher wird öffentliches Reden häufiger erwähnt als der Tod, Haie etc.). Und Listen wie diese vernachlässigen unsere echten, tiefen Ängste, wie etwa nicht wertgeschätzt oder nicht geliebt zu werden. Zwar stimmt es, dass den meisten Menschen öffentliches Reden unangenehm ist oder sie sich sogar davor fürchten, aber die »Tatsache«, dass sie es angeblich sogar mehr fürchten als den Tod, ist lediglich ein Artefakt eines mangelhaften Erhebungsdesigns. Bei einer Befragung erfolgreicher Berufsschauspieler*innen einschließlich Broadway-Stars und Tony-Awards-Nominierten gaben 84 Prozent an, dass sie Lampenfieber hätten. Ich bin eine professionelle Rednerin und ehemalige Schauspielerin, und auch ich habe Lampenfieber. Gordon Goodman und James C. Kaufman, »Gremlins in My Head: Predicting Stage Fright in Elite Actors«, *Empirical Studies of the Arts* 32, Nr. 2 (2014): 133–48, https://doi.org/10.2190%2FEM.32.2.b.

15 Ich wusste, dass Pausen wichtig sind, aber ich wusste nicht, *wie* wichtig sie sind, bis Jeremey Donovan unseren Kurs als Gastredner/Vortragscoach besuchte. Ich hatte ihm einen Fanbrief geschrieben, nachdem ich sein Buch gelesen hatte, und er kam, um die Studierenden – hauptsächlich – über Sprechpausen zu coachen. Es war eine Offenbarung. Jeremey Donovan, *How to Deliver a TED Talk: Secrets of the World's Most Inspiring Presentations* (New York: McGraw-Hill Education, 2013).

16 Joey Asher, *15 Minutes Including Q and A: A Plan to Save the World from Lousy Presentations* (Atlanta: Persuasive Speaker Press, 2010).

Kapitel Viereinhalb

1 Für gewöhnlich gilt Proctor & Gamble als das Unternehmen, das das »Momente der Wahrheit«-Konzept erfunden hat, aber tatsächlich hat Jan Carlzon, der ehemalige Vorstandschef von SAS (Scandinavian Airlines), den Begriff erstmals im Zusammenhang mit Beeinflussung verwendet. Jan Carlzon, *Moments of Truth* (New York: Harper Perennial, 1989).

2 Die führenden Köpfe hinter dieser genialen und preisgekrönten »Rain Codes«-Kampagne waren Kenny Blumenschein, Paul Ho, Sean Chen und Paul Sin von Geometry Global.

3 Konzipiert wurde diese geniale und preisgekrönte Kampagne von Marcelo Reis, Guilherme Jahara, Rodrigo Jatene, Marcelo Rizério und Christian Fontana von Leo Burnett Tailor Made. Die Kampagne erreichte auf sozialen Medien mit nur sechs Facebook-Posts 172 Millionen Menschen und brachte sogenannte Earned Media im Gegenwert von 22 Millionen Dollar ein. Die Gesamtkosten von 6.000 Dollar machten es zu einem der besten Werbeinvestments überhaupt (danke, Shane, dafür, dass du mir das mitgeteilt hast.)

Der wichtigste Faktor, der Aufschluss darüber gibt, ob Menschen Organspender*innen werden, ist nach wie vor die Einfachheit. Fast die gesamte Differenz in den Organspenderaten zwischen Ländern lässt sich mit der Einfachheit erklären: Zustimmungslösung oder Widerspruchslösung. Es ist einfach, ein Kästchen anzukreuzen, um zuzustimmen oder zu widersprechen – nur nicht ganz so einfach, wie wenn man gar nicht ankreuzen muss. Eric J. Johnson and Daniel Goldstein, »Do Defaults Save Lives?«, *Science* 302, Nr. 5649 (2003): 1338–39, https://doi.org/10.1126/science.1091721.

4 Nira Liberman und Yaacov Trope, »The Role of Feasibility and Desirability Considerations in Near and Distant Future Decisions: A Test of Temporal Construal Theory«, *Journal of Personality and Social Psychology* 75, Nr. 1 (1998): 5–18, https://doi.org/10.1037/0022-3514.75.1.5.

Yaacov Trope und Nira Liberman, »Temporal Construal«, *Psychological Review* 110, Nr. 3 (2003): 403–21, https://doi.org/10.1037/0033-295x.110.3.403

5 David W. Nickerson und Todd Rogers, »Do You Have a Voting Plan?: Implementation Intentions, Voter Turnout, and Organic Plan Making«, *Psychological Science* 21, Nr. 2 (2010): 194–99, https://doi.org/10.1177/0956797609359326.

6 Konzipiert wurde diese freche Kampagne von Matthew Bull, Roger Paulse, Myles Lord und Jason Kempen von Lowe Bull in Südafrika.

Kapitel Fünf

1 Ernsthaft. Derren Brown ist nicht nur ein preisgekrönter Performer, sondern auch ein Bestseller-Autor von witzigen, intelligenten Büchern über Psychologie, Zauberkunst und Glücklichsein. Im Unterricht lernen wir aus seinem Buch *Tricks of the Mind* viel über Pseudo-Gedankenlesen, und wir schauen uns zusammen *The Push* an, um etwas über die dunklen Künste der Beeinflussung zu lernen. Wenn Sie ein Faible für Psychologie haben, wird Ihnen seine Wiederholung des Milgram-Experiments in dem Fernsehspecial *The Heist* gefallen. (Mein Lieblingsspecial von ihm ist allerdings *Apocalypse.* Er sagte mir, dass es auch seine Lieblingssendung sei.) Derren Brown, *Tricks of the Mind* (London: Transworld, 2006).

2 Sie finden das Video online und können es selbst in Ihrem Freundeskreis ausprobieren. Es wird Sie umhauen. Daniel J. Simons und Christopher F. Chabris, »Gorillas in Our Midst: Sustained Inattentional Blindness for Dynamic Events«, *Perception* 28, Nr. 9 (1999): 1059–74, https://doi.org/10.1068/p281059.

3 Sendhil Mullainathan und Eldar Shafir, *Knappheit: Was es mit uns macht, wenn wir zu wenig haben* (Frankfurt/M., Campus, 2013).

4 Wenn Sie Frank Luntz nicht schon kennen, wird es Sie erstaunen, wie groß sein Einfluss auf die US-Politik bei einem breiten Spektrum von Fragen gewesen ist. Während ich dieses Buch schrieb, arbeitete er mit dem ehemaligen Direktor der US-Seuchenschutzbehörde Tom Frieden daran, ein Frame zu finden, das impfskeptische Trump-Wähler dazu motivieren sollte, sich gegen COVID impfen zu lassen. (Ihre erfolgreichste Botschaft war: »Über 90 Prozent der Ärzte, denen dieser Impfstoff angeboten wurde, haben sich dafür entschieden.«) Frank Luntz, *Words That Work: It's Not What You Say, It's What People Hear* (New York: Hachette Books, 2008).

5 Grant E. Donnelly, Cait Lamberton, Stephen Bush, Zoe Chance und Michael I. Norton, »›Repayment-by-Purchase‹ Helps Consumers to Reduce Credit Card Debt« (Working Paper No 21–060, Harvard Business School, Cambridge, Mass., 2020), http://dx.doi.org/10.2139/ssrn.3728254.

6 David Gal und Blakeley B. McShane, »Can Small Victories Help Win the

War? Evidence from Consumer Debt Management«, *Journal of Marketing Research* 49, Nr. 3 (2012): 487–501, https://doi.org/10.1509%2Fjmr.11.0272.

Ran Kivetz, Oleg Urminsky und Yuhuang Zheng, »The Goal-Gradient Hypothesis Resurrected: Purchase Acceleration, Illusionary Goal Progress, and Customer Retention«, *Journal of Marketing Research* 43, Nr. 1 (2006): 39–58, https://doi.org/10.1509%2Fjmkr.43.1.39.

Yan Zhang und Leilei Gao, »Wanting Ever More: Acquisition Procedure Motivates Continued Reward Acquisition«, *Journal of Consumer Research* 43, Nr. 2 (2016): 230–45, https://doi.org/10.1093/jcr/ucw017.

7 Forscher*innen bei Spark Neuro testeten »Klimakrise«, »Umweltzerstörung« (dieses Frame löste bei Republikanerinnen und Republikanern stärkere emotionale Reaktionen aus als »Klimakrise«), »Umweltkollaps« und »Wetterdestabilisierung«. Sie können dies hier nachlesen: Kate Yoder, »Why Your Brain Doesn't Register the Words ›Climate Change‹«, *Grist,* 29. April 2019, https://grist.org/article/why-your-brain-doesnt-register-the-words-climate-change.

8 Bob Cialdini erzählt diese Geschichte in dem Nachfolgewerk von *Die Psychologie des Überzeugens.* Es ist ein ausgezeichnetes Buch. Robert Cialdini, *Pre-Suasion: Wie Sie bereits vor der Verhandlung gewinnen* (Frankfurt/M.: Campus, 2017).

9 Bluma Zeigarnik, »On Finished and Unfinished Tasks«, in W. D. Ellis (Hg.), *A Source Book of Gestalt Psychology* (London: Routledge and Kegan, 1938), 300–314. (deutsches Original: »Das Behalten erledigter und unerledigter Handlungen«, *Psychologische Forschung 9* [1927], 1–85.)

10 Marie Kondo, *Magic Cleaning: Wie richtiges Aufräumen Ihr Leben verändert* (Reinbek b. Hamburg: Rowohlt, 2013).

Kapitel Sechs

1 Arne Öhman, Anders Flykt und Francisco Esteves, »Emotion Drives Attention: Detecting the Snake in the Grass«, *Journal of Experimental Psychology: General* 130, Nr. 3 (2001): 466–78, https://doi.org/10.1037/0096-3445.130.3.466.

2 Nobuyuki Kawai und Hongshen He, »Breaking Snake Camouflage: Humans Detect Snakes More Accurately Than Other Animals Under Less Discernible Visual Conditions«, *PLoS One* 11, Nr. 10 (2016): E0164342, https://doi.org/10.1371/journal.pone.0164342.

3 Der elegante Aufsatz, der die Prospect-Theorie begründete: Daniel Kahneman und Amos Tversky, »Prospect Theory: An Analysis of De-

cision Under Risk«, *Econometrica* 47, Nr. 2 (1979): 263–92, https://doi.org/10.1142/9789814417358_0006.

Als die nachfolgend genannten Autoren die Messwerte von 600 Studien, die in 150 Aufsätzen publiziert worden waren, aggregierten, fanden sie heraus, dass der Koeffizient der mittleren Verlustaversion zwischen 1,8 und 2,1 beträgt. Alexander L. Brown, Taisuke Imai, Ferdinand Vieider und Colin F. Camerer, »Meta-analysis of Empirical Estimates of Loss-Aversion« (CESifo Working Paper no. 8848, 2021), https://ssrn.com/abstract=3772089.

Gegenwärtig gibt es auch eine gewisse Kontroverse um die Häufigkeit der Verlustaversion in der realen Welt. David Gal und David D. Rucker, »The Loss of Loss Aversion: Will It Loom Larger Than Its Gain?«, *Journal of Consumer Psychology* 28, Nr. 3 (2018): 497–516, https://doi.org/10.1002/jcpy.1047.

4 In dieser Studie zeigte sich der Reaktanzeffekt nur bei Jungen. Einige Studien finden Geschlechterunterschiede und andere nicht. Auch Altersunterschiede spielen eine Rolle, und einige Menschen haben einfach eine größere Reaktanz als andere. Sharon S. Brehm und Marsha Weinraub, »Physical Barriers and Psychological Reactance: 2-yr-olds' Responses to Threats to Freedom«, *Journal of Personality and Social Psychology* 35, Nr. 11 (1977): 830–36, https://psycnet.apa.org/doi/10.1037/0022-3514.35.11.830.

Dieser Aufsatz fasst einen Großteil der Arbeiten zur Reaktanztheorie zusammen: Anca M. Miron und Jack W. Brehm, »Reactance Theory – 40 Years Later«, *Zeitschrift für Sozialpsychologie* 37, Nr. 1 (2006): 9–18, https://doi.org/10.1024/0044-3514.37.1.9.

Menschen, die »schwer zu bekommen sind«, können ebenfalls attraktiver sein (wie Sie wissen). Erin R. Whitchurch, Timothy D. Wilson und Daniel T. Gilbert, »›He Loves Me, He Loves Me Not …‹: Uncertainty Can Increase Romantic Attraction«, *Psychological Science* 22, Nr. 2 (2011): 172–75, https://doi.org/10.1177%2F0956797610393745.

Außerdem erinnern wir uns besser an verbotene Objekte und erkennen diese schneller. Grace Truong, David J. Turk und Todd C. Handy, »An Unforgettable Apple: Memory and Attention for Forbidden Objects«, *Cognitive, Affective, and Behavioral Neuroscience* 13, Nr. 4 (2013): 803–13, https://link.springer.com/article/10.3758/s13415-013-0174-6.

5 B. F. Skinner, *Was ist Behaviorismus?* (Reinbek b. Hamburg: Rowohlt, 1982).

6 Manchmal reagieren Menschen, die zu einem bestimmten Thema eine entschiedene Meinung haben, auf diese widersprechenden Informationen damit, dass sie einen noch extremeren Standpunkt einnehmen – der *Backfire-Effekt* (»Bumerang-Effekt«). Als dieser zum ersten Mal dokumentiert wurde, erhielt er viel mediale Aufmerksamkeit, und Menschen nahmen an, er wäre weit verbreitet; heute wissen wir, dass dies nicht der Fall ist. Zak L. Tormala und Richard E. Petty, »What Doesn't Kill Me Makes Me Stronger: The Effects of Resisting Persuasion on Attitude Certainty«, *Journal of Personality and Social Psychology* 83, Nr. 6 (2002): 1298, https://psycnet.apa.org/doi/10.1037/0022-3514.83.6.1298.
Brendan Nyhan und Jason Reifler, »When Corrections Fail: The Persistence of Political Misperceptions«, *Political Behavior* 32, Nr. 2 (2010): 303–30, https://doi.org/10.1007/s11109-010-9112-2.
Todd Wood und Ethan Porter, »The Elusive Backfire Effect: Mass Attitudes' Steadfast Factual Adherence«, *Political Behavior* 41, Nr. 1 (2019): 135–63, https://doi.org/10.1007/s11109-018-9443-y.
Brendan Nyhan, »Why the Backfire Effect Does Not Explain the Durability of Political Misperceptions«, *Proceedings of the National Academy of Sciences* 118, Nr. 15 (2021): e1912440117, https://doi.org/10.1073/pnas.1912440117.

7 Raj Raghunathan, Rebecca W. Naylor und Wayne D. Hoyer, »The Unhealthy = Tasty Intuition and Its Effects on Taste Inferences, Enjoyment, and Choice of Food Products«, *Journal of Marketing* 70, Nr. 4 (2006): 170–84, https://doi.org/10.1509%2Fjmkg.70.4.170.

8 Julia A. Minson und Benoît Monin, »Do-gooder Derogation: Disparaging Morally Motivated Minorities to Defuse Anticipated Reproach«, *Social Psychological and Personality Science* 3, Nr. 2 (2012): 200–207, https://doi.org/10.1177%2F1948550611415695.

9 Ich habe dies von Chris Voss gelernt, einem ehemaligen Verhandlungsführer des FBI bei Geiselnahmen. Er hat mir auch empfohlen, seltener »warum« und häufiger »wie« und »was« zu fragen. Im Unterricht machen wir uns einen Spaß daraus, die sogenannte spätabendliche Radio-DJ-Stimme einzuüben. Chris Voss und Tahl Raz, *Kompromisslos verhandeln: Die Strategien und Methoden des Verhandlungsführers des FBI* (München: Redline, 2017).

10 Leon Festinger und James M. Carlsmith, »Cognitive Consequences of Forced Compliance«, *Journal of Abnormal and Social Psychology* 58 (1959): S. 203–10, https://doi.org/10.1037/h0041593.

11 Diese Studie wurde von Ayelet Gneezy, Stephen Spiller und Dan Ariely durchgeführt und in *Denken hilft zwar, nützt aber nichts* beschrieben. Meine Studierenden haben ähnliche Experimente durchgeführt, bei denen sie versuchten, Fünf-Dollar-Noten zu verschenken. Etwa die Hälfte der Personen, die sie ansprachen, wollte das Geld nicht annehmen. Dan Ariely, *Denken hilft zwar, nützt aber nichts: Warum wir immer wieder unvernünftige Entscheidungen treffen* (München: Droemer, 2015).

12 Diese einfache Idee ist bahnbrechend. Ich lernte sie von Mike Pantalon, einem Psychologen, der in der Notaufnahme des Klinikums der Yale-University arbeitete und der nur ein paar Minuten hatte, um Menschen dazu zu bewegen, wirklich schwierige Dinge zu tun, wie eine Sucht loszuwerden. Sein Buch ist wunderbar. Michael Pantalon, *Nicht warten – starten! Das 7-Minuten-Programm zur Motivation* (München: DTV, 2012). Mike stützt sich bei seiner Arbeit auf Studien über motivierende Gesprächsführung – es geht darum, Menschen dazu zu bringen, Veränderungen in ihrem Leben vorzunehmen, indem man ihnen Fragen stellt. William R. Miller und Stephen Rollnick, *Motivational Interviewing: Helping People Change* (New York: Guilford Press, 2012).

13 Ihr Artikel ist die einzige Publikation, in der ich dem Ausdruck »freundlicher Brontosaurus« begegnet bin. Ich mag dieses Frame für sanfte Beharrlichkeit, und das Gleiche gilt für meine Studierenden. Jessica Winter, »The Kindly Brontosaurus«, *Slate*, 14. August 2013, https://slate.com/human-interest/2013/08/the-kindly-brontosaurus-the-amazing-prehistoric-posture-that-will-get-you-whatever-you-want.html.

Kapitel Sechseinhalb

1 Die Polarisierungsverzerrung ist die Folge einer Alligatorabkürzung: Sobald wir Wahrnehmungen in unserem Kopf in Kategorien geordnet haben, vergrößern wir deren Unterschiede. Untenstehende Autoren weisen darauf hin, dass bereits die Einordnung verschiedener Violett-Töne in »Rot« und »Blau« diese unterschiedlicher erscheinen lässt, als sie es tatsächlich sind. Jacob Westfall, Leaf Van Boven, John R. Chambers und Charles M. Judd, »Perceiving Political Polarization in the United States: Party Identity Strength and Attitude Extremity Exacerbate the Perceived Partisan Divide«, *Perspectives on Psychological Science* 10, Nr. 2 (2015): 145–58, https://doi.org/10.1177/1745691615569849.
Das Schaubild ist aus folgendem Aufsatz: Samantha L. Moore-Berg, Lee-

Or Ankori-Karlinsky, Boaz Hameiri und Emile Bruneau, »Exaggerated Meta-Perceptions Predict Intergroup Hostility Between American Political Partisans«, *Proceedings of the National Academy of Sciences* 117, Nr. 26 (2020): 14864–72, https://doi.org/10.1073/pnas.2001263117.

Es gibt auch die Konsensverzerrung: Wir nehmen an, dass Menschen wie wir oder Menschen, die wir mögen, stärker mit uns übereinstimmen, als sie es tatsächlich tun. Sharad Goel, Winter Mason und Duncan J. Watts, »Real and Perceived Attitude Agreement in Social Networks«, *Journal of Personality and Social Psychology* 99, Nr. 4 (2010): 611, https://psycnet.apa.org/doi/10.1037/a0020697.

2 Vgl. Yudkin, Hawkins und Dixon, »The Perception Gap: How False Impressions Are Pulling Americans Apart« (More in Common white paper, Juni 2019), https://psyarxiv.com/r3h5q/download?format=pdf.

Ebenfalls über das Klima: Adina T. Abeles, Lauren C. Howe, Jon A. Krosnick und Bo MacInnis, »Perception of Public Opinion on Global Warming and the Role of Opinion Deviance«, *Journal of Environmental Psychology* 63 (2019): 118–29, https://doi.org/10.1016/j.jenvp.2019.04.001.

Die Medienberichterstattung trägt zu dem Problem bei: Matthew Levendusky und Neil Malhotra, »Does Media Coverage of Partisan Polarization Affect Political Attitudes?«, *Political Communication* 33, Nr. 2 (2016): 283–301, https://doi.org/10.1080/10584609.2015.1038455.

Und auch soziale Medien tragen zu dem Problem bei, weil Nachrichten mit moralisch-emotionalem Inhalt wie Empörung und Ekel mehr Aufmerksamkeit des Alligatorgehirns auf sich ziehen und ein stärkeres Engagement provozieren. William J. Brady, Julian A. Wills, John T. Jost, Joshua A. Tucker und Jay J. Van Bavel, »Emotion Shapes the Diffusion of Moralized Content in Social Networks«, *Proceedings of the National Academy of Sciences* 114, Nr. 28 (2017): 7313–18, https://doi.org/10.1073/pnas.1618923114.

3 Daniel Yudkin, Stephen Hawkins und Tim Dixon, »The Perception Gap«. Sie können Ihre eigene Wahrnehmungslücke unter diesem Link (Juni 2021) testen: https://perceptiongap.us.

4 Juliana Schroeder, Michael Kardas und Nicholas Epley, »The Humanizing Voice: Speech Reveals, and Text Conceals, a More Thoughtful Mind in the Midst of Disagreement«, *Psychological Science* 28, Nr. 12 (2017): 1745–62, https://doi.org/10.1177%2F0956797617713798.

5 Matthew D. Lieberman, Naomi I. Eisenberger, Molly J. Crockett, Sabrina M. Tom, Jennifer H. Pfeifer und Baldwin M. Way, »Putting Feelings

into Words«, *Psychological Science* 18, Nr. 5 (2007): 421–28, https://doi.org/10.1111%2Fj.1467-9280.2007.01916.x.

6 Wenn Sie an etwas erinnert werden, das Sie mit einer anderen Person gemeinsam haben – und sei es etwas Belangloses –, fühlen Sie sich ihr näher. Jay J. Van Bavel, Dominic J. Packer und William A. Cunningham, »Modulation of the Fusiform Face Area Following Minimal Exposure to Motivationally Relevant Faces: Evidence of In-Group Enhancement (Not Out-Group Disregard)«, *Journal of Cognitive Neuroscience* 23, Nr. 11 (2011): 3343–54, https://doi.org/10.1162/jocn_a_00016.

7 Lisa J. Burklund, J. David Creswell, Michael R. Irwin und Matthew D. Lieberman, »The Common and Distinct Neural Bases of Affect Labeling and Reappraisal in Healthy Adults«, *Frontiers in Psychology* 5 (2014): 221, https://doi.org/10.3389/fpsyg.2014.00221.

Kapitel Sieben

1 Ginger Graham, »If You Want Honesty, Break Some Rules«, *Harvard Business Review* 80, Nr. 4 (2002): 42–47, 124, https://hbr.org/2002/04/if-you-want-honesty-break-some-rules.

2 *»Salary and Compensation Statistics on the Impact of COVID-19«*, Randstad, 2020, https://rlc.randstadusa.com/for-business/learning-center/future-workplace-trends/randstad-2020-compensation-insights.

3 Jessica McCrory Calarco, *Negotiating Opportunities: How the Middle Class Secures Advantages in School* (New York: Oxford University Press, 2018).

4 *Reinvent Opportunity: Looking Through a New Lens*, Accenture, 2011, https://www.accenture.com/t20160127T035320Z__w__/us-en/_acnmedia/Accenture/Conversion-Assets/DotCom/Documents/ About-Accenture/PDF/1/Accenture-IWD-Research-Embargoed-Until-March-4-2011.pdf.
Weitere Details aus der Accenture-Befragung: 25 Prozent der Befragten sagten, sie hätten mehr Geld bekommen, als sie erwartet hatten, weitere 38 Prozent sagten, sie hätten die erwartete Erhöhung bekommen, 17 Prozent bekamen mehr Geld, aber nicht so viel, wie sie erhofft hatten, und 5 Prozent bekamen keine Erhöhung, aber eine andere Art von Belohnung.
Nur 15 Prozent bekamen nichts. Kimberly Weisul, »Easiest Way to Get a Raise and Promotion«, CBS News, 9. März 2011, https://www.cbsnews.com/news/easiest-way-to-get-a-raise-and-promotion.

5 Neil Rackham, »The Behavioral Approach to Differences Among Nego-

tiators«, in Roy J. Lewicki, David M. Saunders und John W. Minton (Hg.), *Negotiation: Readings, Exercises, and Cases* (Boston: Irwin/McGraw-Hill, 1999), 387–389.

6 Großzügige Erstangebote fördern wechselseitige Großzügigkeit. Martha Jeong, Julia A. Minson und Francesca Gino, »In Generous Offers I Trust: The Effect of First-Offer Value on Economically Vulnerable Behaviors«, *Psychological Science* 31, Nr. 6 (2020): 644–53, https://doi.org/10.1177%2F0956797620916705.
Nette Menschen erzielen bei Verhandlungen zwischen verschiedenen Abteilungen bessere Ergebnisse. Aukje Nauta, Carsten K. De Dreu und Taco Van Der Vaart, »Social Value Orientation, Organizational Goal Concerns and Interdepartmental Problem-solving Behavior«, *Journal of Organizational Behavior* 23, Nr. 2 (2002): 199–213, https://doi.org/10.1002/job.136.
Menschen, die mit Software-Agenten und -Agentinnen verhandelten, waren zufriedener, eher bereit, diese Person im Freundeskreis zu empfehlen, und eher gewillt, neu zu verhandeln, wenn das Gegenüber herzlich war. Pooja Prajod, Mohammed Al Owayyed, Tim Rietveld, Jaap-Jan van der Steeg und Joost Broekens, »The Effect of Virtual Agent Warmth on Human-Agent Negotiation«, *Proceedings of the 18th International Conference on Autonomous Agents and MultiAgent Systems* (2019): 71–76, http://ii.tudelft.nl/~joostb/files/AAMAS2019.pdf.
Aber nett gewinnt nicht immer. Nachfolgend ein Gegenbeispiel. In dieser Studie wird »nett« durch Selbstfokus, Selbstverkleinerung und Ungewissheit demonstriert, während »hart« durch Dringlichkeit demonstriert wird. Die Wahrheit ist also komplizierter. Martha Jeong, Julia Minson, Michael Yeomans und Francesca Gino, »Communicating with Warmth in Distributive Negotiations Is Surprisingly Counterproductive«, *Management Science* 65, Nr. 12 (2019): 5813–37, https://doi.org/10.1287/mnsc.2018.3199.

7 Daniel Mochon, »Single-Option Aversion«, *Journal of Consumer Research* 40, Nr. 3 (2013): 555–66, https://doi.org/10.1086/671343.

8 Geoffrey J. Leonardelli, Jun Gu, Geordie McRuer, Victoria H. Medvec und Adam D. Galinsky, »Multiple Equivalent Simultaneous Offers (MESOs) Reduce the Negotiator Dilemma: How a Choice of First Offers Increases Economic and Relational Outcomes«, *Organizational Behavior and Human Decision Processes* 152 (2019): 64–83, https://doi.org/10.1016/j.obhdp.2019.01.007.

9 Itamar Simonson, »Choice Based on Reasons: The Case of Attraction and Compromise Effects«, *Journal of Consumer Research* 16, Nr. 2 (1989): 158–74, https://doi.org/10.1086/209205.

10 Drazen Prelec, Birger Wernerfelt und Florian Zettelmeyer, »The Role of Inference in Context Effects: Inferring What You Want from What Is Available«, *Journal of Consumer Research* 24, Nr. 1 (1997): 118–25, https://doi.org/10.1086/209498.

11 Carl Shapiro und Hal R. Varian, *Online zum Erfolg: Strategie für das Internet-Business* (München: Langen-Müller, 1999).

Kapitel Siebeneinhalb

1 Jennifer Lawrence, »Why Do I Make Less Than My Male Co-Stars?« *Lenny*, 13. Oktober 2015, https://us11.campaign-archive.com/?u=a5b04a26aae05a24bc4efb63e&id=64e6f35176&e=1ba99d671e#wage.

2 Diane Domeyer, »*How Women Can Negotiate Salary*«, Robert Half Blog, 2. März 2020, https://www.roberthalf.com/blog/salaries-and-skills/how-women-can-negotiate-salary-with-confidence.

3 Benjamin Artz, Amanda H. Goodall und Andrew J. Oswald, »Do Women Ask?« *Industrial Relations* 57, Nr. 4 (2018): 611–36, https://doi.org/10.1111/irel.12214.

4 Bei einer Metaanalyse von 51 Studien kam heraus, dass ein Großteil des Unterschieds zwischen den Geschlechtern mit Unterschieden in praktischer Verhandlungserfahrung zusammenhängt. Jens Mazei, Joachim Hüffmeier, Philipp Alexander Freund, Alice F. Stuhlmacher, Lena Bilke und Guido Hertel, »A Meta-Analysis on Gender Differences in Negotiation Outcomes and Their Moderators«, *Psychological Bulletin* 141, Nr. 1 (2015): 85–104, https://doi.org/10.1037/a0038184.

Ein Kurs in Verhandlungstraining mit Mittelschülerinnen in Sambia führte dazu, dass mehr von ihnen regelmäßig am Unterricht teilnahmen, indem er ihnen half, mit ihren Eltern zu verhandeln. Bloße Information und Stärkung der Eigenverantwortung von Mädchen hatten keinen Effekt. Nava Ashraf, Natalie Bau, Corrine Low und Kathleen McGinn, »Negotiating a Better Future: How Interpersonal Skills Facilitate Intergenerational Investment«, *Quarterly Journal of Economics* 135, Nr. 2 (2020): 1095–151, https://doi.org/10.1093/qje/qjz039.

5 Ich war fasziniert von Po Bronsons und Ashley Merrymans Diskussion der Stressbiologie und von Geschlechtsunterschieden in der Stressreak-

tion und im Konkurrenzdenken; vgl. Kapitel 4 und 5. Po Bronson und Ashley Merryman, *Top Dog* (New York: Hachette Books, 2014).

6 Dies ist der Aufsatz, in dem das erstmals wissenschaftlich dokumentiert wurde: Herminia Ibarra, »Homophily and Differential Returns: Sex Differences in Network Structure and Access in an Advertising Firm«, *Administrative Science Quarterly* 37, Nr. 3 (1992): 422–47, https://doi.org/10.2307/2393451.

7 Vgl. Kapitel 5 für diese Diskussion (aber ich habe in jedem Kapitel etwas Nützliches gelernt). Tara Mohr, *Playing Big: Find Your Voice, Your Mission, Your Message* (New York: Avery, 2015).

8 Linda C. Babcock, *Women Don't Ask* (Princeton, N.J.: Princeton University Press, 2003). Edward W. Miles, »Gender Differences in Distributive Negotiation: When in the Negotiation Process Do the Differences Occur?«, *European Journal of Social Psychology* 40, Nr. 7 (2010): 1200–1211, https://doi.org/10.1002/ejsp.714.

9 Nina Roussille, »The Central Role of the Ask Gap in Gender Inequality« (University of California at Berkeley Working Paper, Januar 2021), https://ninaroussille.github.io/files/Roussille_askgap.pdf.

10 Barbara Biasi und Heather Sarsons, »Information, Confidence, and the Gender Gap in Bargaining«, *AEA Papers and Proceedings* 111 (2021): 174–78, https://doi.org/10.1257/pandp.20211019.

11 Deborah A. Small, Michele Gelfand, Linda Babcock und Hilary Gettman, »Who Goes to the Bargaining Table? The Influence of Gender and Framing on the Initiation of Negotiation«, *Journal of Personality and Social Psychology* 93 (2007): 600–613, https://doi.org/10.1037/0022-3514.93.4.600.

12 Aufgrund von Linda Babcocks Arbeit haben mehr Frauen begonnen, zu verhandeln und mehr zu fordern. Die Lohnlücke ist kleiner geworden, aber sie existiert nach wie vor. Babcock, *Women Don't Ask*.

13 Emily T. Amanatullah und Michael W. Morris, »Negotiating Gender Roles: Gender Differences in Assertive Negotiating Are Mediated by Women's Fear of Backlash and Attenuated When Negotiating on Behalf of Others«, *Journal of Personality and Social Psychology* 98, Nr. 2 (2010): 256–67, https://doi.org/10.1037/a0017094.

Kapitel Acht

1 In Geneen Roths Buch geht es um die spirituellen Lehren, die sie aus diesen Erfahrungen gezogen hat. Ich kann mir nicht vorstellen, was es braucht, um in so einer Situation spirituellen Trost zu finden. Geneen Roth, *Lost and Found: Unexpected Revelations About Food and Money* (New York: Viking, 2011).

2 Wenn Sie mehr über Betrügereien und Betrug wissen wollen, sollten Sie Maria Konnikovas akribisch recherchiertes und umwerfend witziges Buch *Täuschend echt und glatt gelogen: Die Kunst des Betrugs* (München: Nagel & Kimche, 2017) lesen.

3 David Tennant, »Why Do People Risk Exposure to Ponzi Schemes? Econometric Evidence from Jamaica«, *Journal of International Financial Markets, Institutions, and Money* 21, Nr. 3 (2011): 328–46, https://doi.org/10.1016/j.intfin.2010.11.003.

4 Ein Betrüger sagte es ganz offen: »Dumme Menschen haben keine 50.000 Dollar herumliegen, die sie mir mal einfach so aushändigen.« Doug Shadel, *Outsmarting the Scam Artists: How to Protect Yourself from the Most Clever Cons* (Hoboken, N.J.: Wiley, 2012).
Karla Pak und Doug Shadel, *AARP Foundation National Fraud Victim Study* (Washington, D.C.: AARP, 2011), https://assets.aarp.org/rgcenter/econ/fraud-victims-11.pdf.

5 Paul Ekman gibt in seinem Buch einen Überblick über die Forschungsarbeiten zur Lügenerkennung. Paul Ekman, *Ich weiß, dass du lügst: Was Gesichter verraten* (Reinbek b. Hamburg: Rowohlt, 2011). Polizisten und Polizistinnen schneiden schlechter ab als College-Studierende, weil sie glauben, dass so gut wie jede*r lügt. Saul M. Kassin, Christian A. Meissner, und Rebecca J. Norwick, »›I'd Know a False Confession if I Saw One‹: A Comparative Study of College Students and Police Investigators«, *Law and Human Behavior* 29, Nr. 2 (2005): 211, https://doi.org/10.1007/s10979-005-2416-9.

6 Alistair Rennie, Jonny Protheroe, Claire Charron und Gerald Breatnach, *Decoding Decisions: Making Sense of the Messy Middle* (Think with Google White Paper, 2020), https://www.thinkwithgoogle.com/_qs/documents/9998/Decoding_Decisions_The_Messy_Middle_of_Purchase_Behavior.pdf.
Forscher*innen fanden heraus, dass in Situationen von Ressourcenknappheit die Aktivierung in einer Hirnregion, die mit subjektivem Nutzen (der Orbitofrontalkortex) verbunden ist, zunahm und in einer Re-

gion, die mit Zielen und Planung höherer Ordnung assoziiert ist (der dorsolaterale präfrontale Kortex), abnahm. Aufgrund dieser gehirnbasierten Verzerrungen – der Überbewertung der gegenwärtigen Gelegenheit bei gleichzeitiger Verringerung des vorausschauenden Denkens – waren Studienteilnehmer*innen bereit, mehr für Konsumgüter zu zahlen. Inge Huijsmans, Ili Ma, Leticia Micheli, Claudia Civai, Mirre Stallen und Alan G. Sanfey, »A Scarcity Mindset Alters Neural Processing Underlying Consumer Decision Making«, *Proceedings of the National Academy of Sciences* 116, Nr. 24 (2019): 11699–704, https://doi.org/10.1073/pnas.1818572116.

7 Also genau genommen ist Black Ivory der teuerste Kaffee der Welt. Raten Sie einmal, woraus er hergestellt wird. Richtig, Elefantenkacke. Aber der Weltmarkt beläuft sich auf nur 400 Pfund pro Jahr.

8 Maria Konnikova, *Täuschend echt und glatt gelogen – Die Kunst des Betrugs*, S. 25.

9 In der Industrie des »positiven Denkens« gibt es mehr Böswilligkeit und Gier, als Sie sich vorstellen können. (In der Geschichte über die Ledertasche geht es nicht um Ehrenreichs Schwester; sie zitiert hier eine andere Person.) Barbara Ehrenreich, *Smile or Die: Wie die Ideologie des positiven Denkens die Welt verdummt* (München: Kunstmann, 2010), S. 208f.

10 Dieses Buch wird Ihr Verhalten verändern. Im Unterricht spielen wir das in Kapitel 4 beschriebene Kidnapping in einem Rollenspiel durch. Gavin De Becker, *Protecting the Gift: Keeping Children and Teenagers Safe (and Parents Sane)* (New York: Dell, 2013).

Kapitel Neundreiviertel

1 Rebecca Solnit, *Hope in the Dark: Untold Histories, Wild Possibilities*, 3. Aufl. (Chicago: Haymarket Books, 2016).

2 Nancy C. Lutkehaus, *Margaret Mead: The Making of an American Icon* (Princeton, N.J.: Princeton University Press, 2018).

Register